事実聴取のための捜査面接法

取調べの心理学

R・ミルン
R・ブル 著

原 聰 編訳

北大路書房

INVESTIGATIVE INTERVIEWING:PSYCHOLOGY AND PRACTICE,
1/E by Rebecca Miline, Ray H. C. Bull
All Rights Reserved. Authorized translation from the English language
edition published by John Wiley & Sons, Ltd.

Copyright © 1999 by John Wiley & Sons, Ltd.

Japanese translation published by arrangement with John Wiley &
Sons, Ltd. through The English Agency (Japan) Ltd.

日本語版に寄せて

　国家の成熟度を表す重要な指標の一つは，警察組織とそこで働く警察官の近代化およびその質だと思います。

　捜査面接はポリーシング（警察活動）の決定的な側面の一つですが，警察官，捜査官，弁護士等がよりよい面接を行なえるように適切な訓練を受けている国は数少ないのが現状です。

　本書は心理学の研究に基礎をおき，適切な捜査面接はどのように行なわれるべきかを明確に記述しています。

　すべての警察官，弁護士，裁判官，ソーシャルワーカー，そして効果的で倫理にかなった捜査面接について知りたいと思うすべての人々に，この本を読んでいただければと思います。

　　　　　　　　　　　　　　　2003年7月25日　原著者を代表して
　　　　　　　　　　　　　　　　　　　レイ・ブル（Ray Bull）

はじめに

　1992年，捜査面接に関する2冊の本が，中央企画部（the Central Planning Unit，内務省と警察官協会（Association of Chief Police Officers; ACPO [訳注：巡査長クラスをメンバーとする任意団体]）の賛助による）によってイングランドとウェールズのすべての警察署に配布された。1993年，「国家捜査面接訓練パッケージ（the National Package on Investigative Interview Training）」による訓練が開始された。この1週間コースの目的は，すべての警察官に対し，被疑者，被害者ならびに証人に対する面接を行なうに際して適切な水準の面接技法を訓練することにある。本書の主たる目的は，捜査面接に関する心理学の手軽でかつ実際的な指針を，該当する専門家に提供することである。

　本書の特徴は捜査面接に関係している基礎的理論と研究にある。そのために，本書は証人や被疑者（社会的弱者を含む）に対する面接法の最も効果的な方法について，心理学者が何を知っているかについて概観している。したがって，本書はイギリスおよび諸外国のすべての警察官にとって有益なガイドとなっているはずである。また，決まったテキストを用いている捜査面接パッケージの訓練者と訓練を受ける者にとって，コースの補助教材としても用いることができるだろう。さらに，本書は法実務家，バリスタ［訳注：イギリスの法廷弁護士で，4つの法曹学院 Inns of Court のいずれかに所属していなくてはならない。一般人が相談を直接することはできない。一般人が依頼できるのはソリシタと呼ばれる弁護士である］，ソーシャルワーカー，そして心理学者といった相異なる法専門化にとっても興味深いものであるはずである。

　できる限り幅広い読者に読んでもらいたいと考えて，この原稿は以下に掲載した人たちに送りコメントをいただいた。ここに有益なるご指摘に感謝する。

　　ルーシー・エイクハースト（Lucy Akehurst）イギリスポーツマス大学心理学科
　　ジュリー・チェリーマン（Julie Cherryman）イギリスポーツマス大学心理学科
　　コリン・クラーク（Colin Clarke）イギリス首都警察署
　　スティーブ・クロフト（Steve Croft）イギリス西ヨークシャー警察

はじめに

ステファン・マックアルパイン（Stephan McAlpine）イギリススコットランド刑務所
イアン・マッケンジー（Ian McKenzie）イギリスポーツマス大学付属刑事司法研究所
アミナ・メモン（Amina Memon）イギリスサザンプトン大学心理学科
クリス・モルド（Chris Mould）イギリスケント州警察官
ジェームズ・オスト（James Ost）イギリスポーツマス大学心理学科
エリック・シェパード（Eric Shepherd）イギリス裁判心理学コンサルタント
ハリエット・ステイシィ（Harriet Stacey）オーストラリアチャールズ・シュタルト大学

1998年11月

レベッカ・ミルン（Rebecca Milne）
レイ・ブル（Ray Bull）

目　次

日本語版に寄せて　i
はじめに　ii

第1章　導入──捜査面接の重要性　　　　　　　　　　　　　　　1

1 捜査面接はなぜ必要なのか　1
2 警察の面接──訓練なしの　3
3 イギリスにおける現在の面接ガイドライン　8
4 本書の目的　9

第2章　人々はどのように想起するのか　　　　　　　　　　　　13

1 はじめに　13
2 記憶とは何か　13
3 忘却　14
4 複雑な出来事の記憶　15
5 複雑な出来事の情報検索（たとえば面接）に影響する要因　21
6 質問　26
7 誤りを免れない面接者　35

第3章　認知面接　　　　　　　　　　　　　　　　　　　　　　41

1 はじめに　41
2 なぜわれわれは認知面接を必要とするのか　41
3 認知面接とは何か　42
4 認知面接の構造──強化認知面接　48
5 認知面接はいかに有効か　58
6 CIの現場への応用　61
7 おわりに　65

第4章　会話の管理　　　　　　　　　　　　　　　　　　　　　67

1 はじめに　67
2 会話の管理とは何か　68
3 面接前の行動──計画と準備　69
4 面接中の行動　77
5 面接後の行動　88

目 次

第5章 警察の面接で何が起きているのか　89

　1 世論　89
　2 実状　91
　3 面接の録音により，研究が可能になった　92
　4 説得により自白する被疑者はどの程度いるのか　93
　5 少年の被疑者　94
　6 さらに，戦略について　97
　7 黙秘権について　97
　8 非難　98
　9 礼儀正しい被疑者　99
　10 アメリカ合衆国の現状　100
　11 警察官の個人差　104
　12 専門家による捜査面接　106
　13 結論　109

第6章 虚偽の証言　111

　1 はじめに　111
　2 被暗示性　112
　3 回復された記憶　122
　4 虚偽自白　128

第7章 面接に困難のある人々への面接　137

　1 検察官のための指針　137
　2 司法へのアクセス　138
　3 警察官の見解　140
　4 被面接者の見解　142
　5 訓練　143
　6 新しい法制度　144
　7 警察の取調べの分析　145
　8 質問法　147
　9 代名詞　148
　10 面接の技術　149
　11 面接に困難のある人と自白　153
　12 障害児　156
　13 新しい指針　158
　14 まとめ　159

第8章 子どもの面接　161

　1 ガイドライン　162
　2 新しい法律　162
　3 良き実践のための意見書　163

4 先行資料　164
5 「意見書」による提唱事項　166
6 子どもに質問を行なうこと　168
7 質問を繰り返さないようにする　170
8 認知面接によって子どもに面接を行なう　171
9 現場に行くこと　179
10 面接官の権威　181
11 「わからない」ということ　183
12 非言語的な援助　185
13 結論　188

第9章　訓　練　191

1 はじめに　191
2 観察による訓練法　192
3 テープ録音された面接の始まり　193
4 イングランドとウェールズでの面接における最近の進展　197
5 PEACE 訓練アプローチ　199
6 PEACE 訓練に効果はあるのか　207
7 認知面接法の訓練　210
8 会話管理法訓練　222
9 捜査面接法の上級訓練コース　224
10 結論　227

第10章　結論と将来の発展に向けて　229

1 生態学的妥当性　229
2 面接の記録化　231
3 認知面接　233
4 会話の管理　237
5 被疑者面接ではどのようなことが実際に起こっているのだろうか　237
6 意味のある差異　239
7 面接に困難のある人の面接　239
8 訓練　241
9 結論　243

引用文献　244
事項索引　269
人名索引　272

編訳者あとがき　276

第1章

導入——捜査面接の重要性

1 捜査面接はなぜ必要なのか

「捜査業務は，今日の警察にとって主要な業務であり，この主要な業務から，面接を行なう能力が鍵となる要素だということが明らかになっている」(Evans & Webb, 1993, p.37)。

アメリカ合衆国連邦司法協会（USA National Institute of Justice）会長は次のように言う。

「情報は刑事捜査の生命線であり，犯罪における証人や被害者から有益かつ正確な情報を得る捜査官の能力，これこそが実効性をもつ法執行にとって決定的に重要なのである」(Stewart, 1985, p.1)。

サンダース（Sanders, 1986）は，ニューヨーク市の警察官に対し，「刑事捜査に関して主要であり，かつ最も重要な特徴とは何か」と質問した。大多数が「証人」だと答えた。ランド法人（Rand Corporation, 1975）による報告書においても，犯罪が解決するか，未解決になるかを決定づけるおもな要因は，証人がすべてを正確に語ることにあると指摘している。実際，法執行員は，人と話すことに全業務時間のほぼ85％の時間を費やしている。イギリスで実施された最近の研究では（Kebbell & Milne, 1998），在職中の警察官159人に対して，

証人について彼らがもつ認識と証人の取り扱いについて質問した。その結果，刑事事件の捜査において，証人は常に主要な手がかりを提供してくれるとの認識をもっていることが明らかになった。つまり，証人から正確で，詳細な情報を得る警察官の能力は，実効性のある法執行にとって決定的に重要な要素なのである。

ところが，証言報告書といえば，不完全で，断片的で，信頼性を欠き，誇張されやすい（Loftus, 1979。第2章も参照のこと）。ハフら（Huff, Rattner & Saragin, 1986）は，アメリカ合衆国だけでも，証人による不正確な証言によって毎年3,000件ほどの司法過誤が生じていると指摘している。また，たいていの場合，証人たちは取調官に事件のことを効果的に伝えることができないのである。にもかかわらず，警察は捜査指針に必要となる証言以外の適法証拠をまったく持っていなかったり，持っていたとしても微々たるものなのである。その結果，証人が取調官の主たる証拠源となることが圧倒的に多くなってしまうのである。このことは，証人が被害者であっても，たまたま現場に居合わせた者であっても変わらない。いずれにしろ，証人から得られた情報が取調べの基盤になっているのである。証言報告書に記載された情報は，被疑者を面接する以前に，取調べの計画を立てたり，準備をしたり，取調べにおいて証明すべきポイントをざっと押さえておくことなどに使われているのである。事件に関して詳細な報告を行なう証人は，被疑者の逮捕確率と法廷への起訴確率を増加させるのである（Visher, 1987）。証言者に信頼性の高い再生を求め，コミュニケーションをうながすことは，まさに取調官の面接者としての技能であり，この技能は実際の警察業務において最も重要なことなのである（Rand Corporation, 1975）。

イギリス（そしてその他の諸国）における最近の誤審例をみるならば，誤審が被疑者に対する稚拙な面接によって生じたとする辛辣な事実が明らかになってきている。警察官自身は被疑者面接の重要性を理解しており，重大事件において，被疑者が誰一人面接を受けないことなど存在しないことも知っている（Baldwin, 1993）。マガークら（McGurk, Carr & McGurk, 1993）は，証人面接と被疑者の面接は，日常的な警察官の仕事のうちで，頻度の高い業務の上位4つのなかに入っていることを明らかにした。さらに，警察官は，供述を録取

すること，証人の面接そして被疑者の面接の3点が重要な捜査業務であり，とりわけ被疑者面接は最も重要な職務であると考えていることも報告している。ところが，1980年代中頃までは，被疑者に対して適切な取調べ面接をどのように行なうかに関する実用的な指導書は，世界中見渡しても，インボーら (Inbau, Reid & Buckley) が1986年に発刊した『自白：真実への尋問テクニック (Criminal Interrogation and Confessions)』しかなかった。この本では，警察官が有罪者から自白を獲得することに使える多数の戦術を取り上げ，世界中の多くの警察官はこの本に書かれたテクニックを用いているのである。しかし，心理学者などによるその後の研究から (Gudjonsson, 1992, 1999; Kassin, 1997) この本で推奨された戦術のほとんどが，虚偽自白を引き出すおそれのあることがわかっている。事実，捜査過程がつぶさに公開された事件において，虚偽自白が数多く生じているのである（虚偽自白に関するさらなる議論は，第6章を参照のこと）。

直感と同僚の取調べを観察することから，警察官は適切な面接法を学習するだろうか？ メディアが取り上げるような不適切な面接を行なう警察官は，少数者にすぎないのであろうか？

2 警察の面接──訓練なしの

"本物の"目撃者に対して警察官が行なっている典型的な面接法を明らかにするために，2つの研究が行なわれた。それはアメリカ合衆国で行なわれたフィッシャーら (Fisher, Geiselman & Raymond, 1987) の研究と，ジョージ (George, 1991) がイギリスで行なった研究である。フィッシャーらは，熟練した警察官（平均勤続年数10.5年）によって行なわれたさまざまな種類の犯行に関わる面接の録音テープを分析した。警察官たちは標準的な面接訓練を受けていなかったにもかかわらず，彼らの面接にはいくつかの共通点があった。その典型的面接では，面接者は簡単な事前説明を行ない，その後「何が起きたのか私に話してください」と，被面接者に自由供述をうながす依頼を適切に行なっていた。ところが，この"自由供述"は，平均7.5秒というわずかな時間

で干渉されてしまうのである。この干渉を受けることなく，自由供述を完結できた被面接者は誰一人としていなかったのである。これでは適正な面接遂行とはいえない。というのは，面接から得られる正しい情報の大部分は，通常，自由供述の段階を最後まで続けることで引き出されるからである（Lipton, 1977; Stone & DeLuca, 1980）。証言に口をはさみ，結果的に最後まで自由に語ることを許さないことは，重要な情報を失ってしまいかねない状況を作り出しているのである（Fisher & Price-Roush, 1986）。話を何度もさえぎられれば，すぐさま被面接者は，こうした中断が面接の間に始終起こるだろうと予想する。すると，被面接者は面接官の干渉をできるだけ減らすようにしようとし，面接者があらかじめ考えていた制限時間に間に合わせようとする。短い応答をすれば，当然にして出来事の細部に関する詳しい話はできなくなる。さらに，いちいち応答に干渉されれば，被面接者は事細かに記憶を検索する努力を払わなくなる。いや，かえって，記憶検索に集中力を欠いてしまい，上っ面の応答を引き出すことになると考えられる（Fisher, Geiselman & Raymond, 1987）。

　干渉される自由供述段階に引き続いて，被面接者は非構造的で，矢継ぎ早の短答式質問を受ける。これは，オープン質問と適切性において対極をなしている。典型的な面接においては，オープン質問数は3個で，短答式質問は26個であった。短答式質問は被面接者に十分な説明を行なわせない。というのは，このような質問に対する回答では，集中した検索形式を欠いているからである。このタイプの検索方略は，もっぱら被面接者の応答と次の質問との間に，ほとんど時間をとらない面接者が採用している。この即答形式は証人に彼らの思考をまとめるいとまを与えず，結果的に，精緻化された検索に少しも役立たないのである。

　以上の研究は，面接者が面接の構造を作り出していることを明らかにしている。その意味では，被面接者は受動的なのであり，受動的であることは検索に対して有効な作用を及ぼしはしない。さらに，面接者は特定の質問をし忘れることもある。つまり，彼らは，一般的ではないものの，彼らが予想もできないような有益な情報をもたらしてくれるような質問には気づかないようなのである。このようなユニークな情報は，犯罪解決の鍵となる情報を提供してくれるかもしれない。フィッシャーら（Fisher, Geiselman & Raymond, 1987）は，

面接者は証人の想起過程を促進させるような援助をほとんど与えないことを見いだした。面接者は自分自身の質問順序を採用しており，それはしばしば被面接者がもつ出来事の心的表象にそぐわなかった。こうした質問スタイルは，被面接者がもつ想起すべき（TBR）出来事に関係する利用可能なあらゆる情報にアクセスする可能性を失わせてしまう。記憶はTBR出来事について，多くのファイルをもつファイリングキャビネットのようなものだと考えられる。面接者が自分の質問順序で質問すれば，被面接者は面接者によって決められた順序で，あるファイルから別のファイルへとジャンプしなくてはならない。しかし，この順序は被面接者が自分のファイルをまとめてきたやり方ではない可能性が十分ある（さらに適切な面接行動に関する解説は，第3章，第4章，第5章を参照のこと）。

　3種類の不適切な質問が観察されている。多くの面接者は犯人に関して予断をもって質問していた。この質問は，最終的な書記報告書で求められている形式に合致しているものの，被面接者がもつTBR出来事の表象にとって適切なものであるとはいえない。面接者はしばしば後になってからフォローアップの質問を行なうが，これは証人が次の出来事を想起することを妨害することになる。その理由は，面接者がその場で行なう聞き書き速度が，証人の話の速度についていけないことにあった。こうした形式の質問もまた，被面接者の思考の流れを妨害するのである。

　この段階で用いられた質問タイプは，不適切なものが多く，次のような問題を頻繁に引き起こしていた。質問にしばしば否定型を用いること。たとえば「その人の名前は知らないのでしょ？」という質問は，被面接者は質問の回答を知らないと面接者が考えていること，さらに被面接者に対して集中力をもって想起することを断念させてしまい，非常に多くの「知りません」という反応を引き出してしまうことになるのである。またきわめて多くの非中立的（誘導や誤誘導）な言葉を用いた質問もみられ，こうした質問は被面接者に回答をほのめかすことになる。このタイプの質問は肯定的反応［訳注：誘導質問に乗っかって応答するような反応］を引き出す傾向をもち，被面接者がTBR出来事を想起する際には危険なことである（Loftus, 1979。第2章，第3章を参照のこと）。使用されていた言葉はきわめて形式的で，様式化されていた。これはしばしば

証人の知的能力を越えており，警察用語や専門用語を含んでいた。この言語スタイルは面接者と被面接者の間に壁を作り出すことにもなり，とくに心配性や無口な被面接者を傷つけてしまいかねないのである。しばしば決めつけ的なコメントがみられ，これが証人を防衛的にしてしまうことにもなる。誘導の可能性をきちんと確かめることはほとんどなかった。聴覚的手がかり（たとえば，証人が聞いたことに関する質問）を用いることは軽視されていた。このことは，面接において，有効な情報が失われた場合もあったことを意味している。最後に，面接はしばしば妨害されていた。

　面接によっては，証人たち自身も面接の限界要因となることがはっきりした。証人が言語的スキルに劣り，興奮し，不安状態になることが頻繁にあった。この傾向は，犯罪直後に実施されたときに目立っていた。このことは面接業務の実施について次のような問題を提起する。面接はほとんど犯罪直後に実行されていたが，これらの面接が不安を抱えた証人に対して行なわれていたこと。加えて，別の証人の存在，疑わしい傍観者の存在，面接にさかれる時間，そして面接官としての警察官が留意すべき捜査事項など多くの重要な要因の統制を欠いていたこと。これらとは別の捜査事項でも証人の想起を減退させる可能性があった。たとえば，面接者は一般に枝葉末節を語る証人の話を遮り，想像であらかじめ決めていた質問に引き戻し，そうすることで面接者があらかじめもっていた仮説を証明してしまうことである。

　イギリスの警察官が実際に証人や被害者を面接する方法に関する知識量には限界がある。ジョージ（George, 1991）は，最低5年間の勤務経験をもち，現在の勤務内容が証人や被害者の面接である警察官について研究を行なった。すべての面接者は3人の証人の面接についてテープ録音され，そのなかから任意に1本を取り出し分析された。ジョージ（1991）は，面接の内容と面接遂行の両方で，これらの警察官の証人面接に共通性があることを発見した。この共通性は，犯した犯罪や面接を受けた証人（目撃者）の違いとは関係なく見いだされた。その共通性とは，クローズ質問と外延／確認型の質問が多く，オープン質問よりも誘導質問がよく用いられることであった。また，休憩はほとんどとらなかった。情報の引き出し具合については，1質問について2.6から3.2個の情報量があり，これも，面接者間で同じような結果であった。警察官の面接

は適切であったともいえず，また，証人から有益な情報を最大限引き出していたわけでもなかった（Clifford & George, 1996）（この研究の詳細については，第5章を参照のこと）。

このような稚拙な面接技能の大部分は，被疑者に対する警察官の面接においても明らかになっている（さらなる議論は，第5章を参照のこと）。警察官による被疑者面接を検討した初期の研究では（Irving, 1980），面接者はさまざまな勧誘と巧妙な細工戦術を用いて，被疑者を説き伏せ，有罪の自白をさせようとすることが明らかなっている。しかし，こうした不適切な戦術を使用することは，警察官による被疑者面接に関する法律である「警察および刑事証拠法」(Police and Criminal Evidence Act: PACE, 1984) 導入以降は減少している（PACE に関しては，Irving & McKenzie, 1989; Zander, 1990 などを参照のこと）。

被疑者面接のテープ録音や（一部の）ビデオ録画が提供されて，ようやく取調室で実際に起きていることを以前より容易に検討できることになった。ボルドウィン（Baldwin, 1993, p.333）は彼が検討した600の面接のわずか20において，

> 「被疑者は面接の間に犯行筋書きを変える。これらの変更の原因が，面接者の勧誘スキルにあったのは，このうちのわずか9事例だけであった。……大多数の被疑者は最初の立場を維持していた」。

ボルドウィンは，こうした事実を踏まえて，警察官の面接訓練は，否認する被疑者を自白させようとする考え方から，証拠を収集する考え方（純粋に自白を得ることを求めるのではなく，より広範かつ多様な証拠を獲得すること）に主眼をおくべきであると結論づけた（さらに詳細な議論は，第5章を参照のこと）。

マッコンヴィルとハドソン（McConville & Hodgson, 1993）は，被疑者面接の際に，面接者が用いる質問の性質について検討した。面接の20％で誘導質問が用いられており，法律にのみ関わる（legal closure）質問はさらに頻繁に用いられていた（36％）。こうした質問こそが，信用性を欠いた供述や，虚

偽自白に結びつくタイプの質問なのである（第6章を参照のこと）。モストンら（Moston, Stephanson & Williamson, 1992）は，数百に及ぶテープ録音された被疑者面接から，大多数の面接者は被面接者による事件の説明を得るためにほとんど時間を消費していないことを見いだした。そして，面接者は被面接者を違法行為によって告訴することに時間を費やしていた。この面接行動では，被面接者にとって相当強力な不利益証拠がない限りは，被面接者から最大限の協力を得ることはできそうもない（第4章，第5章を参照のこと）。ウィリアムソン（Williamson, 1993）は，モストンらが指摘した面接者の現実的な質問スタイルは，かなり稚拙なものであり，多くの面接は構造化されてはいないと報告した。同じように，ペアスとグッドジョンソン（Pearse & Gudjonsson, 1996c）は，面接者は，ほとんどオープン質問を用いていたものの（98％），そのほとんどが誘導質問であったことを見いだしている。

しかしながら，アメリカ合衆国の状況は「細工と偽計が，力と直接的権威にとってかわった」というものである（Leo, 1992, p.35）。レオ（Leo）は，「尋問の目標は，自白行為を促進する心理的雰囲気を創出することである」（p.43）とも指摘している。こうした状況下では，不幸なことだが，無実の人が虚偽自白に陥る可能性がある（第5章，第6章を参照のこと）。

3
イギリスにおける現在の面接ガイドライン

イギリスにおいては，多くの公的調査（Clyde, 1992など）と被疑者および子どもの証人／被害者のオーディオテープ録音とビデオ録画を導入したが，このことにより警察署は，警察官が適切に面接を行なうことに対処するための訓練を導入した。1992年には，2つの捜査面接冊子（CPTU, 1992a, 1992b）が，中央企画部により，イングランドとウェールズの全警察官に配布された。1993年には，「国家捜査面接訓練パッケージ」が開始された。これは1週間コースで，被疑者と証人の面接を行なう警察官の訓練を目的としていた（訓練課題については，第9章を参照のこと）。主として2つの技法がこの取り決めに導入された。それは会話の管理（第4章）と認知面接（第3章）である。

4 本書の目的

　本書の主たる目的は，捜査面接のために，心理学的理論と研究に基づく簡便で実際的な指針を提供することである。本書は，一定のガイドラインを遵守すべき理由を解説し，さらに，被疑者，証人，被害者，原告や関係者といった，ありとあらゆる人に対する捜査面接の基本的原理の記述を目的としている。本書は，心理学者が現在知りうる最大限効果的な面接方法を概説しており，あらゆる年齢の証人，被害者そして被疑者，さらに面接に困難のある人に対する面接も含んでいる。

　著者は，最近世界中のさまざまな国を訪問したが，捜査面接における実質的な国家的ないしは地域的ガイドラインをついぞ見かけることはなかった。本書で取り上げたガイドラインのほとんどはイングランドとウェールズで発行されているものではあるが，全世界のかなりの部分で公刊されている研究誌や研究書について参照した。本書の主目的は，警察官が実施する捜査面接にあるが，基礎的研究，理論そして議論は，あらゆる種類のその道の専門家によって行なわれる捜査面接に応用できるものである。銀行部門における内部捜査官，保険詐欺捜査官，放火捜査官，ソーシャルワーカー，法律家，教育心理学者そして臨床心理学者などの捜査面接者に対する助言の経験からして，本書の内容は彼らにとってもおおいに利用可能であると確信している。

　ここで章構成について簡単に概説しておこう。

　第2章の焦点は再生である。人が想起する方法に関係する理論と変数について概説している。まず，証人から信用性のある報告を得る過程には，面倒なことがつきまとうことが説明されている。事件に関する情報は，誤りやすい証人の記憶過程，面接自体に伴う困難さ，そして供述録取過程に関する諸問題など，いくつもの障害物を乗り越えなくてはならない。証人の記憶の特徴に関して手短かに記載されている。面接者にとって，その後の章で明らかにされる面接手続きの重要性を理解するためには，記憶の原理を押さえておくことが大切である。記憶とは何か？　この章では記憶を構成するもの，忘却を引き起こす多く

の原因について解説することから始めている。その後，複雑な出来事，とくに犯行筋書き（たとえば，強盗の）に関する記憶をめぐるさまざまな問題が議論される。そこで議論されているのは次のような問題である。記憶に影響する証人／被害者要因（たとえば，アルコール，ストレスそして事件の暴力性），記憶に関わる面接自体に存在する要因（たとえば，記憶の構成的特徴，推論，ステレオタイプそして文脈効果），そして質問方略（適切な質問のタイプと不適切な質問のタイプ）。最後に，この章では面接者が陥りやすい誤りと面接者の記憶過程を解説している。

第3章では認知面接の有効性について概説し検討を加えている。認知面接はイングランドとウェールズにおいて，警察の捜査面接書のなかで教えられている技法の一つであり，第一に協力的な被面接者（証人，被害者そして被疑者）の面接をねらいにしている。この技法についてはこの章で詳しく述べられており，次の7つにまとめられている。①挨拶とラポール，②面接のねらい，③自由報告を始める，④質問，⑤多様な検索・広範な検索，⑥要約，⑦終結。次に，認知面接の有効性を検討した研究が紹介されている。この章の最後では，"現場"（たとえば，警察官が実際の被面接者を面接する際に，どの程度有効なのか？）での認知面接法の応用可能性について議論している。過去5年間に，実務家によって提起されてきた応用に関する疑問点が検討されている（たとえば，認知面接の治療的特徴，そして虚偽検出における認知面接の有効性）。認知面接の法律的意味についても議論されている。

第4章では会話の管理について記述されている。これは第二の主要な面接方法であり，現在，イングランドとウェールズにおいて，捜査面接条項の一部として教育されている。この章ではまず会話の管理に関する一般的解釈を提供している。その後，面接過程の諸要素にふれ，次の3つに分類している。①面接前の行動，②面接中の行動，③面接後の行動。第1セクション（面接前の行動）は，計画と準備（質問予定事項，中途半端な打ち切り，確証バイアス，そして防衛回避を含む）の重要性の議論から開始され，捜査証拠を分類したり，まとめたりする方法（SE3R）について述べている。面接中の行動のセクションでは，そのタイトルが示しているように，次の4つの面接段階について，コミュニケーションに関して心理学的かつ社会的側面からの議論を行なっている。①

挨拶,②説明,③相互的活動,④終結(GEMAC)。この4段階が順番に検討され,最後に面接後の行動について検討している。

第5章は,「警察の面接では何が実際に起こっているのか?」という問題を扱った研究について考察している。まず,警察の面接に対する大衆の意見(つまり,一般の人は取調室では何が起きていると思っているか?)をみることから始めている。次に,警察における面接で,実際に起こっていることを検討した研究について述べている。自白証拠の問題を考察し,被疑者は面接において偽計を用いることで自白させられることがあるのか否かについて議論している。この章の締めくくりでは,専門家の捜査面接とその面接で必要な"特殊な"スキルに関して検討している。

"虚偽の証言"とタイトルのつけられた第6章は,3つの研究と理論を扱っている。被暗示性,回復された記憶そして虚偽自白である。そこでは,どうして人は出来事を誤って報告するのかについて説明しようとしている。回復された記憶と虚偽自白に関する多数の事例から,それらは主として不適切な質問と面接行動によるものであるということが議論されている。第1セクションで,被暗示性の効果がいかにして生ずるのかについて述べられ(たとえば,再構成過程,誘導質問や誤誘導質問そして誤情報効果),その効果の基本的メカニズムを説明する理論が提起される。第2セクションでは,アメリカ合衆国で1980年代初期に提起された比較的新しい話題が議論される。それは回復された記憶論争である。この論争をめぐる問題が考察され,誤った記憶がどのようにして植え込まれるかを明らかにした研究が紹介されている。最終セクションは虚偽自白にあてられ,虚偽自白を起こすと考えられる尋問テクニックに関する検討から始まり,3つの主要な虚偽自白のタイプについて概説している。①自発型虚偽自白,②強制-追従型虚偽自白,③強制-内面化型虚偽自白である。

第7章では面接に困難のある人について,質的かつ量的に最大限の情報を得るための,最も適切な面接法について考察している。まず,正義を実現しようと努力している実務家たちの意見を概括する。彼らは,面接に困難のある人(たとえば,学習障害者など)ができるだけ利用できるようにするには,刑事司法体系をいかに変革しなくてはならないのかについて意見を提出している。

限られてはいるが，面接に困難のある人に対する最適な面接法を検討した研究が紹介され，訓練問題，警察面接，質問タイプそして面接技法などについて議論している。虚偽自白と面接に困難のある被面接者に関する問題もここで検討されている。

　第8章は子どもの面接に注目している。まずイギリスにおける子どもの面接のための現行のガイドラインである「良き実践のための意見書」（Bull, 1993, 1996）の背景となる歴史について概観している。次に，この意見書が根ざす研究と理論，とくに子どもに質問するための，最も適切な方法に関して概説している。現在進行中の研究である，子どもの面接のための新しくかつ独創的な方法についてもふれられている。これらの方法のなかには，子どもに用いるための認知面接の応用可能性，犯行現場の再訪問，そして非言語的な補助（たとえば，小道具や描画など）を用いることなどが含まれている。

　第9章は面接訓練と高度な捜査面接コースに着目している。適切な面接に必要な技能を伸ばす訓練の重要性が力説されている。そして，イギリスにおける警察の面接訓練の発展に関する小史が紹介されている。ここから当然のことながら，今日のイギリスにおける面接冊子（PEACE）の話になる。PEACEは5つの頭文字をとったもので，覚えやすくPEACEと呼んでいる。つまり，①計画と準備，②面接への引き込みと説明，③弁明，④終結，⑤評価。PEACE課程で教育されたスキルの転移可能性を検討した研究を解説している。この課程で学習したスキルに関して，警察官の認識と実際の使用について検討された。次に，高度な捜査面接課程の目的，デザイン，財源そして方法に着目している。

　第10章では結論と将来の発展についての構想を示した。最近の心理学的研究と現実の捜査面接（たとえば警察署における）との関連についてコメントし，捜査面接に関する勧告を行なっている。これは，将来的には捜査面接に関係すると思われる現在進行中の研究に対する見通しに基づいて提案されている。さらに，将来の研究で検討すべきいくつかの重要な問題を提起している。

第2章

人々はどのように想起するのか

1 はじめに

　面接者はなぜ記憶について知る必要があるのだろうか。捜査面接者は，目撃者，被害者，被疑者などから過去に関する情報を得る必要がある。それゆえ，面接者たるものは記憶がどのように働くのか，記憶がどれほど壊れやすいのか，面接者が被面接者の語りにどのように影響を与えるのかを知る必要がある。本章では記憶とは何か，記憶はどのように働くのかについて説明し，次に，とくに犯罪の文脈において，人々の想起に影響する多くの要因を概観することにする。本章を読むことによって，読者は捜査面接の実施に際して，なぜ特別な原理がガイドラインとして設けられているのか，それらの原理が何に由来するのかについて理解を得られるはずである。

2 記憶とは何か

　記憶とは，われわれが世界に関してもっている膨大な知識のことであり，われわれがいろいろなことができるのはその知識のおかげである。記憶は，たとえば，レストランに行ったときに起こる典型的な事柄についての一般的な知識

を保管している。記憶は，車の運転のような技能の遂行を可能にするような情報をも含んでいる。さらに，面接にとってとりわけ重要なことであるが，記憶はたとえば最近の誕生パーティーに出席したときに何が起こったのかというような，われわれ自身の個人的経験を保持している。記憶は多くの異なるタイプの情報と関わりをもつ複雑な現象なのである。

　何かを想起しようとするときにはどのようなことが起こっているのだろうか。心理学者は，記憶の基本的プロセスを議論する場合に，記憶の3つのプロセスに注目する。**符号化**は情報が記憶に入ってくるプロセスである。たとえば，犯人の容貌のような身体的特徴は，記憶が受け取り，表象へと変換される。この符号化された犯人の容貌が記憶に**貯蔵**される。面接は，数時間後であったり数日後であったりするが，被面接者は犯人について語らなくてはならない。そこで記憶から犯人に関する情報を**検索**しようとする。

　これら3つの段階のいずれかでも，あるいはそれらが組み合わさっても，記憶に失敗する可能性がある（Brainerd, Reyna, Howe & Kingma, 1990）。被面接者が想起できないときには，まずその情報が感知されなかったという可能性がある。これは注意の問題である。注意が払われていたとしても，その情報は符号化されなかったのかもしれない。また，符号化された情報の貯蔵がうまくいかなかったのかもしれない。いずれかの理由で（この理由については後に詳細にふれるが），被面接者は対象となる情報を検索できない可能性がある。

3
忘　却

　被面接者が面接中に記憶から情報を検索できない場合もしばしばある。この検索ができないということから2つの疑問が生ずる。①被面接者は情報をまったく失っているのだろうか，それとも②被面接者は当該の情報を検索することに何か問題をかかえているのだろうか。これまでの研究によれば，記憶の失敗は，情報が完全に失われるというよりも，むしろ検索に問題がある可能性が高い。記憶から情報を検索することは，引出しのついたファイリングキャビネットにたとえられる。すなわち，引出しが情報にあたり，その引出しを開けるこ

とが検索である。情報が見つけられないのは，情報がそこにないことを意味するのではなく，まちがった引出しを開けようとしていたり，ただ単に誤ってファイルされていたので，開けた引出しに情報がないということなのかもしれない。

忘却は，情報がないということなのではなく，多くの場合には情報の検索に問題があるためだということがわかるにはどうしたらよいだろうか。被面接者は，いずれの場合でも想起できないという同じ結果になるのであれば，どうしたらよいだろう。われわれが日々経験している出来事が，良い例を提供してくれる。2人の人物を紹介しなくてはならないときに，そのうちの1人の名前を──以前には覚えていたにもかかわらず──忘れてしまうということは，誰しも経験があるだろう。この現象は"喉まで出かかっている"現象と呼ばれ（Brown & McNeill, 1966），最もイライラする検索失敗の事例である。このイライラに満ちた状況は，欲しい情報が記憶にあることははっきりしているが，なぜかその情報を検索できないときに起こる。しかし，われわれはたいていその失われた情報を突き止めることができる。ときには，時間が過ぎ去ることに身を任せきりにしなくてはならないが，そうすることで記憶からまさにその情報が浮かび上がってくるのである。情報はそこにあるのだけれど，それに接近するのが困難であるということである。つまり，情報は失われていなかったのである。

4
複雑な出来事の記憶

これまで記憶とは何か，記憶はどのように働くのかについての2つの問題について手短に検討してきた（記憶の基本的原理に関する詳細は，Eysenck & Keane, 1990を参照のこと）。以下では，複雑な出来事の記憶に影響を及ぼすいくつかの要因について検討する。

(1) 複雑な出来事の符号化に影響する要因
● 証人／被害者の状態

「何が起こったのか説明してください」というようなオープン質問（open-ended question）の形式で尋ねられるときの被面接者からの反応を，出来事の自由再生と呼んでいる。再生の質は証人と想起すべき（以下，TBR）出来事との相互作用によって大きく変化する。1976年以来，イングランドとウエールズでは，人物識別が関わる事件で，照明条件，観察時間の長さ，当該人物から目撃証人までの距離といった記憶の質に対して著しい影響を与える要因について，判事は陪審員に説示することが要請されている（Deffenbacher, 1991）。たとえば，ヤーメイ（Yarmey, 1986）は，事件に関する詳細な再生や事件に巻き込まれた人物の再認の正確さは，日没から日暮れまでの時間帯や夜に比べて，白昼や日暮れの始まりまでの時間帯において優れていることを見いだしている（さらによく知られた発見については，Wagenaar & van der Schrier, 1994 を参照のこと）。

しかしながら，判事はこの"ターンバル"説示［訳注：目撃者による犯人識別が争点となったイングランドの事件。目撃証人による犯人識別は誤りやすいこと，目撃者が犯人を目撃していた時間，距離，明るさ，車や人による妨害の有無，犯人は以前からの知り合いか，何度くらい出会っているか，初めて見た人物であれば，とくに思い出すような事情はあったか，目撃から犯人識別までの時間間隔などについて慎重に検討するように陪審員に対して判事は説示すべきであるとする警告］を与える場合でも，記銘すべき出来事を経験した時点での証人の状態について説示することは命じられていない（Davies, 1993）。この要因が再生の質に重要な影響を与えることを考えると，このことは驚きである。

犯罪行為を経験するときには，多くの目撃者がアルコールや薬物の影響下にあるが，そのような物質がその後の再生遂行に及ぼす効果に関する研究はごくわずかしかない。ユーイとトレストラプ（Yuille & Tollestrup, 1990）は，少量のアルコールを摂取した目撃者は，統制群に比べて，目撃直後でも1週間後でも模擬強盗の詳細に関する想起が少なくなることを見いだした。リードら（Read, Yuille & Tollestrup, 1992）は，アルコールが周辺情報の再生を害することを報告した。大麻もまた目撃者が出来事を再生する正確さに干渉すること

が認められている(Thomson, 1995a)。しかしながら,アルコール,大麻,およびその他の薬物による再生遂行に対する影響についてはさらなる研究が必要である。

● **証人/被害者のストレス水準**

　目撃者の記憶に影響する別の要因はストレスである。しかし,倫理的な問題があるので,この問題の研究は難しい。それにもかかわらず,価値ある研究がいくつか行なわれてきている。ユーイとカットシャル(Yuille & Cutshall, 1986)は,高いストレス水準にある殺人の目撃者が,事件から2日後に警察官の面接を受け,平均で93％の再生の正確さを示すことを見いだした(これは,不正確な報告はほとんどなかったということであるが,しかし彼らが再生したのはわずかの情報にすぎなかった)。4か月から5か月後に再びこの目撃者に面接を行なったところ,そのような時間経過があったにもかかわらず,目撃者の報告は平均で88％の正確さの水準を保っていた。クリスチャンソンとヒュービネット(Christianson & Hubinette, 1993)は,実際に武装強盗事件の目撃者となった銀行の出納係と客の記憶を評定した。彼らの説明は非常に正確であり,文献とは対照的な結果になった(文献によれば,その多くの研究は研究室実験を行なっているのであるが,たいていストレスは記憶遂行を低下させる結果を示している。この点に関する議論は,Deffenbacher, 1983を参照のこと)。しかしながら,以上2つの研究は情報の実質的な量については焦点を当てていなかった(たとえば欠落の誤り,つまり目撃者が実際の情報に言及しないことによる想起の失敗)。

　ユーイら(Yuille, Davies, Gibling, Marxsen & Porter, 1994)は,記憶遂行に及ぼすストレスの効果に関する問題を量的および質的に検討した。この研究では,120人の見習いの段階にある警察官がストレスの高い模擬事件か,ストレスの低い模擬事件のいずれかを経験した。ストレスは,再生される情報の総量(つまり情報の量)を減少させるが,報告される情報の正確さ(つまり情報の質)と時間の経過に伴う情報減衰をくい止めるという結果をもたらした。ストレスは多くの要因とあいまって複雑な仕方で記憶と相互作用している。出来事のストレス(たとえば恐怖)によって引き起こされる情報の量的減少が,必

ずしも情報の質的低下を伴うことを意味するわけではない（Yuille, 1994）。

ユーイとカットシャル（Yuille & Cutshall, 1989）は，ストレスの高い出来事を体験した者は，その出来事について"語る"ことを通して出来事の記憶にアクセスし，リハーサルすることが習慣化してしまうから，その出来事の記憶を正確に，ときにはその詳細にいたるまで保持できると主張した。事実，ホウら（Howe, Courage & Peterson, 1994）は，ストレスは出来事を示差的にする一つの要因であると記している。さらに，現実生活においてトラウマとなるような出来事は，証人や被害者に対して出来事の中心的側面（内的感情であれ，外的な出来事要因であれ）に注意を狭めさせる傾向があり，そのことがかえって出来事の情報を長期に貯蔵させ，想起させることになるのである（とくに出来事の中心主題となる要素について。Yuille & Tollestrup, 1992）。

ストレスと想起に関わる他の要因は"凶器注目"と呼ばれてきたものである。犯罪場面に武器が存在すると，目撃証人による報告は，正再生の総量が減少し，とくに武器を手にした犯人に関する正再生量を減少させるというものである（たとえば，Kramer, Buckhout & Euginio, 1990; Loftus, Loftus & Messo, 1987; Maass & Köhnken, 1989）。この効果は，ストレスの高い出来事を経験する目撃者が，ストレス効果を生むような場面で，注意の範囲を狭めさせるような反応を行なうことによって——たとえば，武器だけに注目する——起こるものと考えられている。その結果，凶器以外のことについて符号化し，その後の報告で利用可能となるはずの情報の量を減少させる可能性がある（手がかり利用仮説。Easterbrook, 1959）。ステブレイ（Steblay, 1992）は，凶器注目に関して，19実験を含む12研究についてメタ分析を行なった。これらの実験のなかで，6実験で期待される方向の有意差が認められた（つまり，凶器が存在する場合には再生が減少する）。残りの13実験では，部分的に再認手続きが使用されていたこともあって（たとえば，識別のためのパレードの使用），凶器注目の効果は小さかったものの，再生についてはより大きな凶器注目効果が認められた。

● **出来事の凶暴性**

犯罪に暴力が伴うと，出来事情報の符号化と貯蔵に影響するとする証拠があ

る。クリフォードとスコット（Clifford & Scott, 1978）は被験者に，2つの短編映画の一部を見せた。一方は身体的暴行シーンを含む暴力的出来事で，もう一方は非暴力的出来事であった。実験では非暴力的出来事において，再生が優れていることがわかった（同様の発見は，Loftus & Burns, 1982を参照のこと）。クリフォードとホリン（Clifford & Hollin, 1981）は，凶暴なエピソードを見せられた被験者は，その後実施された出来事に関する質疑応答において，犯人の容貌に関わる報告の正確性が一貫して劣っていたことを見いだした。マクロードとシェパード（McLeod & Shepherd, 1986）は，この出来事の凶暴性と記憶の関係を調べるに際して，詳細のタイプの違いがもつ重要性に着目した。2人は135件の実際の事件と，そこで得られた供述（全379供述）を検討した。すべての事件は"傷害なし"暴行事件と"傷害あり"暴行事件に分類された。身体的障害が関わると被告人についての情報は少なくなったが，周辺の詳細情報は増加した。暴力と再生遂行の関係は複雑なのである。

● **目撃者の関与**

　目撃証言の質や量に影響するもう一つの要因は目撃者の関与である。大多数の目撃証言研究は，当該の出来事にとくに巻き込まれることのない傍観者の記憶を調べてきた。しかし，事件に巻き込まれない傍観者は，裁判の文脈においては一般的な特徴だとはいえないだろう（Yuille & Tollestrup, 1992）。これまでの研究によれば，目撃者が事件に巻き込まれる場合には単なる傍観者に比べて出来事をよく想起できるとされてきた（たとえば，Cohen & Faulkner, 1988; Yuille et al., 1994）。しかし一方で目撃者が事件に巻き込まれても，再生には影響がないとする研究もある（Farrington & Lambert, 1993; Roberts & Blades, 1998; Saywitz, Geiselman & Bornstein, 1992）。

● **注　意**

　上述したように，情報を符号化するためには注意が払われなくてはならない。すべての感覚器官には絶え間なく情報が降り注いでいるので，それらのすべてに注意を払うことは不可能である。今この本を読んでいるときには，このページに記された言葉に注意を払っていることだろう。しかし，自分が座っている

椅子の硬さを感じるのは，そう指摘されて初めて気づくような感覚である。このことはまた記憶へと符号化される情報に関しても言える。瞬間々々に人が聞いたり，見たり，感じたり，味わったり，匂いをかいだりすることは，後々の利用を考えて記憶へと符号化される潜在的可能性をもっているが，不幸にして脳はそのような情報を一度に取り込むことはできない。したがって，何に注意するかについては選択的なのである。

　重要なことは，注意された（すくなくともある程度は）情報のみが符号化される可能性があり，その結果，後の検索で利用可能になるだろうということである。結論的にいえば，環境に存在するものの多くは記憶に入ることができず，そのため後の検索にも利用できないのである。最近居酒屋に行ったときのことを考えてみよう。その居酒屋で隣にいた人とどんな会話を交わしただろうか。たぶん思い出せないだろう。これはその情報を忘れたためなのではなく，おそらく，会話中に音声を聞いていたとしても，それに注意を払わなかったためなのである（この点についての詳細は，Bull, Bustin, Evans & Gahagan, 1983 を参照のこと）。

　選択的注意は，知識，期待，態度，過去経験，興味，訓練，そしてその時点で最も重要だと判断した特定の内容に依存している。したがって，同じ TBR 出来事であっても，人それぞれに異なった点に選択的に注意を払うのである。事実，フラゼッティら（Fruzzetti, Toland, Teller & Loftus, 1992）は，5人の人が一つの出来事を目撃した場合，5種類の異なる出来事の説明を報告すると述べている。

　注意に関連する要因が原因となって，被面接者は出来事についての限定的な量の情報しか利用することができない（Köhnken, 1995）。情報が利用できないのは，必ずしも検索や貯蔵の失敗によるわけではない。ただ単に注意が払われなかった情報もある。したがって，いかに洗練されていたとしても，出来事のあらゆることを引き出すことができる面接技能というものはない。なぜなら，あらかじめ記憶に貯蔵されることのなかった情報が回復することはありえないからである。

5
複雑な出来事の情報検索（たとえば面接）に影響する要因

● 記憶は構成的である

　複雑な出来事記憶のほとんどが構成的だということは心にとどめておくべき重要な点である。ビデオテープに記録するときは，あらかじめその再生を考えて記録しているが，人が符号化するときの内容は，そうしたことを考えて記憶に記録するわけではない。むしろ出来事は，人が出来事について符号化した情報や世界一般についての情報を利用して再構成される。次に紹介するのは，記銘すべき出来事を報告する際に，一般的知識がいかに影響を及ぼすかに関わる要因である。

● 推　論

　ロフタスとパーマー（Loftus & Palmer, 1974）によって行なわれた古典的研究において，被験者は交通事故の写った一連のスライドを見せられ，その後，その事故に関する質問を受けた。主要な質問は自動車の速度に関するもので，速度を表す動詞が被験者ごとに異なっていた。1週間後，被験者は——事故に関連する一連の質問のなかで——実際には映写されなかったガラスの破片を見たかどうかの質問を受けた。ガラスの破片を見たと肯定的回答をした被験者は，"ぶつかった（hit）"という動詞を用いて質問された被験者で16％であったのに対し，"激突した（smashied）"という動詞を用いて質問を受けた被験者では32％であった。ロフタスは，"激突した"という動詞が事故のオリジナルの記憶に組み込まれたために，こうした結果になったと主張した。このように，質問文のなかのたった1つの単語を変えるだけで，多くの成人に対して存在しなかった情報を報告させることができたのである（質問技法に関する詳細は後の章を参照のこと）。

● ステレオタイプ（紋切型）

　人物に関する情報を提供されると，人はほとんど無自覚的にその人物をステ

レオタイプ化し（たとえば"犯人らしい"など），オリジナルに符号化した情報とそのステレオタイプ化した情報とを結びつけてしまうことがままある。そのため，符号化された情報とステレオタイプ化した情報との結合が，結果的に特定のTBR人物の記憶となってしまう。ステレオタイプ情報とTBR人物との不一致の程度が証人の再生の歪みになるのである。ホリン（Hollin, 1980）は，証人が髪の色，目の色，肌の色などについて，既知の母集団基準に基づくステレオタイプをしばしば使用することを見いだした。そのようなギャップを埋めることが正しいこともあるが，そうでない場合もある。ホリンの研究では，ターゲット人物はブロンドの髪，緑の瞳，明るい色の肌であった。髪の色を正しく再生した者93％のなかで，ほぼ半数は瞳の色を青と誤って報告したのであった（Bull et al., 1983を参照のこと）。

● **所属意識**

所属意識もまた報告される説明の正確さに影響することがわかっている。ブーンとデービス（Boon & Davies, 1996）は，イングランドとスコットランドの間で行なわれたサッカーのゲームを録画したフィルムを用いた。このゲームでは，両チームの間でペナルティを受けた多くの衝突があった。スコットランドのサポータにフィルムを見せると，ペナルティのうち57％についてイングランドに責任があり，スコットランドの責任は10％だと判断された。これに対して，イングランド人が判断した場合には，イングランド選手は出来事の10％について責任があるとされ，スコットランドの選手の責任は61％であると原因帰属された。この発見は重要な意味をもつ。この研究や類似の研究によれば，目撃者や被害者にとって個人的に重要な意味をもつ出来事に対する記憶は事後の合理化をもたらし，記銘すべき出来事の記憶が（非意図的に）歪められる可能性がある。

● **スクリプト**

記憶内のスクリプトは，特定の場面でどのような活動を行なうのかを察知する手助けとして用いられる。たとえば，ほとんどの人はレストランに行くスクリプトをもっている。それは，座席に座る，メニューを見る，飲み物を注文す

る，スターターを注文する等々である。スクリプトはまた，膨大な情報をすばやくかつ経済的にふるいにかけたり，体制化したり，処理することに役立っている。新しい出来事に出くわしたとき，その出来事の詳細をすべて覚えて符号化するのではなく，単純にスクリプトに頼り，新しく示差的な情報だけを符号化するのである。たとえば，数か月ぶりに実家に帰ったとき，人は実家スクリプトを使用する。実家のなかの目新しいモノは，あなたのところに飛び出したがるであろうが，古いモノには意識的な注意はしないのである。

　使用されるスクリプトがうまく適合しなければ，出来事の再生は歪められる可能性がある。バウアーら（Bower, Black & Turner, 1979）は，レストランへ行く短い物語を読み聞かせられた後で，被験者は，物語になかった食べるとか，勘定を支払うというような情報を再生しやすいことを見いだした。人はスクリプトからの情報を無意識的に用いて，記憶における"ギャップを埋め"ようとする。

　ところで，人は個人的経験がまったくないものについても（たとえば，武装強盗のように），個人的に経験した出来事（たとえば，レストランのシナリオ）と同じようにスクリプトを作り，用いるのであろうか。リスト（List, 1986）やフィッシャー-ホルストとペデク（Fisher Holst & Pezdek, 1992）は，万引き，強盗，泥棒のような，個人的に経験してもいない活動系列に対しても，人はスクリプトを作り，使うことを確認した。しかし，このような個人的経験のないものについて生成されたスクリプトは，経験された活動に関するスクリプトに比較して，ほとんどの場合そこに含まれる活動数は少なかった（Fisher Holst & Pezdek, 1992）。

● 情動的要因

　リハーサルは再生を促進する。情動的出来事は人の心のなかで"再現される"ことが多いために，この種のリハーサルは記憶をより確実なものにする。しかし，否定的な情動もあり，これは検索を妨害するような逆の効果をもちうる。誰しも試験を受けた経験があるだろうが，試験のために学習した情報が失われるように思われることがあったであろう。不安感情は情報の再生に干渉する（Holmes, 1974）。試験が終わった後で答えを思い出すという悔しい思いもした

ことだろう。(ストレスと出来事の凶暴性も参照のこと)。

　フロイト（Freud, 1976/1917）は，児童期のトラウマとなる経験は自動的に防衛機制にさらされる可能性があると述べた。これが抑圧である。抑圧の本質は，出来事の記憶を無意識へと無理やり押し込めることによって，強烈な心的外傷から自我を防衛する過程であるといわれている。この見解は，近年，世間にあまねく知れわたった抑圧された記憶論争の一方の頂点に立つものである。この論争がわき起こっているのは，児童期の性的虐待に関して，以前にはその記憶が"思い出せなかった"と主張する成人によって裁判事例となることがこ10年来激増したためである（Memon, Vrij & Bull, 1998）。これらの記憶のなかには，申し立てられた犯罪が起こってから何年も経過した後に，心理療法の過程で"回復"されたとするものもある。その結果として，こうした過程を通して回復された記憶の信用性と真実性に関する議論が沸き起こってきたのである（関連する研究の概観には，本書の第6章とConway, 1997; Lindsay & Read, 1995; Memon, Vrij & Bull, 1998を参照のこと）。心理療法に通う人々は傷つきやすいから，記憶を"回復させる"ために実際に用いられた質問が，報告された情報の性質（正確さと信頼性）を理解するためには決定的に重要なのである（以下の誘導質問の節を参照のこと）。

　成人ですら（法律研究者も含めて），航空機事故の顛末に関してメディアを通して聞いたり，見たりしただけでも，その事故を目撃したと信ずるように誤誘導できることを示した研究がある（Crombag, Wagenaar & Van Koppen, 1996）。これらの"目撃者"はさらに彼らが「見た」とする出来事について，事細かな質問に回答すらしたのである。事実，存在しなかった児童期の出来事に関する誤った記憶（たとえば，結婚式での事故，ショッピングモールでの迷子）が，成人の記憶に埋め込まれること，それはとくに面接を反復することで生ずるという（Hyman, Husband & Billings, 1995; Loftus & Pickrell, 1995）。したがって，面接の過程においてはいかなる被面接者に対しても，暗示的情報を用いないことが必要不可欠となるのである。適切な面接がいかにあるべきかについて研究されてきている。シェパード（Shepherd, 1991, p.57）は「言語は実弾が装填された武器であり，すべての捜査官（面接者）がそれで武装している」と述べている。

● **文脈効果**

　実際に想起を促進させる要因もある。情報を符号化したときと同じ場所を訪れたり，同じ文脈を繰り返すと，その情報を簡単に再生できることがある（Estes, 1972）。われわれがかつて訪ねたことのある場所，たとえば以前通っていた学校を訪れたときに，過去の生活に関する記憶の高波に圧倒されてしまう理由は，このことによって説明できる。出来事が符号化された文脈は，それ自体が最も強力な検索手がかりの一つだと考えられる。数多くの実験的研究がこの問題を検討してきている。大多数の研究では文脈効果を認めてきたが，文脈効果を確認できない研究もある。"現場再現"というのは，事件の記憶を呼び起こす目的で，事件が起きた文脈を回復しようと試みることである。

　ゴッデンとバドリー（Godden & Baddeley, 1975）は，文脈を物理的に回復することに関して強力な効果を例証してみせた。ダイバーたちは，地上もしくは20フィートの海中のいずれかで単語リストを学習した後，学習した単語リストを，地上もしくは海中のいずれかで再生した。つまり，ダイバーたちはリストを学習したのと同じ文脈でか，もしくは異なった文脈で単語再生を行なった。結果は，地上で単語学習を行なった被験者は，同じ地上において再生が優れ，海中で単語学習を行なった被験者は，海中でより多くの単語を再生した。学習と再生が同じ文脈の場合には，再生が約50％ほど高かったのである。

　ところで，想起の外的文脈だけが常に文脈なのではなく，われわれの内的状態もまた文脈手がかりとして機能する。たとえば，ある出来事を経験したときに良い気分でいた人は，同じ状態（つまり良い気分）に置かれれば，その出来事をよく思い出すことができるに違いない（Eich, Macauley & Ryan, 1994）。出来事が起こったときの主観的状態，つまり思考や幻想や感情などを検索手がかりとして回復させたとき，その経験の想起に成功する可能性がもっとも高い（Schacter, 1996）。

　しかしながら，実際上，物理的に文脈を回復すること（たとえば，被面接者を犯罪現場に連れ戻すこと）は可能でも適切でもないだろう。目撃者がトラウマに陥っており，その不安が想起過程に干渉する可能性も考えられる。また，犯罪現場は実際に変わってしまっているかもしれない。たとえば，気象条件は違っているだろうし，犯罪現場にいた人物やそこにあったモノも犯罪が起きた

時点と同じままであるなどということはありそうもない。ともあれ，物理的な文脈であれ内的な文脈であれ，出来事の文脈を心的に回復させると，再生が促進することは諸研究で明らかにされている。もちろん，心的な回復が被面接者にとってトラウマとなるのであれば，この方法も再生の妨げとなるであろう。ウイリアムスとホラン（Williams & Hollan, 1981）は，卒業後数年経過した被験者に，昔のクラスメートの名前を思い出すように依頼した。すると，ただ単に当時の学校の状況を心のなかで回復させて思い出すように教示された被験者は，そのような教示が与えられずにひたすら思い出させられた被験者に比べて，より多くの名前を再生できたのである。

6
質 問

これまでは目撃者に関連する要因に限って議論を展開してきが，次の段階として，質問のスタイルが被面接者の報告にいかなる影響を与えるかを検討する。

適切な質問を用いることは，それ自体，複雑な技能であるにもかかわらず，簡単なことだという誤解があるように見うけられる。何といっても，われわれは質問しながら暮らしている。「コーヒーいかがですか」「ご機嫌いかがですか」等々と。質問の複雑さは，異なったタイプの質問が異なった回答をもたらすために生起するので，質問によっては正しい方法で用いられることがきわめて重要なものがある。さらに，誤った情報を生み出す傾向をもつ質問のタイプというのも存在する（McKenzie & Milne, 1997）。

面接はある種の学習経験でもある。とくに被面接者が，面接場面に関する知識をあまりもっていない場合や，まったくない場合にはそうである。結論的には，面接者のあらゆる行動が面接の過程に対して直接的な影響をもつだけでなく（たとえば，得られる回答に対する影響），被面接者も面接者の行動から，何が期待されているのかを学習しようとし，その結果，自分の行動を調節しようとする（Köhnken, 1995）。したがって，面接者が矢継ぎ早に短答質問形式を用いて，被面接者に十分長い回答を許さないように面接を開始すれば，被面

接者はこれが面接なのだと考えるだろう。そうなると，結果として，面接者が面接の後半になって長い反応を求めたとしても，被面接者は短い回答に終始するだろう。

ほとんどの人は，質問したり回答したりという人生を送っているために，以下に示すベンジャミン（Benjamin, 1981, p.71）の観察に納得することができる。

> 「われわれは多くの質問を発している。しばしば意味のない質問を。被面接者を困らせたり，困惑させるような質問を発している。また被面接者がたぶん回答できないようなことすら質問している。回答を望んでいないことすら質問してしまい，その結果，出てくる回答を無視してしまうのである」。

1990年以前のイングランドとウェールズにおける警察官は，通常，面接段階を2つに分け，自由再生の後に直接質問を行なうよう訓練されていた（訓練の問題については後の第9章を参照のこと）。一般的には，自由再生は不完全ではあるが，おおむね正確である。たとえば，リプトン（Lipton, 1977）は，模擬強盗について，学生は全事実のうち自由再生できたのはわずか21％にすぎなかったが，その91％は正確であったことを見いだした。TBR出来事について質問すると，学生からさらに多くの情報を引き出すことができたが，その正確さは低下した。つまり，より直接的な質問はそれだけ誤答を生むということである。他の多くの研究においても同様の結果が得られている。

質問にはたくさんの種類（さらに下位の種類）があるが，ここでは最も重要な質問だけを取り上げることにしよう。それは，オープン質問，クローズ質問，誘導質問，誤誘導質問，強制選択質問，多重質問である。これらの質問群は，適切な質問方略と不適切な質問方略に分けられてきた。

（1）適切な質問のタイプ
● オープン質問

オープン質問は，証拠や情報の収集という観点からすると最良の質問である。オープン質問は，被面接者が自由に制限なく回答できる方法であり，面接者だけでなく被面接者も面接における情報の流れを統制できるような方法なのであ

る。この質問スタイルは，被面接者がたまたま経験したことについて，面接者が自分の意見を押しつける危険性を最小限にとどめてくれる。したがって，オープン質問は，自由再生で得られるものと類似した反応を引き出すことができる。それは，前述したように，最も正確な想起をもたらす質問形式であることがわかっている。ステュワートとキャッシュ（Stewart & Cash, 1988, p.59）は，オープン質問を次のように定義している。

「通常は一般的なトピックだけを特定し，応答者が提供しようとする情報の量や種類を応答者自身の裁量で自由に決定させる質問」。

オープン質問の典型例は次のような質問である。

「スミスさん，あなたはハイストリートの事故の現場にいたとおっしゃいましたが，そこで何があったのかお話いただけませんか」。

オープン質問は，自由再生において得られた不完全な情報を精緻化するためにも使用することもできる。

「あなたは犯人が男性だと言いました。その男性について説明していただけませんか」。

● クローズ質問

クローズ質問は比較的狭い範囲の反応だけを許すもので，反応は通常，一つの単語か短い句になる（Bull et al., 1993）。クローズ質問は次善の策で，面接の自由再生やオープン質問では目撃者が提供しなかった情報を得るために使用されるべきである。またオープン質問を用いて情報を引き出そうとしても，うまくいかなかったときにのみ使用されるべきである。たとえば，先に示した例を用いると，犯人の説明を求めるオープン質問に対して，回答のなかで被面接者が髪の色を言い落とすかもしれない。そのような場合のクローズ質問は，次のようになろう。

「犯人の髪の色はどうでしたか」。

研究者によっては，オープン質問を，誰が，何を，どこで，いつ，なぜ，と

いう言葉で始まる質問と定義する者もいる（Goodworth, 1979）。これら"W"で始まる質問は，オープン質問に含まれるが，クローズ質問としても頻繁に用いられている。

質問：誰が言ったの。
回答：テレサ・グリーン。

質問：何て言ったの。
回答：彼女が言ったのは……。

質問：あなたはどこに立っていた。
回答：銀行の外。

質問：それはいつだったの。
回答：9時30分ごろ。

"なぜ"という質問は，答えられはするが，その回答が解き明かしてくれる以上に問題を発生させてしまう。とくに，行動の説明を求める質問の場合にそうなる。というのは，たいていの場合，他者の動機はもちろんのこと，自分の動機についてすらその正確さの程度はわからないからである（McKenzie & Milne, 1997）。「なぜ彼がそれをやったんだ」はまさにクローズ質問なのであるが，それはまた被面接者が100％の正確さで回答できない質問でもある。

● オープン質問　対　クローズ質問

面接の効果をあげるには，より詳細な語りを引き出せるように，自由再生の後にオープン質問を（そして別タイプの質問前に）行なわなくてはならない（Hilgard & Loftus, 1979）。しかる後に，面接者は言い落とされた情報を補うために，クローズ質問を用いて調べることができる（Flanagan, 1981; Geiselman et al., 1984）。短答式質問の使用によって，捜査官は面接をコントロールして無関連な情報の報告を最小限にとどめることができるが，被面接者を消極的にし，集中力を減退させ，ひいては再生量の減少を招くことにもなる。また，クローズ質問は，オープン質問に比較すると，不正確な反応を多く生み出す（たとえば，Lipton, 1977）。

一方，オープン質問は，より精緻で正確な反応を引き出す好ましい質問形式である。オープン質問は，反応潜時が長くなるが，おそらくそれは被面接者が一生懸命に考えていることの証である。さらに，オープン質問は，暗示的な語法ではなく，中立的な語法を用いるという質問の目的にもかなっている（第8章を参照のこと）。

● 質問の記号論

面接者は，個々の質問の言葉遣いを一人ひとりの被面接者に合わせる必要がある。そして，文法的に複雑な次のような質問を避けなくてはならない。

「銃を持っていたその男は，共犯者が金をかすめていたときには，何をしていたのですか」。

面接者が，被面接者が自由報告で語った内容を詳しく知っているのであれば，可能な限り被面接者が使用したものと同じ単語を使用すべきである。たとえば次のように。

「その男が不思議な格好をしていたとおっしゃいましたが，どんな格好だったんですか」。

否定的な言い回しも避けるべきである。それは，この質問のスタイルが否定的な反応を暗示し，多くの場合受動的な反応を暗示するからである。

「彼の髪の色は見えなかったんじゃないですか」。

仲間うちで使う言葉や専門用語も使ってはいけない。被面接者をうとんじたり，自信をなくさせてしまうからである。さらにまずいことに，証人が面接者が仲間うちで使う言葉を理解できなかったとき，当惑していることをさとられまいとして肯定的反応ばかりしてしまいかねないからである。

質問に対して回答が得られない場合には，同じ質問を反復するのではなく，言い換えるべきである。さらに，被面接者が連続して質問に回答できないようなときには短い休憩を間にはさみ，答えやすい質問に変えるべきである。そう

しないと被面接者は自信を失ってしまうだろう。被面接者の事件に対する実際の関わり方に疑念があるときは，事件に関する質問は面接の後半に持ち出すか，別の面接で質問すべきである。そのような場合には，対決的な質問をしてはいけない。同様に，つじつまの合わない報告も，脅威を与えないような方法で，面接を終える直前に適宜はっきりとさせるべきである（Stone & DeLuca, 1980）。というのは，つじつまが合わないことが虚偽なのではなく，再生の誤りや誤解によっているかもしれないからである。

（2）不適切な質問のタイプ

次に取り上げるのは，可能な限り避けるべき質問のタイプである。

● 強制選択質問

このタイプの質問は，別名，選択質問とも呼ばれている（Hargie, Saunders & Dickenson, 1987）。この質問は被面接者に選択肢を少数しか与えない。したがって，正しい選択肢が含まれないこともある。たとえば，次の質問。

「お茶，コーヒー，ホットチョコレートのどれが好きですか」。

好きかどうかに関するこの種の質問に回答することは難しくないかもしれないが，本当のところオレンジスカッシュが好きだったとしたら，それは選択肢には含まれていない。そのとき，オレンジスカッシュが好きですと本当のことを言えるだろうか。それとも選択肢のなかからどれかを選んで回答し，選択肢のなかに好きな飲み物がないことを無視してしまうだろうか。このタイプの質問を行なうと，正しい選択肢がないときですら，与えられた選択肢のなかから一つを推測で選択してしまいがちであり（とくに最後の項目を），とりわけ面接に困難のある被面接者（第7章を参照のこと）の場合にはこの傾向が強い（Milne, Clare & Bull, 1999）。

● 多重質問

多重質問とはいくつかの事柄について一度に尋ねてしまうような質問のことである。たとえば，次の質問。

「彼を見ましたか？　彼は立っていましたか，それとも座っていましたか？　コートは着ていましたか？」

この質問で何より問題となるのは，質問のどの部分について回答してよいかがわからないところにある。さらに，このタイプの質問は最大限の再生を行なわせる質問になっていない。なぜなら，被面接者は，一方で一つひとつの質問に対する回答を検索しなくてはならず，もう一方では質問された別の質問自体も覚えておかなくてはならないからである。さらに，被面接者がある質問に回答したとき，実際には第2の質問に回答しているのに，面接者が第1の質問に回答していると誤って判断をしてしまうといった誤解が起こりうる。

● **誘導および誤誘導質問**

誘導質問とは次のような質問のことである。

「中立的に表現されていない。たとえば，証人に対して形式的ないしは内容的にどのような回答をすべきであるのかを暗示したり，望ましい回答をさせたり，質問者の考え方を暗に示したりする質問」（Hibberd & Worring, 1981, p.280）。

誘導質問と誤誘導質問の違いは反応の意味という点に関わっている。前者は被面接者を正しい反応へと導くが，後者は誤った反応へと導くのである。

犯人が犯罪現場で逮捕されたときに，小ぶりのショットガンを持っていたことがわかっていたとしよう。面接者はこのことを知っているが目撃者はそのことに言及しなかった。面接者が「その人物は小ぶりのショットガンを持っていなかったですか？」と問えば，それは誘導質問である。

面接者は逃走車両が黒のバンであったことを知らなかったとしよう。被面接者が逃走用車両について言及していないときに，面接者が「その逃走車両はフォードの青いサルーンでしたか？」と尋ねれば，これは誤誘導質問である。

実際の捜査面接においてそれら2つのタイプのいずれを用いて尋問しているのかは，面接者には完全に確定することはできない。そのような質問は，面接者が起こったことについての仮説を展開し，そうしておいて，不適切な質問を用いてその仮説に反証するのではなく，仮説を証明しようとする場合にとくに問題になる（Shepherd, 1995; Shepherd & Milne, 1999）。さらに，そのような

質問に対しても歪んだ情報を提供しない被面接者ではあっても，意図された回答——とくに被面接者が正しくないと知っている回答——を暗に示す質問にイライラしてしまう可能性がある。

　ロフタスとザンニ（Loftus & Zanni, 1975）は，定冠詞"the"の代わりに不定冠詞"a"を使用すると，対象の存在について異なった期待が起こることを報告している。この研究の被験者は，Did you see the ……？　か Did you see a ……？　のいずれかで始まる質問文を提示された。The は，対象項目の存在を前提としており，その結果として，前者のような質問形式で質問された被験者は実在しなかった多くの項目を想起したのである。

　目撃者は，予期しない意味内容をもつ言葉が質問に用いられると，出来事を誤って報告してしまう。特定の単語や句が使用された場合の結果を予測することは不可能なことがあるから，良識的には極力中立的な言葉を使用することである。ハリス（Harris, 1973）によると，被験者が身長を尋ねられる場合に，「どれほど低いか」と尋ねられるのに比較して「どのくらい高いか」と尋ねられるほうが，10インチ以上高く報告するという。ゆえに，「身長はどれくらいでしたか？」を使わなくてはいけないのである。

　被面接者は，警察官が犯罪捜査の専門家という権威ある人物として受け取る可能性があるために，警察における捜査面接においては，暗示的な質問に屈服しがちになるものと考えられる（Smith & Ellsworth, 1987）（情動と記憶については上の節を，誤った証言については第6章を，そして第7章の権威に関する節を参照のこと）。

　面接者の質問の組み立て方は被面接者の反応に著しい影響を及ぼす。したがって，最大の効果をもち，しかもバイアスのかからない面接を行なうためには，質問の性質を理解することが絶対に必要である。図2-1は捜査面接に関連するおもな要因の見取り図を示したものである。

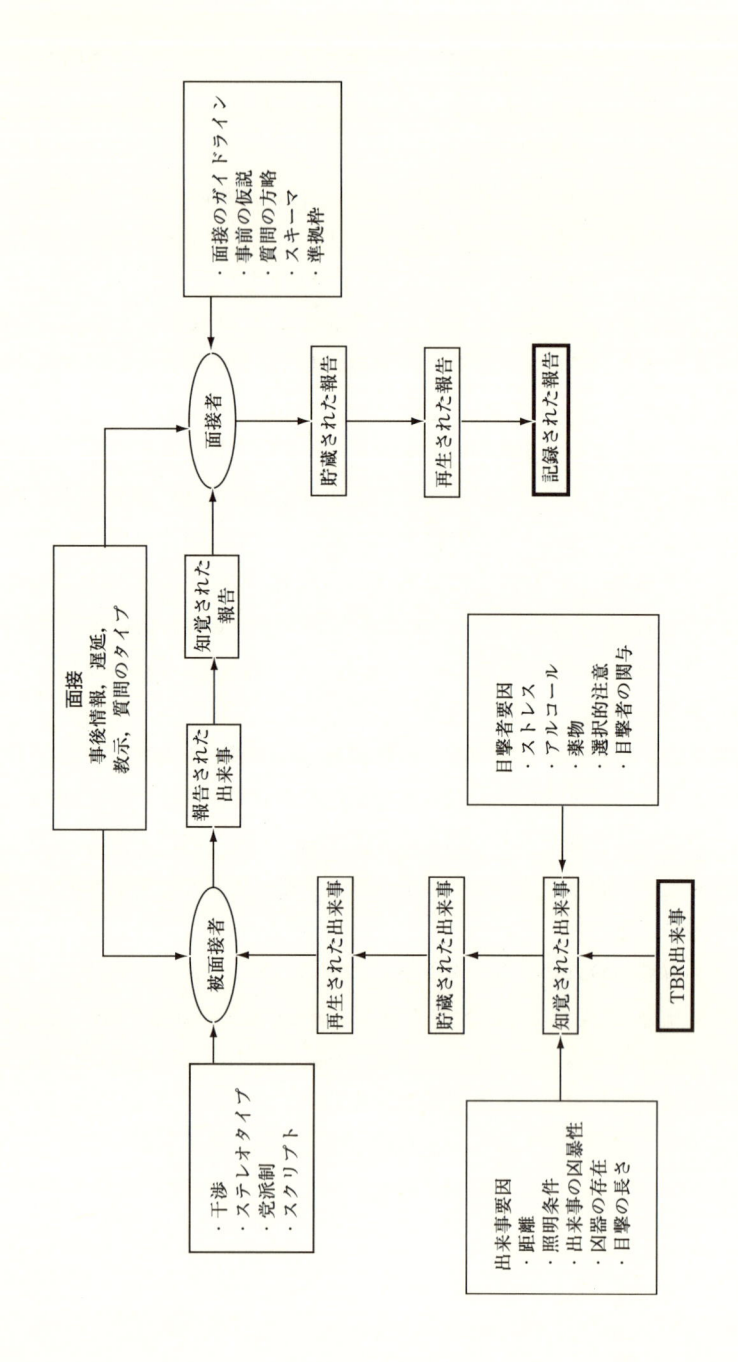

図 2-1 記憶の理論と面接のプロセス（Köhnken, 1995 より改訂）

7
誤りを免れない面接者

　面接者の情報処理は被面接者の情報処理段階ときわめて類似した段階を経過する。このことについてはすでに本章の最初にあらましを述べた。被面接者が言語的・非言語的に伝達するものは，面接者によって符号化されなくてはならない。ここでふたたび，選択的注意が情報処理システムを支配し，フィルターとしての役割を演ずるのである。つまり，面接者は被面接者の語りの"重要な"点に選択的に注意してしまう。面接者は，問題となっている出来事について一定の仮説をもっており，おそらく，特殊な犯罪の筋書きに対する精緻なスクリプト（典型的な事態）をもっているかもしれない（Köhnken, 1995）。その結果，面接者がもつ既存のスクリプトと一致する情報は優先的に処理されるが，一方，このスクリプトと一致しない細部はスクリプトと適合する方向で歪められるか，さもなければ完全に排除されてしまうであろう（Taylor & Crocker, 1981; Mortimer, 1994a, 1994b）。

　面接者に求められる課題は多様であるから，面接者には多大の認知的負荷がかかることになる。われわれは限られた認知的資源しか持ち合わせていないために，面接の質が損なわれ，利用可能な情報の符号化も不完全になってしまうだろう（たとえば，Navon & Gopher, 1979）。符号化された情報はその後，面接者の記憶に貯蔵され，プロトコルや供述調書を書くために再生される。理論上イギリスでは，証人は自分で陳述書を書くか，面接者が証人のために書くかの選択権をもっている。しかしながら，実際には90％以上の証人の供述調書が面接者によって書かれ，その後に証人がサインするという形式である（Ainsworth, 1995）。面接が録音もしくは録画されないのであれば，面接者の書いた報告書や供述調書もまた情報損失をこうむることになるのである。面接者は被面接者が語ったことを記憶しなくてはならず，それから報告書を書かなくてはならない。このように，被面接者によって報告される情報も，面接者の記憶のプロセスを経由せざるをえないのである。コーンケンら（Köhnken, Thürer & Zoberbier, 1994）によると，面接が終わった直後に報告書を書いた

としても，被面接者が報告した約3分の2の情報しか含まれていないという。

経験と訓練を積んだ取調官は，関連した情報の想起に優れているのではと考えがちであるが，アインズワース（Ainsworth, 1981）は警察官の検索時の遂行が，一般市民の検索より優れていることはないと報告している。そればかりか，ステファンソンら（Stephenson, Clarke & Kniveton, 1989）による研究では，警察官の自由再生遂行は，学生よりも劣ることをはっきりと示している。警察官は出来事のなかに実際には存在しない"犯罪"を見つけようとする構えをもちすぎて，多くの誤った報告をするということをいくつかの研究が証明している（たとえば，Clifford, 1976; Tickner & Poulton, 1975）。この後者の研究では，警察官は市民以上に強盗の嫌疑を報告するものの，犯罪の検出では市民も警察官も同程度であることを見いだしている。一方，ユーイ（Yuille, 1984）は，訓練を受けていない市民と比較すると，警察官は出来事のより詳細で正確な情報を報告することを見いだしている。最近の研究において，クリスチャンソンら（Christianson, Karlsson & Persson, 1998）は，少なくとも3年間以上の経験をもつ警察官は，新米警察官，教師，学生に比較して，凶暴な犯罪に関してより正確な報告をするとしている。しかしながら，市民と同様に警察官は，目撃証言に影響する多くの重要な要因に関する知識をほとんど持ち合わせていない（Bennett & Gibling, 1989）。つまり，"職務"に関する重要な側面に本気で取り組むために，警察官の訓練を改善する必要がある（Kapardis, 1997）。

通常の忘却は別にして，他のフィルターが面接者の貯蔵や検索に影響するかもしれない。多くの要因のなかでもとりわけスクリプトは情報処理を支配している。既存の仮説を支持する傾向が，何を貯蔵し，その後何を検索するのかを決定することになる。犯罪捜査に携わる面接者は以下の点に従って情報を選別している。①それまでに起きた個別の事件の知識に関係している面接者の準拠枠，②捜査のタイプに関する面接者の知識，③証明すべき要点（McLean, 1995）。準拠枠は，面接者に対して彼らがすでに知っていることか，もしくは彼らが知っていると思っていることを確認させようとする結果（つまり，確証バイアスをもって面接室に入る），不十分なまま面接を終わらせてしまう。不確実な証拠の報告を最小限にとどめようとして，こうした特殊な構えをもつ面接者は自分の統制が及ぶような形で面接を行ないがちにもなる。このような統

制的で不適切な面接行動は，不適切な質問（誘導質問の使用），妨害や中断など（多くの諸外国や1992年以前のイングランドとウェールズの警察における面接でみられる行動。第1章を参照のこと）を使用するという特徴的な傾向をもちやすい。こうした面接の結果，出来事の説明は，一部に不正確な説明を含むものから完全に不正確なものにまでわたることになる。とくに（社会的に望ましい反応として）被面接者が面接者を喜ばそうとする従順な証人の場合にはなおさらである。

　証人はまた，面接者が証人の言葉をより"標準化した"言葉で書き換えることを認め，彼らが実際に言ったこととは少しも似ていない調書に署名する（Ainsworth, 1995）。面接者はもっともらしく見え，時間の流れに沿っていて，矛盾する証拠がなく，証明の要点にふれていて，確証的な特徴をもつ"良い"供述調書を作成しようと努力するため，"標準化"がしばしば起こることになる（Ede & Shepherd, 1997）。

　被面接者が不確実な証拠を報告した場合に，どのようなことが起こるだろう。面接者は次の3つのいずれかを行なう。①その情報をそのまま含める，②情報を適合するように歪める，③その情報を完全に削除する（Mortimer & Shepherd, 1999）。マクリーン（McLean, 1992）は，経験豊富な警察官16人に証人との面接をテープ録音させ，その面接の供述調書を提出させた。提出された供述調書には，証拠上重要な詳細を書き落としているという重要な欠損がみられ，なかには着手している事件にとって本質的なものも含まれていた。関連情報すべてが含まれていた調書はなく，一面接につき平均14項目の関連情報（レンジは最小4項目から最大38項目）が省かれていた。被面接者の発話は，38秒毎に情報項目として編集されていたことも明らかになった。さらに，証人4人に1人の割合で，証人が実際に語ったこととまったく反対の情報項目が含まれていた。

　法廷で証言する以前に，特定の環境下におかれた証人は，"彼ら自身の"供述から事件に関する記憶を蘇らせるかもしれない。しかし，何よりも証人が最初に語ったこと（つまり，証人の事件記憶）と供述調書の記載が異なっているならば，調書はこうした"蘇り"効果をもつことはないであろう。その供述調書が証人によるものではなく，面接者によるものだとしたら，法廷において別

の問題が発生することになる（Wolchover & Heaton-Armstrong, 1997）。法廷において，供述調書が証人の事件の記憶と一致しないと，証人をその不一致によって責め立てて，証人に"捜査システム"の不一致を利用する知恵をつけさせることにもなる（Wolchover & Heaton-Armstrong, 1997）。伝統的に，不一致は真実性や信頼性の欠如を示す指標と見なされ，（陪審によって）実質的に疑いありと結論されてしまう。2人の経験豊かな法廷弁護士ウォルコバーとヒートン‐アームストロング（Wolchover & Heaton-Armstrong）は，「当事者対抗手続の基本原則は，起訴に対して証人が関わる証拠である」から，おそらく，これが唯一最もありそうな不法無罪のケースであると述べている（1997, p.855）。

要するに，被面接者が誰であろうと，証人の報告はしばしば面接者の記憶を経由せざるをえないのは明らかである。図2-1で示したプロセスの結果として，被面接者の最終的な供述は，実際の事件とは似ても似つかないものになるかもしれないのである。情報は，誤りを犯しやすい証人の記憶プロセス，面接に関わる諸問題，そして誤りを犯しやすい面接者の認知プロセスといった障害に耐え抜かなくてはならないのである。証人の供述が正確であると考えるのは不思議なことなのである。

しかしながら，まったく見通しが暗いわけではない。以上の問題の多くに対処しようと，心理学者によっていくつかの技術が開発されてきている。この技術のおかげで，少なくともいくつかの国では，警察における面接がここ10年で根本的に変化したのである。

参考文献

Bull, R., Bustin, R., Evans, P. & Gahagan, D. (1983) *Psychology for police officers*. Chichester: Wiley.

Cohen, G. (1996) *Memory in the real world*. East Sussex: Psychology Press.

Heaton-Armstrong, A., Wolchover, D. & Shepherd, E. (1999) Analysing witness testimony: Psychological, investigative and evidential perspectives. *A guide for legal practitioners and other professionals*. London: Blackstone Press.

Kapardis, A. (1997) *Psychology and law: A critical introduction*. Cambridge: Cambridge University Press.

Köhnken, G. (1995) Interviewing adults. In R. Bull & D. Carson (Eds), *Handbook of psychology in legal contexts*. Chichester: Wiley.

第3章

認知面接

1 はじめに

　第2章では，想起されるべき（以下，TBR）出来事が被面接者によって最終的に報告されるまでに，障害となりうるさまざまな事柄について概観した。そもそも認知面接は，できるだけ多くの正しい情報を得るために，さまざまな認知的技法を用いて被面接者の記憶成績を高める試みとして開発された。本章では，認知面接とは何であるかについて述べる。ついで，この面接手続きの有効性について検討を行ない，現実の捜査にいかに容易に応用できるかについて検討する。

2 なぜわれわれは認知面接を必要とするのか

　完全で正確な供述を得ることは，捜査を終結させるか否か，事件を起訴するか否か，そしてもちろん，無罪の被疑者を釈放するか否かを決定することになる。被面接者の報告は不完全で，断片的に語られ，信頼できず，誇張されている可能性がある（第2章を参照のこと）。1980年代に，記憶に関して確立した心理学的発見に基づく捜査面接の技法に対して，緊急の要請があった。この要

請に応えるために，エド・ガイゼルマンとロン・フィッシャー（Ed Geiselman & Ron Fisher）という 2 人のアメリカの認知心理学者が，面接手続きの開発に着手した。その結果として生まれた技法のセットは，認知面接（以下，CI）としてひとまとめされている。CI はおもに協力的な目撃者や被害者，被疑者から引き出される情報の量と質の両方を高めることを目的としている。

3
認知面接とは何か

オリジナルの CI は，面接者が被面接者に与える 4 つの教示セットから成っている（Fisher, Geiselman & Amador, 1989）。4 つの技法とは，①すべてを報告するという悉皆報告教示，②文脈の心的再現，③異なったさまざまな順序での出来事の想起，④視点の変更技法であるが，これらについてこれから述べることにしよう。オリジナルの CI において，これら 4 つの技法と組み合わせて用いられる付加的な記憶補助についても論じよう。

(1) すべてを報告する悉皆報告教示

悉皆報告（report everything: RE）教示は，思い出したことを編集せずに，たとえ被面接者がそんな詳しいことは重要でなく些細なことだと思っても，あるいは TBR 出来事のある側面を完全に思い出せなくても，すべて報告するよう勧める教示である（もちろん被面接者は，いかなる創作もしないよう言われてもいる）。たとえば，

> 「あなたは今朝の事件を目撃しました。たとえあなたが重要でないと思うことでも，完全に思い出すことができないことでも，思い出せるすべてのことを話してください。頭に浮かんだことすべてを，あなたが思い出したそのときに，あなたのペースで私に話してください」。

多くの被面接者は警察における面接場面で圧迫感を感じ，警察は問題の事件について多くのことをすでに知っていると思う。その結果，被面接者は警察の時間を無駄にしていると思われたくなくて，重要でないと考えられる，あるい

は明白だと思われることを言わないかもしれない。被面接者のなかには，どのような情報が捜査上の価値をもつかを知っていると（誤って）信じていて(Fisher, McCauley & Geiselman, 1992)，そのような情報だけを報告する者がいるかもしれない。だから，悉皆報告教示は，この教示がなければ被面接者が控えてしまうような情報を報告できるようにするのである。出来事は記憶のなかで，一般的なレベルから非常に詳細なレベルにいたるまでの，いくつかの異なった詳細さの水準で表象されている（Fisher & Chandler, 1984, 1991）。被面接者が報告をするとき，どのレベルを選ぶかは，他の要因と同様，過去における面接の経験，考えられるコミュニケーションの規則，TBR 出来事に関する面接者の前提知識などに依存している。被面接者は求められない限り一般的なレベルで報告しがちであるから，被面接者に悉皆報告するよう告げることは，出来事表象のより詳細なレベルから報告させるようにするのである。このことはより正確な情報が報告されることにつながるはずである。

　加えて，多くの人々は自信の程度が，再生した情報の正確さの信頼できる指標であると信じており，その結果，自信のあることのみを報告してしまうのである。被面接者が情報のある部分について不確かさを感じていたなら，彼らの想起には編集が加えられるかもしれない（たとえば，Noon & Hollin, 1987）。しかし，個人内における自信と正確さの関係について調べた研究は，決していつも正の関連があるわけではないことを示している（たとえば，Smith, Kassin & Ellsworth, 1989; Kebbell & Wagstaff, 1997; Perfect, Watson & Wagstaff, 1993; Kebbell, Wagstaff & Covey, 1996 を参照のこと）。したがって，被面接者に情報のある部分について感じる自信や重要性を無視して，たとえ自信がないにしてもすべてを報告するよううながすことが必要なのである（ただし，この奨励は創作をしないようにというはっきりとした教示を伴っていなければならない）。最大限完全な報告をさせることによって，なぜ"この"情報が以前には報告されなかったのかという，後々生ずる法的な問題を避けることができるのである（Geiselman & Fisher, 1985）。また，部分的な情報であっても，それを再生することは，面接者が事件のより完全な構図を得るための役に立つのである。たとえば，一人の目撃者がナンバープレートのある文字を思い出し，他の目撃者がまた別の文字を思い出す場合がこれに当たる。

(2) 文脈の心的再現

　この教示は，被面接者に文脈，すなわち目撃した出来事の物理的（環境的）特徴と個人的特徴（たとえば，そのときどのように感じたか）の両方を心のなかで再構成させる教示である（なぜこのことが目撃者にとって助けになるかについては，第2章の文脈効果の節を参照のこと）。理論的には，TBR出来事が符号化された環境のいかなる側面も文脈的手がかりになりうる（Memon & Bull, 1991）。たとえば，

　　「自分を，武装強盗を見たのと同じ場所に置いてみてください。心のなかに銀行の情景を思い起こしてください。銀行のどこにいたのかを考えてください。そのときどのように感じましたか。そこにいたすべての人のことを考えてください。銀行のなかにあったすべてのものについて考えてください。心のなかに鮮明な状況を描いて，それからあなたが思い出したことをすべて，余すところなく私に話してください。心に浮かんだことすべてを私に話してください」。

　文脈再現（CR）教示を与えても，それができるようになるには時間がかかるかもしれない。被面接者に与える個々の質問-供述の間に，被面接者が出来事を思い描き，文脈を再現するに十分な時間が取れるように間を置くことが必要である。質問-供述は，誘導的であったり示唆的であったりしてはならないのだが，ゆっくりと慎重に行なわなくてはならない。被面接者が望むなら，目を閉じることが役に立つこともある。もしそう望まないなら，何もない壁や，妨げるもののない床や壁の一部を見つめるようにさせることも有益であるかもしれない。

(3) さまざまな時間順序での再生

　被面接者が，（自由報告で）ひとたび自分自身の順序でTBR出来事を語り終わったなら，面接者は被面接者にさまざまな異なった時間順序で出来事を再生するように勧めるべきである。たとえば，TBR出来事の最後から最初に向かって思い出す（逆向（RO）再生），出来事の最もよく覚えている部分からそれ以前にさかのぼったり，そこから順を追って思い出すなどである。たとえば，

「できるだけ多くのことを思い出すのに役に立つことをやってみましょう。これから私があなたに頼むことは，何が起こったかを私に話すことですが，今回は逆の順序で話してください。思ったほど難しくはありません。いいですか，あなたが思い出せる一番最後に起こったことは何ですか……。そのすぐ前に起こったことは何ですか……。さらに，そのすぐ前に起こったことは……（この言葉は被面接者が事件の最初にたどり着くまで繰り返される）」。

　第2章で説明したように，記憶は構成的であり，人々が出来事を思い出すよう求められると，彼らの想起は先行知識や期待，採用されたスクリプト（たとえば，武装強盗で典型的に起こること），その他多くの要因（第2章を参照のこと）に影響される。出来事を自由に再生するときに，ほとんどの人は実際の時間軸に沿って報告する（すなわち，それが起こった順序で）。このような想起をするとき，人は出来事のスクリプトに基づく知識を用いることで，特殊なこの出来事の再生を補おうとするのである。その結果，スクリプトに沿った情報は再生されるが，実際に起こったにもかかわらずスクリプトに合致しない情報は再生されない可能性がある（Geiselman, 1987）。順序変更の教示は，被面接者に対して記憶のなかに実際に刻まれたことを調べさせ，その結果，スクリプトにとっては偶発的で付加的な情報も報告されることになるのである。

　犯罪を順向順序と逆向順序で再生するよう教示を受けた目撃者は，順向順序で2回再生を行なった目撃者に比べて正しい情報をより多く想起したとする研究がある（Geiselman & Callot, 1990）。付加的情報として得られたのは，TBR出来事を類似した別の出来事から区別することができるような行為（人々が何をしたか）に関するものであった。このような情報は，連続犯罪と別の犯罪を結びつけるという点で捜査上の価値をもつかもしれない（報告された大多数の犯罪行為は，常習犯によって占められていることに注意せよ。Holden, 1986）。

(4) 視点変更技法

　人々は出来事を自分自身の心理的視点から報告する傾向がある（Fisher & Geiselman, 1992）。たとえば，ウォーターゲートの聴聞に関するジョン・ディーンの非常に詳細な報告は，きわめて自己中心的であることが明らかになった（Neisser, 1982）。認知面接の視点変更（CP）教示は，そこにいた他の人の視

点から出来事を思い出すように被面接者に求めるものである。たとえば，

> 「いいですか，記憶を助けるかもしれないもう一つの技法を試みてみましょう。でも情報を推測しないでください。もう一度出来事を振り返って，あなたが言っていたその他の人によって目撃された情報を私に教えてください」。

この技法の端緒となった研究はアンダーソンとピッチャート（Anderson & Pichert, 1978）によって行なわれた。この研究では被験者に，学校をさぼって一方の少年の家に行った2人の少年についての物語を読んでもらった。物語は壁にしみ込んだ湿気とか盗難予防警報機の位置といった，その家の細部をたくさん含んでいた。被験者の半数は不動産屋になったつもりで，残りの参加者は泥棒になったつもりで，その物語を読んで覚えるように求められた。物語を読み終わり，ある程度時間が経ってから，被験者は，物語について思い出せることをできるだけ多く書き出すように求められた。彼らが書き終わり実験者にもう思い出せることはないと告げると，彼らは視点を変えるように求められた。すなわち，不動産屋は泥棒になったつもりで，あるいはその逆で。視点を変えると，物語についてもう思い出せないと思っていた被験者がさらにもっと細部を思い出すことが明らかになった。実際に，なぜ最初の視点ではもっと情報を思い出せなかったのか被験者に尋ねると，「呼び起こされた」「ふと浮かんだ」と言ったのである（Anderson & Pichert, 1978, p.10）。

フィッシャーとガイゼルマン（Fisher & Geiselman, 1992）は，この技法を用いると，被面接者は「他人の視点を取るという教示を，答えを作り出すことを求められていると誤解するかもしれない」ので注意しなければならないと記している（p.111）。したがって，この面接段階では，被面接者に推測を行なわないようはっきり告げなければならない。この技法は，実際の犯罪における目撃者や被害者の面接に適用する際に論争となっているものの一つである。それは主として，ある人々が問題かもしれないとみなしている技法の"～としたら"という性質によるものである。実際に，イギリスのある警察では，法手続き上の問題が想定されるのでCIの訓練からCP教示を排除したのである（第8章も参照のこと）。しかしわれわれは，これはしっかりとした研究の基礎をもたない検察官からしばしば出てくる，見識のない勧告であると考えている。実際

にわれわれ自身の研究では，被面接者にはっきりと説明するならば，CP教示が誤りを増加させる証拠はないことが明らかになっている（たとえば，Milne, 1997）。この教示を用いるときには，必ず実際に自分自身で目撃した出来事の細部のみを報告するようにはっきりと被面接者に告げなくてはならない。

(5) 記憶の喚起法 (jog)

　これまで述べてきた4つのCI技法とともに付加的な記憶補助が使われている。前述の4つの技法が再生全般の改善に向けられているのに対し，記憶"喚起法"は人物に関する細部（たとえば，名前，顔，声，衣服，容貌）や物に関する細部（たとえば，車，数系列，凶器）に関して報告しやすくするために使われている。

　人の名前を思い出せないことはしょっちゅうある（第2章でふれた喉まで出かかる現象を参照のこと）。これを補助するために面接者は被面接者に以下の事柄を考えるように求める。どれくらい耳にする名前か（普通の名前か，変わった名前か），名前の長さ（短いか長いか，音節数は），そして，名前の始めの文字をアルファベット順に探すなどである。"最初の文字"技法は，これを用いるとおよそ3分の2の割合で成功することが明らかになっている（Gruneberg & Monks, 1976）。同様の方法は車のナンバープレートの文字を思い出すのにも役立つのである（MacKinnon, O'Reilly & Geiselman, 1990）。

　目撃者は，面接者がとくに犯人の詳細な記述を要求していることを理解せずに，TBR出来事の行為に焦点を当てる傾向がある。実際に窃盗の被害者の典型的な面接では，聞き出された詳細項目の64％が行為に関するもので，出来事中の人物に関するものは30％にすぎなかった（Fisher, Geiselman & Raymond, 1987）。面接者は目撃者に，行為の情報だけではなくあらゆるタイプの情報を報告するように教示する必要がある。

　被面接者は，しばしば人物に関する情報を報告することは難しいと思っている（Clifford & Bull, 1978）。これは，人が自分の知っている人物について特定の心的イメージではなく，一般的な印象を抱く傾向があるからである（Ede & Shepherd, 1997）。心的イメージが存在するときには，その心的イメージから情報を報告することには，視覚的情報を言語的情報へと変換する過程が含まれ

ている。これは集中力と面接者の補助を必要とする困難な課題なのである。この問題は，ほとんどの人が人物情報に関して限られた語彙しかもっていないという事実によってさらに難しくなる。自分のあごの形を記述してみてほしい。たぶん，語彙が少なくて表現することが難しいという経験をすることだろう。結果として，人物についての記述は短く不完全なものになりがちになる。以下の技法は，TBR出来事のなかの人物についての具体的な詳細項目を引き出すのに役立つであろう。

> 物理的容貌：その人物から誰か知っている人を思い出しますか。なぜですか。何か特徴がありますか。
> 衣服：その衣服から何か思い出しますか。なぜですか。一般的印象はどのようですか。
> 話し方の特徴と会話：その声から何かを思い出しますか。なぜですか。会話のなかで，あなたはどのように反応したかについて考えてください。

上記の3つの技法を用いるときには「なぜですか」と問うことで，質問の裏づけをすることを忘れないでほしい。「その声から何かを思い出しますか」に対する答えが「ショーン・コネリー」であっても，面接者は必ずしもスコットランド訛りのことを思いつかないかもしれない。それゆえ，「なぜですか」は必要な質問なのである。

4
認知面接の構造──強化認知面接

オリジナルの認知面接（CI）は，これまで述べてきたように，認知心理学から考案されたものである。続いて創始者たち（Fisher, Geiselman & Raymond, 1987）は，警察官による実際の目撃者面接では，対人コミュニケーションの心理学が重要と考える多くのことを欠いていることを明らかにした。たとえば，不安で口下手な目撃者はしばしば面接での自分の役割がよくわからなくなる（Fisher, Chin & McCauley, 1990）ことなどである。強化認知面接（Enhanced Cognitive Interview: ECI）はそれゆえに開発された。フィッシャー

とガイゼルマン（Fisher & Geiselman, 1992）はまた，うまい面接者とへたな面接者を区別する面接の実施方法と技法に関する，彼ら自身の認識について述べている（Fisher, Geiselman, Raymond, Jurkevich & Warhaftig, 1987）。記憶研究とコミュニケーションの社会心理学からいくつかの新しい原則がECIに取り入れられた（Fisher & Geiselman, 1992を参照のこと）。したがって，ECIはこれまで述べたオリジナルのCI技法に加え，以下に述べるいくつかの付加的な技法から成り立っている。

フィッシャーとガイゼルマンは，1992年に「新しい」技法について書いた本を出版した。以下の記述は，この本と，イギリスとドイツの研究室で用いられている訓練マニュアル（Bull et al., 1993）に基づいている。各節は，面接の全体的な構造に従って，7つの面接段階にまとめられている。ECIの手順については図3-1も参照のこと。

(1) 面接の構造

オリジナルなCIの限界の一つは，それが面接の全体的な構造に関して指針を提供していないということであった。このことは，フィッシャーら（Fisher, Geiselman & Raymond, 1987）が見いだしたように，警察官が目撃者を面接するときの重大な欠点は質問の順序がでたらめであることを考えると，重要である（警察官による実際の面接に関する詳細については，第1章と第5章を参照のこと）。不適切な質問の順序は記憶検索を妨げる（Fisher, Geiselman, Raymond, Jurkevich & Warhaftig, 1987）。そこでECIは面接の初期段階，中間段階，最終段階でそれぞれの下位目標を明確にする構造を提供している。面接手続きの各段階は，面接が全体として成功することを保証している。

● 第1段階：挨拶とラポール

面接開始の段階は，面接がいかにうまく進むかを実質的に決定するものと考えられる。最初に面接者は名前を名乗って自己紹介し，被面接者に名前で呼びかけて挨拶すべきである。すなわち面接を個人的関係化（personalize）すべきである。面接者は被面接者を独自の要求をもった個人として扱い，そうすることで面接者自身も同じ人間であることを示す必要がある。

第1段階	挨拶と面接の個人的関係化 ラポールの確立
第2段階	面接のねらいの説明 ・焦点化検索 ・悉皆報告 ・制御の委譲 ・作話や推測に対する注意 ・高度な集中
第3段階	自由報告の開始 ・文脈の再現 ・オープン質問 ・休止 ・非言語的行動
第4段階	質　問 ・悉皆報告 ・目撃者に適合した質問 ・作話や推測に対する注意 ・「知らない」という答えの容認 ・「わからない」という答えの容認 ・集中 ・イメージの活性化・探索 ・オープン質問・クローズ質問
第5段階	多様で広範な検索 ・時間順序の変更 ・視点の変更 ・すべての感覚への焦点化
第6段階	要　約
第7段階	終　結

図 3-1　強化認知面接の構造

　被面接者の不安は，それが犯罪によって引き起こされたものでも，面接者の権威によって引き起こされたものでも，あるいはその他によるものであっても，それらを軽減して想起を最大にする必要がある（Lipton, 1977）。それゆえ面接は，TBR出来事とは関連のない中立的な質問からはじめて，自らすすんで答えることができる積極的な雰囲気を作り出すようにすべきなのである。**ラポー**

ルとは，面接者が被面接者と意味ある交流をすること，つまり，当事者の一人として貢献することを求めるのであって（Bull, 1992），単にあらかじめ決めておいた一連の簡単な質問をすることではない。一般的な質問（たとえば「お子さんはいますか」）は，被面接者に「その他大勢の被面接者の一人」であることを伝え，面接を非個人的関係化してしまいかねないから避けなくてはならない。

　オープン質問の使用は，面接の最も初期の段階において，被面接者にこの後どんなことが必要になるか，すなわち丹念な応答が必要となることを教える。このことは，被面接者を楽にさせ，リラックスした雰囲気を作り，被面接者に自信をつけさせ，安心感を与えるのである。ラポールは，要求される情報のタイプが非常に個人的な場合にとくに重要である。また，面接者が自分自身のことを話すことは開放的な雰囲気をかもし出し，この開放性が被面接者に求められていることを例示するモデルとして働くため有効であろう。このことはまた，面接者がどのような人物であるかをわからせるから，面接の個人的関係化に役立つのである。

　ラポールをつけるための原則は，共感的コミュニケーションにある（Rogers, 1942）。面接者が被面接者の立場から状況を理解していることを表す必要性はここにある。面接のはじめに面接者は，問題となる事件に対する被面接者の関心や感情をあらわにすることを許すべきである。これらは，結局，面接者が捜査上の必要性を説明することに活用することができるのである。そしてまた，面接の目的を語ることになる次の段階の導入としても役立つことになる。

　面接者がラポールを保つ一つの方法は，たとえば重要語句をそのまま繰り返すような，積極的に聞いていることを示すサインにより可能となる。たとえば，

　　被面接者：「男がまさに銃を持ってその店に突然現れたんです」。
　　面　接　者：「銃を持って」。

　積極的聴取は面接者に集中を持続することを求めることになる。面接者は不必要な妨害を極力抑えなくてはならない。面接者はまた，前提仮説を支持する

情報だけを待っていたり，それだけに集中したりすることは避けるべきである（Stone & DeLuca, 1980。第2章，第4章も参照のこと）。面接者は，常に虚心坦懐に面接に入り，誘導質問の使用を避けるべきである。

▼非言語的行動

面接において非言語的行動（たとえば，身体の位置や手による合図など）は言語行動と同様に重要である。うまく進行している2人の人間の交流では，互いの行動は時間が経つにつれ，相手の行動を映すようになる（同時性の原則。Matarazzo & Wiens, 1985）。面接者は被面接者の行動に影響を与えるためにこれを利用することができる。つまり，被面接者にしてほしい行動を自分がしてみせるだけでよい。面接者が，落ち着いた冷静な声で語り，リラックスして振る舞うことによって，被面接者を同様に振る舞うようにさせることができるのである。面接者は，話し方が速すぎて（不安な被面接者によくみられる），記録をとったり記憶の検索に差し障りがあるときには，被面接者をゆっくり話せるようにしなくてはならない。面接者がリラックスした態度で，被面接者と面と向き合わず（時計の"10時と2時"の位置に座り），興奮した手の動きを避け，柔らかな声で話したなら，面接者は面接中リラックスした雰囲気をかもし出すことができる。

▼休止と中断

面接者は，被面接者が丁寧な応答をするために時間を十分に使わせる必要があり，休止をとって記憶を徹底的に探索させなくてはならない。話し手というものは，さまざまな理由で話の途中に休止をとるものである。被面接者は答えの質について，面接者からのフィードバックを求めているのかもしれない。たとえば，「もう十分な情報を提供したか，それとももっと続ける必要があるのか」と考えているのかもしれない。被面接者は話の残りの部分を組み立てているのかもしれない。この休止中の妨害はどんなものであれ，さらに情報を生み出すことを阻む可能性がある。面接者は休止の間黙っていたり，証人が話し続けることを期待する合図となるような単純な発声によって（たとえば，「フンフン」などの擬音語），さらに応答をうながすことができる。この非言語的なフィードバックは内容的（たとえば，「その通り」と言う）であってはならない。なぜならそれは被面接者に，そのようなタイプの情報が求められていると

いう印象を与えてしまい，法廷において，特定の発話に報酬を与えたと判断されかねないからである。同様に，面接者は被面接者が提供した情報に対して驚きを表してはいけない。その情報が誤っているサインだと受け取られかねないからである（Flanagan, 1981）。たび重なる妨害は，すぐさま回答に限られた時間しかないことを被面接者に教え，その後の質問に短く答えようという気にさせてしまうことが多い。

● **第2段階：面接のねらい（焦点化検索と面接制御の委譲）**

　ほとんどの被面接者にとって捜査面接は異様な事態なので，被面接者に何が期待されているかを説明することが重要である。人は一般的に予期できないことに恐れを感じるから，面接の進行を説明することでこの恐れを緩和することができる。

▼焦点化検索

　最も詳細なレベルで記憶を再生しようとするには，焦点的注意と高い集中を必要とする（Johnston, Greenberg, Fisher & Martin, 1979）。被面接者はうながされない限り，そして面接の環境が適していない限り集中しないであろうから，面接者は焦点化した集中を促進するよう努めなくてはならない。被面接者も，記憶を効率的に探索し，精緻で詳細な応答をするために，再生に無限の時間があるわけではないことを感じ取る必要がある（休止に関する節を参照のこと）。

　面接は一度に1人の被面接者について行なうべきである。これにはいくつかの理由がある。被面接者が2人以上いると，互いに応答の邪魔をしあい，1人の話が他の人の記憶と自信の程度を変えてしまうかもしれない（Wells, 1988）。各被面接者は出来事の後できるだけ早く，別個に面接を受けるべきであるが，状況（たとえば，被面接者を分離する必要性，高い不安，多くの妨害物など）によっては少し後に面接を行なったほうがよいかもしれない。研究によると，一般に，記憶の損失はTBR出来事後の最初の2時間で最も高く，その後の忘却は少なくなる。したがって，出来事が起こってから2時間後に面接を開始するよりも，より好ましい状況になるように面接を延期したほうが，結果的により多くの情報を引き出すことにつながるかもしれない（Wells, 1988）。被面接者はまた，出来事，とくにより重大な犯罪が起こった直後には，感情的に興奮

した状態に陥りやすいものである。実験的研究は,感情的に興奮させられる出来事の後では,人々は不完全な報告をしやすいことを示してきた(Jackson & Bekerian, 1997。第2章も参照のこと)。しかし,時間が経って興奮のレベルが低下すると,目撃者はより完全な話ができるようになる(Bekerian & Goodrich, 1997)。こうした研究は,面接を少し遅い時機にずらすことで有効になるかもしれないことを示唆している(面接計画に関するより実際的情報については,Fisher & Geiselman, 1992 を参照のこと)。

▼悉皆報告

先に述べたオリジナルの CI における技法の一つである悉皆報告を被面接者に求めるのは,面接のこの初期の段階である。

▼面接制御の委譲

被面接者は,通常権威ある人物である面接者に,面接の制御を期待している。CI においては,面接の制御は面接者の役割ではない。面接者の役割は促進者,つまり被面接者の想起を援助することである。だから面接者は被面接者に面接の制御権を譲り渡さなければならない。何と言っても,被面接者は出来事に巻き込まれた(巻き込まれていない)人物であり,必要な情報をもっている人物である。したがって,被面接者は面接の最初にこのことをはっきりと知らされる必要がある。面接の最中,ほとんどの心的作業を行ない,ほとんどの話をすべきなのは被面接者である。したがって,目撃者が情報の流れを制御すべきなのである。たとえば,面接者は以下のように言うことができるであろう。

「私は銀行にいなかったので何が起こったか知りません。あなたがすべての情報をもった人なのです。だからあなたが思い出せることをすべて私に教えてください」。

● 第3段階:自由報告を始める

▼文脈の再構成

この時点で文脈を心的に再構成するよう教示を行なう。被面接者が出来事の文脈をうまく再構成できたら,面接者は自由に回答できるオープン質問を用いて,被面接者からの自由報告を始めるべきである。このとき途中にあれこれ質

問して妨害してはいけない。自由報告から，面接者は，被面接者がもつ TBR 出来事の心的表象に対する洞察を得ることができるので，これは面接者にとって，次の質問段階を計画する段階にも当たっているのである。したがって簡潔なノートの記載がこの段階で推奨される。以下のようにして自由報告に誘うことになる。

> 「私にできるだけのことを，あなたが重要ではないと考える些細なことでも教えてください。私は犯罪の場にいませんでしたから，すべてのことをあなたのペースで話してください」。

● **第4段階：質問**

（適切な質問のタイプについては第2章を参照のこと）。被面接者に質問をする前に，"悉皆報告"教示を繰り返し，これはかなりの集中を必要とする難しい課題であること，質問に対し「知りません」と答えてかまわないことを説明することが効果的だろう。たとえば，

> 「私はこれから，あなたがすでに私に話してくれたことに基づいていくつかの質問をします。もし質問に対する答えがわからなかったら，どのような質問であれ『わかりません』と答えてかまいません。それぞれの質問に答えながら，あなたが思い出せるすべてのことを私に教えてください」。

面接のこの部分での質問は，被面接者が先の自由報告の段階ですでに言ったことにのみ関連したものであることに注意してほしい。被面接者はまた，尋ねられた質問に対して「わかりません」と答えることもいっこうにかまわないことを告げられるのである。

▼**心的イメージ**

再生の際にイメージを浮かべることは，正しい情報の報告を増加させることがある（Brewer, 1988）。この技法は文脈の心的再現に似ている。しかし，心的イメージは，被面接者に出来事のより具体的な細部に関するイメージを目に浮かべやすくするために用いられる。たとえば，もし被面接者が自由報告のなかで最初に報告した出来事が犯人に関するものであったなら，そこで以下のよ

うに尋ねるのがよい。

> 「あなたは犯人について述べました。私はあなたに犯人のはっきりとした絵姿を心の目に浮かべてみてほしいのです。犯人を一番よく見たのはいつの時点でしたか。どんなふうに見えたか，犯人の全体像を考えてください。どんな服装でしたか。どんな匂いがしそうでしたか。何を言いましたか。犯人のはっきりした絵が描けたら，犯人についてできるだけのことを可能な限り詳しく，私に教えてください」。

これはいわゆるイメージの活性化・探索と呼ばれるものである。それぞれのイメージについて，オープン質問から開始しクローズ質問が続くが，それはオープン質問だけでは望ましい情報が得られない場合のみである。誘導質問を避けなければならないからである。

▼目撃者に適合した質問

目撃者は各人各様のやり方でTBR出来事についての情報を記憶に貯えている。だから，検索を最大にするには，質問の順序は，目撃者がもつTBR出来事についての知識構造に似たものにすべきであり，面接者の観念や決まりきった手順に基づくべきではない。（自由報告を通じて）被面接者が関連する情報をどのように貯えているかを推定し，それに従って質問の順序を組み立てることは，面接者の課題なのである。

質問されたとき，被面接者は関連した心的イメージを作り出し，求められた情報を検索しようとする。面接者は，被面接者に他のイメージを活性化・探索させる前に，特定のイメージに関連するすべての質問をすることが重要である。したがって質問は，被面接者がその時点で扱っているイメージに関わるものでなければならず，さもなければ被面接者は他の心的イメージを喚起しなければならず，余計な心的努力を要求することになり，その結果，報告の量を減少させてしまうことになる。心的イメージ切り替えを要求する質問は，20％ほど再生量を減少させる原因となることが明らかにされている（Fisher & Quigley, 1988）。

他の人々より鮮明なイメージを抱ける人たちがいることはよく知られている。また，心理学者の間で，視覚的イメージが認知過程ではたす役割に関する論争が存在する。ここでわれわれは，"イメージ"という語を，各個人が出来

事の諸側面を記憶にどのように貯えているかを便宜的に指すものとして用いている。

● 第5段階：多様な検索・広範な検索
▼広範な検索
　特定のエピソードについて目撃者が思い出そうとすればするほど，より多くの情報が再生される（Yuille, Davies, Gibling, Marxsen & Porter, 1994）。それゆえできるだけ多くの検索を行なうように目撃者を励ますべきである。なぜなら，多くの目撃者は通常，一度記憶検索を行なうと，その後はもう記憶検索をやめてしまうからである。目撃者がさらに詳細な事項を検索できるかどうか確かでない場合でも，面接者は検索を続けるよう励ますことは重要である。しかし，目撃者に同じ検索方略を繰り返すように求めても，新しい情報にたどり着かないことが多い。だから集中して幅広く検索することに加えて，被面接者にさまざまな検索方略を用いるようすすめるべきである。この一つの方法は，本章で先に述べた逆の順序の再生や視点を変更するなどといった，**多様な検索方略を被面接者に使わせる**ことである。しかし，ここでは，被面接者が信用されていないので，こうした方略が求められているとの懸念を払拭することが大事である。

　検索は異なった感覚を探ることによっても多様になる。一般的に面接者は被面接者が見たことに集中し，その結果，人が聞いたり触ったり，嗅いだり，味わったことは無視されることが多い。そのために貴重な情報が報告されずにいるかもしれない。絵を描くことも使える。これは出来事の文脈を再現するのに役立つだけでなく，被面接者と面接者の両方が正しく判断することに役立つのである（つまり，事件場面における人やモノの間の関係）。

● 第6段階：要約
　面接者はTBR出来事についての被面接者の話を，要約の形で被面接者自身の言葉で繰り返すべきである。これは被面接者に対して面接者自身の再生の正確さを確認させる機会を与え，また，さらに検索を行なわせるものとしても機能する。被面接者に面接のこの時点で"新しい"情報を加えてもかまわないこ

とを教示するべきである。もし必要であれば，情報を供述書の形にするのは，通常，警察面接のこの段階においてである（しかし，面接をテープ録音することの価値については第2章を参照のこと）。

● **第7段階：終結**

面接の終わりに，面接者は被面接者を肯定的な気分にするよう試みるべきである。とりわけ，きわめて感情的な出来事の再生に関する場合にはそうする必要がある。この段階で面接者は，ラポールの段階で論じた中立的な話題に徐々に戻るべきである。加えて，面接者は被面接者の協力と努力に感謝すべきである。面接者はこの時点で被面接者に質問がないか尋ね，連絡先の名前や電話番号を知らせるなど，面接の有効期限を長く保つよう試みるべきである。目撃者が面接のあと，長期にわたって出来事のことを考えることは自然であり，これがさらに貴重な情報を引き出すかもしれないのである（Bekerian & Goodrich, 1997）。面接者は，面接の最初ではなくこの時点で，被面接者の（警察の記録に必要な）すべての身上調査的データを集めるべきである。これは短答式質問が，その後の面接に与える悪い影響を予防することにもなる。さらに，個人的な属性に関するこうした質問はラポールを妨害するかもしれない。

被面接者に面接に対する肯定的な最終的印象をもたせることは重要である（Fisher & McCauley, 1995）。この点は重要な影響をもつ。その一つは，うまく行なわれた面接は，警察と社会の関係に肯定的に影響するということである。多くの被面接者が友だちや家族などに面接者の技能や，面接過程全体についてどう感じたかについて話すだろう。ECIで適切に訓練された人はよい技能を発揮するであろうが，再生という点で，この手続きはどの程度有効なのだろうか。

5
認知面接はいかに有効か

CIの有効性を検討した最初の研究はガイゼルマンと共同研究者らによって1984年に出版された。16人の学生が講義の最中に演じられた予期しない出来

事を目撃した。48時間後に学生はCIか比較の面接にランダムに割り当てられた。CIグループは（自由再生の前に）先に述べたオリジナルのCI（RE，CR，RO，CP，および記憶喚起）を用いた教示を受けた。CIグループは，比較グループに比べ全体でより多くの正しい情報を報告した（CI平均＝69，SI［訳注：構造面接法（structured interview），第8章8を参照のこと］平均＝56）。CIを用いて報告された不正確な再生の数には，正再生に伴った増加はみられなかった。しかし，この草分け的なCIの研究は多くの理由で批判できる（たとえば，あたりさわりのない出来事の使用）。

そこで継続研究が行なわれた（Geiselman, Fisher, MacKinnon & Holland, 1985）。この研究では，目撃者は（1984年の研究のように，自分で情報を書き出すのではなく）面接を受け，TBR出来事はより長く（4分）複雑なだけでなく，犯罪に関する（すなわち，興奮に乏しいあたりさわりのない出来事ではない）ものであった。89人の学生が4本の犯罪映画のいずれか，いずれも何らかの暴力犯罪を描いている（警察の訓練で用いられる）ものを見た。48時間後，目撃者は，3つの方法，すなわち，CI，比較面接（普通に行なわれる面接），あるいは催眠面接（HI）のいずれかで訓練を受けた警察官によって面接を受けた。CIとHIの面接グループは比較群に比べ有意に多くの正しい詳細事項を報告し，正しくない，あるいは作話的な詳細事項の増加はなかった。CIとHIのグループの間に差はなかったのである。しかし，ガイゼルマンと共同研究者たちは，よく知られているように，捜査面接における催眠の使用には問題があることを指摘している（催眠に関して詳しくは，Wagstaff, 1993を参照のこと）。

第3のCIの研究は，学生以外の集団に対するCIの一般性を検討した（Geiselman, Fisher, MacKinnon & Holland, 1986）。20歳から52歳の一般的集団からの成人の被験者が1985年の研究で用いられた2本の暴力的な映画の1本を見た。TBR出来事を見た48時間後に，9人の経験を積んだ刑事が，ある者はCIを用いて，またある者は普段行なっているように個別に面接を行なった。CIグループの面接者は約15％の増加にあたる平均5.39個多くの正しい情報を引き出した。不正確な，あるいは作話的な詳細項目の増加はなかった。

アメリカ合衆国におけるCI研究が，はじめて独立した追試を受けたのはド

イツで，コーンケンと共同研究者らによってであった（Aschermann, Mantwill & Köhnken, 1991）。29人の学生がゲームセンターの映画を見た。2日から9日後に学生たちはTBR出来事について尋ねられた。アメリカ合衆国での研究のように，CIグループは比較面接グループに比べ有意に多くの正しい情報を再生したのである。

ECIの最初の検討はフィッシャーら（Fisher et al., 1987）によって行なわれた。16人の学生が暴力的な映画（Geiselman et al., 1985で用いられたもの）を見た。48時間後に学生たちは，オリジナルのCIかECIを用いて，学生によって面接を受けた。オリジナルのCI条件では，面接者は面接の前に，被面接者にオリジナルの4つの記憶増進法を教示し，ECI条件では，前述の4つに加え，目撃者に適合した質問，一般的な質問技術，および非言語的な行動が用いられた。ECIはCIに比べて正しい情報を45％多く報告したが，不正確な情報と作話には差がなかった。つまり，ECIは（Geiselman et al., 1985を基準とすると）75％多くの正確な情報を生み出したのである。

実験室的研究の妥当性は，実際の世界に適用されない限り常に疑問視されるものである（Malpass & Devine, 1981）。それで，フィッシャーら（Fisher, Geiselman & Amador, 1989）は，犯罪の実際の目撃者を用いてECIの有効性を検討した。ECIの訓練を受けたか，受けたことのない，経験を積んだ刑事から目撃者面接の録音テープが得られた。面接者の成績を訓練の前後で比べると，ECI群では全体で47％多くの情報が報告された。ECIを支持するかどうかについて，訓練を受けたグループと訓練を受けていないグループを比較すると，訓練前では変わらなかったが，訓練後には平均で63％の差がみられ，ECI群はこの面接を支持するように変化した。面接の実行に要した時間は，訓練前後の面接でさほど異なってはいなかった。フィールド研究に固有の問題は正確さについての疑問であり，そこに確証を求める必要が生じる。この研究では，確証率は訓練の前後で同じ（それぞれ93％と95％）で，これはECIによって引き出された付加的な情報が，誤った情報の量を増加させる代価を払って生じたものではないことを示している。この研究はフィールドにおけるECIの有効性に強力な支持を与えている（フィールドにおけるCIを検討したさらなる研究については，第8章を参照のこと）。

1984年以来，CIやECIの有効性を検討する多くの研究がなされてきた。これらのCI研究の大多数は認知面接が比較に用いられた面接に比べて多くの正しい情報を取り出すことを明らかにしている。しかし，CIは正しくない詳細事項の報告をわずかながら増加させることがあることも明らかにされている（CI／ECI研究の42のメタ分析については，Köhnken, Milne, Memon & Bull, 1999を参照のこと）。認知面接と比較した面接で得られる情報の正確さ（報告された詳細事項全体に対する正しい詳細事項の比率）はほぼ同じである（たとえば，平均的正確さは，CIで85％，比較面接で82％。Köhnken et al., 1999）。CIによる正しい再生の増加は，異なったタイプの被面接者で見いだされている。一般の成人と学習困難な成人（たとえば，Milne, Clare & Bull, 1999），高齢者（Mello & Fisher, 1996），学習困難児を含む子ども（第6章を参照のこと）などである。正の効果は，面接者が経験を積んだ警察官でも（たとえば，Geiselman et al., 1986）経験のない学生でも（たとえば，Köhnken, Thürer & Zoberbier, 1994）見いだされている。CIの効果は，イギリス（たとえば，Gwyer & Clifford, 1997），アメリカ合衆国（たとえば，Brock, Fisher & Cutler, 1999），カナダ（たとえば，Turtle, Lawrence & Leslie, 1994），ドイツ（たとえば，Aschermann, Mantwill & Köhnken, 1991），フランス（たとえば，Py, Ginet, Desperies & Cathey, 1997），スペイン（たとえば，Campos & Alonso-Quecuty, 1999）など，いくつかの国で見いだされている。

6
CIの現場への応用

　警察におけるCIの理解はどうであろうか。2つの研究がこの問題を具体的に扱っている。ロングフォード（Longford, 1996）は，予備的研究において，警察官がCIを有用であるとみている例を見いだした。6人の警察官が，CIを含む捜査面接についての1週間のPEACEコース［訳注：第4章と第9章を参照のこと］に出席したあと，12週間にわたり彼らが行なった面接のタイプとそれらの頻度についての日誌をつけた。CIを必ずしも用いないことのおもな理由は，面接に対する捜査業務上の考え方（logistics）によるものであった。それ

は，面接は事件発生の時点で実施しなくてはならないとする警察の方針である。警察官は，この方針が使用可能な面接技法のタイプを制限しているばかりか，トラウマを受けた目撃者や被害者のことすら考慮していないと感じていた。しかし彼らは，CI が他のタイプの面接と比べそれほど時間がかかるわけではなく（第 4 章の会話の管理を参照のこと），事実，捜査に費やす時間全体を短くすることができると報告している。たとえば，ある警察官は以下のように記している。「以前の方法では，さらに供述を得るためにまた被面接者のところに戻らなければならなかったのに対し，CI ではすべての要素が一つの供述のなかに含まれている」(Longford, 1996, p.49)。

ケッベルら (Kebbell, Milne & Wagstaff, 1999) も，警察官が CI を有用なものとみていることを見いだしたが，彼らの回答者も，この技法を現場で応用する際の主たる問題は時間であると記している。CI の短縮版が日々の警察の面接にとっては現実的であるのかもしれない (Kebbell, Milne & Wagstaff, 1999)。警察面接の教官クロフトが書いた論文 (Croft, 1995) では，警察官は時々 CI の使用をためらうことが報告されている。これはおもに，彼らが CI は時間がかかると考えているためである。クロフトは，その結果として，CI は主としてより重大な犯罪において用いられると報告している。ある警察官は文脈再現の教示を好ましくないと感じ，またある者は，ロングフォード (Longford, 1996) とは反対に，この技法は「被害者を再レイプする」(p.14) から CI はトラウマを受けた目撃者や被害者には適さないとみなしている。

● CI の治療的性質

CI，とくに文脈再現の教示は被害者に再びトラウマを与えるのだろうか。あるレイプ被害者は，供述をすることで，コントロールを取り戻すきっかけとなり，治療的であったと報告している (Williamson, 1996)。われわれが何かの出来事で混乱しているとき，誰かにそのことを話すことでしばしば救われるものである (Pennebaker & Hoover, 1983)。個人的トラウマについて語ることだけで，生理的，心理的事後効果を軽減させられるかもしれない（語られることのなかったトラウマ的出来事は，より重い障害の原因となることさえあるかもしれない）。もし被面接者が面接に苦痛を感じ始めたなら，捜査を終了さ

せて，適切に面接の終結に入るべきである。

　警察官協会の性犯罪運営委員会の議長であるウィリアムソン（Williamson, 1996）は，感情的になった被害者にCIを用いることを示唆している。ラッツとガイゼルマン（Latts & Geiselman, 1991）は，CIがどの程度有効性を発揮するかについての情報を得るために，2人の経験豊富な強姦捜査官に面接を行なった。捜査官は，CI手法を強姦の被害者に用いることは難しくはないと語った。実際に最近の論文（Shepherd, Mortimer, Turner & Watson, 1999）では，修正版のCI（Spaced Cognitive Interviewing）が強姦被害者の面接に有効であることを見いだした事例について論じている。この修正版CIは，2回の面接セッションで何千にも及ぶ大量の詳細事項を引き出したという報告だけでなく，トラウマを受けた被面接者自身の救済ともなったことも報告されている。この種の被害者に対して，現場でCIの有効性を評価するためにはさらなる研究が必要である。

● CIは面接者の想起を助けるか

　CIは面接者の役割に多大な心的努力を要求する。そのため，その後行なわれる捜査過程の供述書作成段階における想起に対しては，面接者が符号化する情報の量を制限してしまう可能性があるかもしれない。他方，CIは面接者の有効な想起を助けることになるかもしれない。コーンケンら（Köhnken, Thürer & Zoberbier, 1994）は，CI面接者によって面接後に書かれた供述書は，他の面接者が書いたものに比べて有意に多くの正確な詳細事項を含んでいることを見いだした。しかし，作話にも増加がみられた。供述書の正確度には効果がみられなかった。CIの供述書でさえも，被面接者によって想起された情報の3分の2が含まれるにすぎなかったのである。このことは，現在，世界のいくつかの警察で行なわれているように，被疑者だけでなく犯罪の目撃者や被害者の面接もテープ録音する必要があることを示唆している（たとえば，Gibbons, 1996a; Shaw, 1998と私信）。（被疑者や目撃者の面接のテープ録音に関する議論については第2章と Milne & Shaw, 印刷中; Shepherd & Milne, 1999を参照のこと）。

● 嘘の検出

　最近の研究は，CIが真実と偽りの報告を区別するのに役立つかどうかについても検討している。ヘルナンデス-ヘルナウドとアーロンソ-クエクティ (Hernandez-Fernaud & Alonso-Quecuty, 1995) は，車の盗難に関して真実あるいは偽りの報告をするよう被面接者に求めた。被面接者はCIあるいは伝統的なスペインの警察における面接法で面接を受けた。CIは正しい詳細項目の報告を高めただけでなく，真実と偽りの報告の相違をより際立たせるものにした。この問題についてはさらに研究が必要である。

● 逸話的証拠

　現実の犯罪捜査においてCIが成功したとする逸話的な証拠が数多く報告されている。たとえば，アメリカ合衆国の刑事は，CIによって，行方不明になった7歳の少女の目撃に関する詳細項目を引き出させることができた。ある面接官は，同じ目撃者が以前に伝統的な技法で面接された場合と比べ，CIを用いることによって"100％増しの情報"が得られたとコメントしている (Geiselman, 私信)。CIは1993年のボーンマス爆破事件［訳注：イギリスのボーンマスで起こったIRAによる爆破事件。公判で警察官による偽証罪が問われた］においても有効に用いられた (Pritchard, 私信)。

● 法律的意味

　CIの法律的意味はどうであろうか。催眠面接についてのおもな批判の一つは，催眠下における暗示的な，あるいは誘導的な質問に対して疑惑が高まったことにあった (たとえば，Wagstaff, 1984)。CIにも同様の問題が存在するのだろうか。これは重要な問題である。ユーイ (Yuille, 1984) は，カナダにおける警察官の多くが，それなりに完全な報告を得るためには誘導質問をしなければならないと思っていることを報告している。さらに，フィールド研究によると，警察官がしばしばこうしたタイプの質問を使っていることを明らかにしている。しかし，CIの訓練後，誘導質問の数は実際に減少するのである (たとえば，George, 1991)。さらに，ガイゼルマンら (Geiselman, Fisher, Cohen, Holland & Surtes, 1986)，メモンら (Memon, Holley, Wark, Bull & Köhnken,

1996)やミルンら(Milne, Bull, Köhnken & Memon, 1995)は,CI は被面接者が誤誘導質問の効果に対する有効な対抗策であることを見いだしている。

　司法制度は,CI がどの程度信頼でき妥当であると考えているのだろうか。CI や ECI に関する1995年の専門家の証言はフライテスト[訳注:アメリカ合衆国における専門家証言の許容性に関する法則。科学的証拠については,関連学会における一般的承認があることが証拠の許容性に対する要件とされた]を耐え抜いたことが明らかになった(People v. Tuggle, 1995。フライテストについてのさらなる情報については,Memon, Vrij & Bull, 1998 を参照のこと)この裁判事例では,CI の信頼性と妥当性に関して専門家証人が召喚され,エド・ガイゼルマンとロン・フィッシャーが証言した。判事は,この事例で CI によって行なわれた面接は裁判の証拠として使用可能であると認められると裁定した。このように,この特定の事例においては,判事は CI が信頼でき科学的に受け入れられる方法であると考えたのであった(Geiselman & Fisher, 私信; Fisher, Brennan & McCauley, 準備中)。

　イングランドとウェールズではターナー規則(Rv. Turner, 1975)が,心理学的な"専門家"証人は一般的な知識や経験の問題を扱っているという理由で,心理学者を法廷から締め出すことに用いられてきた。しかし,1997年の控訴審(Rv. Hill, 1995)において,CI が心理学者(Eric Shepherd)によって(そのために刑務所にいる男,ヒル(Hill)ではなく)ある人物が殺人を犯したとそのとき主張していた2つの事件に関する面接で用いられた。CI の有効性についての関連した研究の概括的なレポートは上告人の事務弁護士の依頼に基づき,レイ・ブル(Ray Bull)によって作成された。このレポートは刑事事件の専門家によって妥当な概観として受け入れられた。CI がその理由として述べられることはなかったが,ヒルはその後釈放されたのである。

7 おわりに

　本章では認知面接について記述し,この方法の有効性を検討する研究のいくつかを概観した。心理学的研究と"実世界"の警察の実践との結びつきの成功

のおかげで，CIはイギリス，アメリカ合衆国，ドイツ，オーストリア，他の世界中の警察によって採用されてきている。最近ではCIは，刑事弁護士協会（Criminal Law Solicitors' Association）のメンバーが用いることができる技法としてイングランドとウェールズの法律家の注目を受けている（Davis, 1997）。さらに研究を重ねていくことで，別の領域における情報収集においても，この技法の異なった使用法の可能性が明らかになっていくはずである。

参考文献

Fisher, R. P. & Geiselman, R. E. (1992) *Memory-enhancing techniques for investigative interviewing: The cognitive interview.* Springfield, IL: Charles Thomas.

Memon, A. & Bull, R. (1991) The cognitive interview: Its origins, empirical support, evaluation and practical implications. *Journal of Community and Applied Social Psychology,* **1**, 291-307.

Milne, R. (1999) The cognitive interview: Current research and applications. Edited Issue of *Psychology, Crime and Law,* **5**(1-2), 1-202.

第4章 会話の管理

1 はじめに

　第3章では，面接法の一つである認知面接（CI）の概要を述べた。CI は，現在イングランドとウェールズにおいて，捜査面接の警察訓練パッケージである PEACE の一部となっている。本章で概説，議論される面接手続きは，PEACE に組み入れられている CI 以外の主要なアプローチ，会話の管理（Conversation Management: CM）についてである（『捜査面接への実践的ガイド（Investigative interviewing: A practical guide）』第4章「会話の技法」(National Crime Faculty, 1996, pp. 26-29 を参照のこと）。"会話の管理" という用語は 1983 年に，エリック・シェパード（Eric Shepherd）がロンドン市警の指導巡査を養成している際に，彼によってつくり出された（私信）。彼は，一般の人，同僚，目撃者，被害者，被疑者，告訴人，法律顧問など，警察官が勤務中に話を交わさなければならない，あらゆる人物とのいかなる会話をも管理するための "スクリプト" を考案した。同時にマージーサイド郡警察は，シェパード博士を招待し，指導員と支部訓練巡査部長（divisional training sergeants）に対して面接技法を教授するよう依頼した。このことは，「警察および刑事証拠法」（PACE, 1984）の精神に基づいた面接手法の発展をもたらすことになったのである。1986 年，CM は捜査面接の公式的モデルへとさらなる

発展をとげ,その後,イギリスにおける捜査面接の PEACE パッケージのなかに組み入れられた。

以下の記述と議論は,シェパード博士とその同僚が CM の性質に関して著した多くの論文に由来している。

2
会話の管理とは何か

会話は2人以上の人間の間で起こる複雑な相互作用である。各参加者と参加者の行動は,言語的活動であれ非言語的活動であれ,会話場面において他者の行動に影響を与えるだろうし,事実与えている。したがって,こうした相互作用のなかで,ある会話行動がどのように,そしてなぜ,他の参加者に影響を与えているのかを理解することが肝要なのである。

シェパードとカイト (Shepherd & Kite, 1988, p.274) によれば,面接は,

「意識的に用いられる会話過程と認知的過程が交差するものであり,何よりも,面接中や面接後に意識的にモニタリングされる意思決定の流れとして立ち現れてくるもの」。

なのである。面接は特定の目的をもった会話であり,それゆえ十分に管理される必要がある (Shepherd & Kite, 1988)。しかし捜査の文脈で会話を管理することは,複雑で困難な課題である。なぜなら,①面接者自身,②被面接者,③想定しうる第三者 (たとえば,第二面接者,法律顧問,適切な成人 (appropriate adult),通訳など) の言語的・非言語的行動の両側面に敏感であり,かつまた管理できる面接者が求められるからである。現在までに,面接の適切な管理に必要なものとして次の5つの要素が提唱されている。①**接触**:ラポールを成立させることと,面接の目的と目標地点を提示すること,②**内容**:適切な質問方略を用いて事実を引き出すこと,③**実施**:どのように内容が調整されるか,④**信用性**:どのように面接者が受け取るか,⑤**制御**:面接の全体的な流れを方向づけること (Walkley, 1987)。CM と CI とで最も異なるのがこの最後の⑤の要素である。CI では面接を制御するのは被面接者である。とはいうものの,

第4章　会話の管理

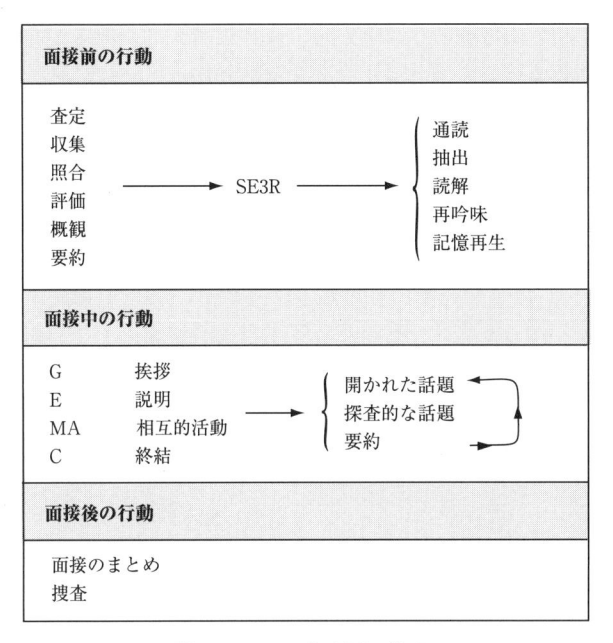

```
┌─────────────────────────────────────────┐
│ 面接前の行動                              │
│                                         │
│   査定                        通読       │
│   収集                        抽出       │
│   照合      →   SE3R   →     読解       │
│   評価                        再吟味     │
│   概観                        記憶再生   │
│   要約                                  │
├─────────────────────────────────────────┤
│ 面接中の行動                              │
│                                         │
│   G      挨拶            開かれた話題    │
│   E      説明       →   探査的な話題    │
│   MA     相互的活動       要約           │
│   C      終結                           │
├─────────────────────────────────────────┤
│ 面接後の行動                              │
│                                         │
│   面接のまとめ                           │
│   捜査                                  │
└─────────────────────────────────────────┘
```

図 4-1　SE3R と会話の管理

　CI においてすら熟練した面接者ならば，最小限の制御を用いて被面接者を"レール上からはみ出さないように"しておくことは可能だといえるだろう。
　CM の目的は，面接者に会話を効果的に管理する枠組みを与えることである。以下の議論では，面接前，面接中，面接後の各面接過程における要素を検討する（取り扱われる要素の全体像については図 4-1 を参照のこと）。

3
面接前の行動――計画と準備

（1）スキーマ・スクリプト
　面接が始まる前であったとしても，警察官にしてもその他の面接者にしても問題となっている事件に関して何らかの判断をするものである。警察官の場合は主として，告発された犯罪の属する犯罪カテゴリーとそのような犯罪におい

て典型的に生起するであろう事柄から，事件に関する判断を行なっている。面接者は状況／犯罪に関するステレオタイプ的な知識"スキーマ"をもっており，そこでは犯罪タイプごとの典型的"スクリプト（事件情報が書かれた台本）"をなぞる"人物"が登場する（Mortimer, 1994a; Shepherd, 1995。第2章も参照のこと）。捜査において，捜査官は故意であろうとなかろうと犯罪スキーマを利用しているだろう。これらのスキーマは特定の犯罪に関する法的知識，とりわけ犯罪行為（actus reus）と故意過失（mens rea）を構成する知識に関係している。また捜査官による犯罪に対する見方と証拠の力は，後の面接過程と面接結果に影響を与える。たとえば，前科のある被面接者は，嫌疑を有利に解釈されることは少なく（Moston & Stephenson, 1993），面接の目的も，真実を求めようとするのではなく自白を得ようとしがちになるのである。実際，モーティマー（Mortimer, 1994a）は，面接以前に被面接者が有罪であると考えている捜査官は，自供獲得にはしり，弾劾型の面接スタイルを用いることを明らかにした（弾劾型の面接スタイルの定義に関しては以下を参照のこと。また第1章，第5章も参照のこと）。

　これらのスキーマ／スクリプトはまた，（脳の限られた処理容量によって）われわれの注意，理解，記憶を支配し，その結果，面接前に判断と決断を下させようとする。犯罪知識の利用，類似犯罪の捜査経験，事件記録簿から特定の細部の選択，洞察などの過程が，「何が起こったのか」ということを推測させる仮説と事件に対する持論を，正誤にかかわらず結果的に形成させてしまう（Shepherd & Milne, 1999）。その結果，こうした面接者は，面接前，面接中，面接後の捜査面接すべての段階で，自分が立てた捜査事項にそむくことになる。面接者は，面接に先立って，適切な計画を立てて面接の準備をする必要がある。しかし，もし面接者が彼ら自身がもつ事件スクリプトに過度にとらわれたならば，関連性が高く重要な情報が（故意であろうとなかろうと）見落とされ，ふるい落とされ，無視され，忘れられ，処分抹消されてしまうことだろう。このようなことは，①早まった終結，②確証バイアス，③防衛的な回避，によって，面接前の段階でさえ起こりうるのである。

　早まった終結（premature closure）とは，捜査官が事件記録簿のなかの情報から，早まって結論を引き出してしまうことを指している。自分の予想に反す

る（おそらく正しいであろう）情報を無視する一方で，事件に対する持論仮説に"当てはまる"情報にのみ選択的に注目し，重要視することである（Shepherd & Milne, 1999）。そのような過程は「すでに解答を知っている」という幻想を捜査官に抱かせることになり，このことがさらに確証バイアスを生じさせるのである。確証バイアスとは，事件に対する持論に一致しない情報を無視し，持論に一致する確証的で検証的な情報を追求し，注目し，選択する傾向のことである（Evans, 1989）。捜査過程における**確証バイアス**と早まった終結は，事件の結論に対して決定的で必要不可欠になりうる情報を無視してしまうのである（Shepherd, 1995）。その結果，面接計画と証明すべき点に沿った必要質問事項が不完全になり，ときに不正確にすらなりかねないのである。また質問方針を作成する際に用いる知識は，信頼性（情報源の質）や妥当性（内容の質）に限界があるだろう（Shepherd, 1991, 1993a, 1993b）。全体の過程が自己充足的な予言となり，真実を追求することにはならない。しかし実際これまで示唆されていることは，警察官がどのような情報を事件に必要不可欠で望ましいものだと考えているのかということに関しては，警察官ごとに異なっているということである（Shepherd, Mortimer & Fearns, 1989）。それゆえ何が当該事件に関わる証拠の"良し，悪し"を決めるのかについては，意見の一致はみられないようである。モーティマー（Mortimer, 1994a, 1994b）は，捜査官が事件の記録簿に盛り込まれた重要な情報の約半分を利用していないことを明らかにし，このことを**防衛的な回避**という言葉で説明した。捜査過程における問題点と資料収集における欠落と例外があることに気づいている捜査官は，次の2点に関連するジレンマに直面している。①同僚（とメディア）が有罪であると信じている被疑者を釈放するに足る問題点に真正面から迫るべきかどうか，それとも，②その問題点を無視・回避すべきか。

　面接自体をみると，スクリプトに突き動かされた面接は，しばしば被面接者から説明の機会をうばい，話を遮り，質問形式を杓子定規に使用し，被面接者の応答を積極的に聴取せず，要約してしまうような不十分なやり方，すなわち弾劾的なスタイルによる面接になりがちなのである（Mortimer, 1992, 1994b; Shepherd, 1986）。"矛盾する"情報（すなわち，あらかじめ決まっている仮説と矛盾する情報）を無視する一方で，ある情報には注目しなかったり，解答が

得られる前から解答を決めてかかったり，またある情報ばかりにこだわったりすれば，抵抗する被面接者がつくられることになる。この不適切な面接者の行動から，満足のいく面接がなされることは少ないため，内務省面接プロジェクトチーム（the Home Office interview project team）は，捜査面接において最善の実践を行なうための重要な点として，虚心坦懐に面接室に入る必要性を確認している（Shaw, 1998）。面接は意思決定過程であり，それゆえ面接者も柔軟である必要があり，面接の進行に即して，かつまた"新たな"（不確実なものであったとして）情報が持ち上がったときには，自分が使用している心的スクリプトを変更しなくてはならないのである。

　面接では問題解決と意思決定とが求められているから，以下概説する7点に対する十分な計画と準備が必要である。①解決されるべき問題，②必要とする情報，③目的と達成すべき目標地点，④会話の型，⑤質問構造の心的位置づけ，⑥取り扱われるべき話題・問題，⑦第三者による適切な説明。必要な情報は，報告書や証人の供述などの面接前に得られた資料から抜き出しておく必要がある。適切な準備を怠る面接者は，当然にして一般論しか得られず，一貫性を欠いた面接を行なってしまう。すなわち，連続性のある話題を飛ばしてしまい，出来事のつながりのなかに大きな空白をもたらすのである（Shepherd, Mortimer & Fearns, 1989）。不十分な知識，不確かな知識，事実の不完全な把握しかないのであれば，面接者は被面接者や第三者からの信頼や尊敬を失ってしまうことになる。その結果，被面接者に抵抗が生じてしまう。つまり面接者と捜査の両方に瑕疵があるために，起こったことを面接の場で説明しても無駄だからである。したがって面接に先立って，欠落や一貫性のなさ，紛らわしさ，あいまいさを確認するなかで，情報内容と情報源の信頼性，そして情報の相対的価値についての検討を行なう必要がある。信頼できない情報を使用することは面接者に無駄な努力をさせ，信用を失わせる危険性を増加させ，被面接者の抵抗を増加させることになりかねない（Shepherd, 1993a）。準備が不適切であれば，参加者に疎外感や反感，そして不信感を与えてしまうのである（Shepherd, 1993a）。

(2) SE3R : S-E-Three R ——捜査証拠の分析と理解

　これまでは,捜査官というものは事件の記録簿の情報を分析し理解することに長けているものだと考えられてきた。しかし最近では,この見方に異議が唱えられている (Mortimer, 1992, 1994a, 1994b)。適切な捜査のためには,提供された情報から"何が起こったか"ということに関する正確で詳細な心的表象を得ることが捜査官に求められている。しかし前述のように,これらの心的表象(たとえば,事件に対する持論)はしばしば編集され,ときには歪められてさえいる。シェパードと彼のACCESS捜査モデル［訳注:以下に述べるモデルの下位過程の頭文字をとっている］(Ede & Shepherd, 1997; Shepherd, 1994, 1997) によれば,捜査とは複数の下位過程が互いに影響を与え合いながら,不断に循環するものだという。モニタリングはこのモデルの核心部である。というのもこのモデルは,捜査官に対して柔軟で偏りのない心をもつこと,そして捜査に関するあらゆる要素を記述し,細部(とくに"新たな"情報について)に関して説明することが求められているからである。ここには確証バイアスや早まった終結,防衛的な回避が入り込む余地がない(第2章も参照のこと)。

　査定(Assess)　捜査過程の出発点であり,捜査官が,次の3点をきちんと確認し,捜査上の"問題"(たとえば,書記供述の評価をめぐる問題など)を査定する場である。①捜査の合理性(すなわち,捜査を開始する状況の概要),②捜査目標(すなわち,必要とされる情報),③活動計画(すなわち,捜査目標に到達するための方法論)。この査定の段階では,事件に対する持論が影響力をもつので,捜査官は細部に注目しなければならない。さもなければ捜査は過度にスクリプトに左右されかねず,早まった終結を導き,有力な手がかりを見失うことになるのである。

　収集(Collect)　コミュニケーションを意味する過程のことであり,多くの場合,目撃者や被害者との面接を通してさらに多くの情報を得ることと関係している(第2章と第3章を参照のこと)。**照合(Collate)**は収集とともに行なわれ,報告された情報の取り込みと表現とに関係し,以下の手続きが求められている。①データ消失を最小限にとどめる包括的な手順,②ただちに理解できるわかりよい手順,③容易に使用できる入手しやすい手順。そのために,テープレコーダー設備やノートをとる優れた技能など

の適切な証拠収集システムが必要になる（第2章の誤りを免れない面接者の節を参照のこと）。

評価（Evaluate）　統合と分析を意味している。統合とは多くの細部のなかから特定の細部を選択し，その位置づけを行なうことである。分析は，情報の具体的な側面の位置づけとその情報源を理解かつ検証し，それ以降の捜査にこの結果を申し送るために行なわれる。新たに発生した情報と情報源に関しては，その妥当性と信頼性が吟味されなければならない。これは，内部一貫性（すなわち，同一個人内で異なる情報源から出た細部情報が再現されること）と外部一貫性（すなわち，2つ以上の情報源から出た細部情報が再現されること）を決定することによって評価できる。

概観（Survey）　事件，鍵となる人物，証拠に関して総合的視点をとることであり，これによって捜査官は，仮の結論，予想，期待，別の仮説を描くことができる。概観によって，①捜査活動の現状，②収集，照合，評価から新たに得られた情報による捜査方針の変化，③結果とさらなる捜査に対する勧告を記載する報告書のための**要約（Summary）**を作成することができる。ここでモデルは再び査定に戻り，また新たにこの過程が開始される。

供述調書（たとえば，目撃者の供述など）は，主要な情報源であり意思決定の基礎になる。したがって，細部に気づくことや批判的評価はきわめて重要ではあるものの，その実行となるときわめて難しい（Shepherd, 1997）。その結果，イギリスの多くの警察官，政府機関，法実務家は，書面供述調書や口頭供述録取書を組織的に分析する方法を採用してきた。この方法はSE3R（S-E-Three R; Shepherd, 1988）として知られており，この手順に関する意見は「面接ガイド」（CPTU, 1992a）に組み込まれた。SE3Rのねらいは書面供述においてはもちろんのこと，面前で明らかになった情報や面接記録を，捜査と同時進行ないしは捜査後において，捜査官が速やかに記録，分析，照合，処理，表示，登録（視覚的かつ記録的に）できるようにすることである（Shepherd, Mortimer, Turner & Watson, 1999）。

SE3Rは結果として次のことを可能にする。①捜査官が捜査過程の一部であ

る評価を行なうとき，速やかに供述の照合ができる，②それ以降の捜査計画と面接計画に対する支援となる，③面接の参照資料として使う，④被面接者の説明や応答内容と供述録取書から抽出された情報内容とを比較しやすくする，⑤おかしさ（すなわち，欠落，あいまいさ，非一貫性，矛盾）を見つけやすくする，⑥報告された情報の妥当性と内的一貫性（信頼性）を評価する助けとなる，⑦捜査官が捜査のことを他者（たとえば，被面接者や同僚）や公共機関（たとえば，公訴局（Crown Prosecution Service））に伝達しやすくする。

SE3R は，一つの調書・面接を処理するときにたどる5つの段階，①通読（Skim），②抽出（Extract），③読解（Read），④再吟味（Review），⑤記憶再生（Recall）の頭文字を1つずつ取って表したものである。以下，各段階順に記述していこう。

通読（Skim）　この段階は，調書内容の要点を得るために通常より速い速度で（けれども速すぎることなく）すべての調書に目を通すことを意味している。

抽出（Extract）　この段階は，細部をきめ細かく抽出しながら，ゆっくりと組織的に調書にあたる過程である。語られた情報は出来事系列（すなわち，出来事の時系列連鎖）に沿って目に見える形に組み替えられ，"同一性確認欄（identity bins）"と組み合わされる。同一性確認欄には被面接者の説明のなかに現れる，彼らの心的表象が表示される。この過程では，事件の情報と同一性確認情報とは別々に扱われ，語りは時系列的に始めから終わりへ，ページの水平線上に左から右へと並べられ"出来事系列"となる。出来事系列は，被面接者の説明にはっきり現れる"段階"から成っている。出来事系列は個々の出来事（エピソード）ごとに，行為者（関係者）と行為について，日時，場所，時間に関する詳細事項とともに表示される。したがって，出来事は"時間の流れ"に沿って直線的に表すことができ，そうすることで，出来事を時系列的に展開していくものとして理解でき，出来事を互いに関連づけながら並べることができる。

捜査官に許される変換と組み替え規則の一つは，被面接者の説明（典型的には過去時制，受動態として表現される）を能動態と現在時制を用いて細部を表

現する簡単な変換である。間接話法は直接話法へと変換される。シェパード（Shepherd）によれば，これら3つの手順が実行されるのは，現在時制，能動態そして直接話法が，われわれの基本的な心的処理を表現しており，それゆえ語りをより現実的なものにし，現実的であるから記憶に残るものになり，さらに情報不足の箇所を容易に際だたせることもできるからであるという。またこの方式は，関連する非言語的行動（たとえば，パラ言語（paralanguage; p.82 参照）と身振りなど）も表すことができるのである。

人物，場所，所在地，見取り図，ルーチン，モノなど同一性確認情報に関連する細部は，ページの下部に，すなわち出来事系列の下の"同一性確認（あるいは記載者）欄"に記載される。新たな"同一性確認欄"は，個人，モノ，ルーチンごとに作らなくてはならない。また"同一性確認欄"には視覚的イメージ（たとえば，描画など），見取り図，人物の相対的な配置をいれることができる。

　読解（Read）　この段階では，記録を普通の速度で読み，出来事系列と同一性確認欄の情報の正確さ（不作為ないし過失による誤りの両方）を点検する。

　再吟味（Review）　この段階では，調書は脇に置き，出来事系列と同一性確認欄が吟味される。その目的は，注目すべき情報に的を当てて，欠落，非一貫性，矛盾，あいまいさ，さらに捜査が必要な問題点を同定することである。

　記憶再生（Recall）　この記憶再生段階までに，捜査官は調書の細部と上記4段階に帰せられる SE3R の細部をよく記憶しておかなくてはならない。必要ならば，捜査官は SE3R で使用した資料を学習することによって，さらに情報を記憶に固定化させることができる。

一件記録簿のなかの各調書は，その記録の分析がすすむにつれて，出来事系列と同一性確認欄が付け加わっていく。その結果，SE3R は事件記録簿の証拠資料から抽出された何枚もの情報用紙を含むことになる（さらに詳しくは，Shepherd, 1995 を参照のこと）。

もし事件資料の評価を通じて面接の必要性が感じられたならば，面接中にお

いても細心の気配りと注意が必要とされる。次節でそのことを検討しよう。

4 面接中の行動

　シェパード（Shepherd, 1986）によれば，挨拶（greeting），説明（explanation），相互的活動（mutual activity），終結（close）といった面接の4つの局面においては，コミュニケーションの心理学的側面と社会学的側面の両方を使用することが必要であるという（後述するように，記憶を促進するGEMACとして知られている。Shepherd, 1984）。ベネット（Bennett, 1992）は4つの局面を約束，説明，執行，退場と記している。それに加えてシェパード（1986）は，面接者が6つの微視的技能を獲得する必要性を概説した。そして微視的技能を獲得すれば，経験豊富な面接者は4つの巨視的技能のレベルにまで前進することが可能になるという。面接者がこれら鍵となる（微視的，巨視的双方の）技能を用いるならば，効果的に面接を行なうことが可能になる。

　微視的技能とは次の6つである（Shepherd, 1986）。

①観察と記憶。
②聴取と主張。適切な聴取を行なえば，主張が受け入れ可能と見なされる。
③統制と社会的強化の過程を通して主導，調整すること。
④被面接者に説明を切り出させ，説明を続けさせるように仕向け，後に検証できるようにするための適切な質問をすること。
⑤積極的聴取と情報処理。
⑥感情への直面，反省，要約。

面接者がこれら6つの技能の容認水準に到達してはじめて，次の4つのより高度な巨視的技能に達することができる。

①面接を通して，被面接者の非言語的活動の変化を検知する能力。これは，言い逃れや嘘の徴候であると考える者もいる。

②情動状態，動機づけ，態度，意向の変化を検知する能力。
③面接の全体図を統一体，巨視的構造として構築する能力。
④被面接者の説明を評価することによって，紛らわしさ，あいまいさ，矛盾の兆候とそのパターンを同定する能力。

 ここで，巨視的技能の①について警告しておかなくてはならない。これまでの研究は一貫して，被面接者の非言語的手がかりを通して嘘を検知することはできないとしてきた（Memon, Vrij & Bull, 1998）。確かに，面接者が嘘の徴候として"読みとる"これらの手がかりは，しばしば面接者自身の行動の結果（たとえば，被面接者に近づきすぎる）であり，嘘の徴候などではなく状況に伴う不安の徴候であることが多い。さらにいえば，経験豊富な警察官であればあるほど，実際は正しくないにもかかわらず自分は嘘を見抜けるという自信をもっているものである。
 上述した微視的技能と巨視的技能は，面接において交わる2つの一般的技能適性となる（Shepherd, 1988; Shepherd & Kite, 1988）。
▼**会話あるいは対人技能適性**
 面接が成功するために，面接者は，被面接者の思考と感情に配慮していることを伝える能力と同時に，自分自身の思考と感情を制御する能力を兼ね備えていなくてはならない。そのためには，主張と聴取の技能（微視的技能）を実際に発揮できなくてはならない。つまり，話を熟考し，理解し，それに応答することや，話す時間を適当な長さにとどめたり，適宜合間をおいたりといった適切な方法で質問を行なうことなどである（Shepherd & Kite, 1989）（しかし，あまりに強い主張は支配性，攻撃性，圧迫感を引き出し，あまりに弱い主張は消極性，ときには無関心につながりかねないから注意されたい）。こうした面接技能は"上下"関係とは対照的な"横の"関係をもたらすであろう。"上下"型の会話関係は，支配的／服従的な会話，優勢／劣勢な会話という特徴がある。"上"位の参加者は権威があり，権力をもっている。しかしそのような面接者の支配は，柔軟性がなく話の展開を妨げ，捜査面接の価値を制限してしまうだろう（Shepherd, 1991, 1993a, 1993b）。それとは対照的に"横の"関係は，参加者が対等に話すという特徴があり，面接者には，柔軟でより協調的で開かれ

た関係を演じることが求められている。基本的に，面接者は会話において言語的かつ非言語的活動の規則を知る必要がある。対人技能の適性とは，被面接者に応じて会話行動を監視し調整することを意味している。つまり，それは認知的分析能力も必要とされていることになる。

▼認知的分析能力

　技能を有する面接者にとって，人間行動の心理学に関する知識は必須である。なぜなら捜査場面では，面接者は，異なる年齢，異なる法的"地位"（たとえば，被害者や被疑者など），異なる社会的地位や役割，異なる文化的，社会的，経済的背景，異なるコミュニケーション能力や異なる身体的条件や感情的状態をもった人々と話を交わさなければならないからである。したがって，面接者は，ステレオタイプを用いたために誤った仮説を抱くような，人物認識にまつわる問題に敏感でなくてはならない。この誤った仮説の例として，すべての学習障害者は被面接者として信頼できないという見方があげられる（第7章を参照のこと）。こうした見方に立つと，面接者が，弱点のある被面接者は質問するに値しないと考えてしまいかねず，その結果，事件の根幹に関わる価値ある情報を失うことになるかもしれない。

　面接場面では，多くの被面接者が話すことの圧力下にいることも面接者は心に留めておかなくてはならない（とりわけ黙秘権の制限と「特別警告」の行使を導入したイングランドとウェールズの刑事司法および公共秩序法（Criminal Justice & Public Order Act, 1994）以後は）。面接者は，圧力が被面接者に対してもつ，言語的・非言語的活動の効果や暗示に対する負の効果を認識する必要がある（Gudjonsson, 1992。第2章，第6章を参照のこと）。したがって適切に面接を行なうためには，面接者は，被面接者の事件の知識，感情状態，態度に関する情報が，彼らの話す内容と話し方から得られるよう注意して聞き，理解し，思案する能力をもつ必要がある。

（1） GEMAC の 4 つの局面

　GEMAC を用いれば，（注目と積極的聴取を通じた）ラポールをとり，面接時の情報の流れと引き出された情報内容の両方を調整し，面接を完璧に全体的に把握することのできる技能を有する面接者になれるだろう（Shepherd &

Kite, 1988)。

GEMACを構成する4つの局面をそれぞれ順番に論じよう（図4-1参照のこと）。

● 挨拶（greeting）

きちんとした挨拶をし，ラポールをとることは面接を成功させるための必要不可欠な構成要素である。「実務規範」（PACE, 1984）では，警察の面接者に自己紹介するよう求めているが，効果的にラポールをとるための核になるから，挨拶はすべきである。最初の挨拶で適切な言葉遣いに心をさけば，面接のその時点ではもちろんのこと面接全体にわたっても，対等というメッセージを送ることができる。

"ラポール"という言葉はフランス語から来ており，"運ぶ"という意味のラテン語"portare"に由来している。したがって適切なラポールがとれている面接は，自然で，くつろいだ雰囲気のなかに参加者を運び込むのである（McKenzie & Milne, 1997）。会話の技能としてのラポールは主として，①社会的技能の過程に注意するメカニズム，②積極的聴取方略を通じたメカニズムによって達成される。社会的技能は次のように定義することができる。「……自分の権利，要求，満足を妥当な程度満たすと同時に，他者がもつ同じ権利を妨げないように，他者とコミュニケーションすること……」（Phillips, 1978, p. 13）。ラポールをとることと一般的な面接行動の両者に関連する重要な非言語的社会的技能のいくつかをこれより論じよう。

▼近接学

この用語は距離，および対人距離の違いによる影響について言及している（面接場面では面接者と被面接者との間の距離）。ホール（Hall, 1966）は，対人間に存在し，対人間の関係を特徴づけている4つの異なる領域を定義した。①密接距離（15～46センチ），②個体距離（46～120センチ），③社会距離（120～360センチ），④公衆距離（360～750センチもしくはそれ以上）。またアーガイル（Argyle, 1975）は，すべての人が自分の周囲に空間の"泡"をもっているという。空間の"泡"とは，両腕をのばしたまま回してできる範囲のことである。しかし概して，背後や横よりも正面の個人空間のほうが広い。ま

た文化差もあるから，面接者はそのことを知っていなくてはならない。たとえば，スウェーデン人やスコットランド人は大きい目に距離をとる傾向があるのに対し，ラテンアメリカ人は非常に接近して立つ傾向がある（Hayes, 1991）。

個人空間（あるいは，親密距離。Hall, 1966）に侵入されると感情的に不安になり，ストレスを表す身振りをするようになる（Argyle, 1975）。警察の取調べに関する初期の警察訓練手引きのなかには，取調室においてそのような心理的圧力を利用することが奨励されているものもある（たとえば，Inbau & Reid, 1967; Robinson, 1983）。しかしながら，研究によれば，面接者が被面接者の個人空間に侵入するならば，被面接者はストレスを感じ，面接者（警察官）が（誤って）嘘の徴候だと思いかねないサインを示してしまう（たとえば，目を合わすことの嫌悪。Baxter & Rozelle, 1975）。ゆえに，面接者自身の行動が被面接者の行動に否定的な影響を与えうるということに留意することが必要である（McKenzie & Milne, 1997）。

▼姿勢と身体の向き

最も長い相互作用は，立食形式であれ着席形式であれ，パーティのときに起こる。ある人が立って別の人が座っている場合，相互作用はぞんざいなものになりがちである。互いの立っている位置や座っている位置がつくり出す角度や身体の向きによって，面接場面のなかで，態度，地位，親和性に関する情報が伝えられる可能性がある。ソマーとベッカー（Sommer & Becker, 1969），クック（Cook, 1970）は，身体の向きの違いがいかなる関係性の違いを生み出すのか検討した。確かに文化差はあるが，概して横並びの位置は協力関係を表し，120度の位置関係（10時と2時の位置）で会話するのが最も心地よいものになり，また顔と顔を向き合わせた対面関係では対立が起こる傾向がみられるという。つまり，面接室での位置の取り方が，言語的やりとりが行なわれる以前に，面接結果に影響を与えかねないのである。

▼非言語的信号

非言語的行動を戦術的に用いれば，面接の最初の段階から面接の間中，ラポールをとることが容易になる。適切な量のアイコンタクトは，注意を向けていることを暗に意味し，発話交代の信号としても使える。話者は，発話の終わりそうなところを見計らうものだろうし，話の続きをうながすうなずきなどの応

答形式を求めることもするだろう（Kendon, 1967）。しかし発話交代がどこで起こるかについては文化差がある（Adler & Towne, 1987）。また聞き手は，たとえば「ウンウン」などの言葉で，話を続けてよいとの信号を相手に送る（Hayes, 1991）。話者が話し終えるときは，まわりを見回し，身振り手振りをやめ，声の高さをあげるか（質問を意味する）下げるか（句や文の完成を意味する）するだろう。こうした行動や調節は，発話の順番をとる人に話し始めの機会が来たという手がかりを与える。しかし面接者は文化差を意識しなければならない。なぜなら抑揚や声の高さの上げ下げは言語ごとに異なるだけでなく，同じ言語を話していても民族が違うと異なるためである。

　"鏡映行為（mirroring）"もまたラポールをとることに役立つ。面接者は意図的に行動するが，その意図的な行動が，結果的に被面接者に鏡のように引き写されることが十分ありうる（第3章を参照のこと）。もし面接者がリラックスして座ってしゃべれば，被面接者も同様にリラックスした行動を示すことは十分ありそうなことである。

▼パラ言語

　パラ言語とは，発話の音の高さ，音質，抑揚，リズム，発音など，言葉がいったん取り除かれた後に残されるもののことをいう。パラ言語のおかげで，言葉だけで言われていること以上のことを読み取ることができる（すなわち，パラ言語は言葉を音声化する方法である）。言葉が話される速度，発話のなかのある特定の言葉におかれた強調，声のトーン，声の高さや大きさは，すべて意味を伝達する（たとえば，情動や感情など。Hayes, 1991）。たとえば，声の高さ（やわらかさ）を適切に使用すれば面接中落ち着いた雰囲気をつくることができるし，「フンフン」のような擬声語は"積極的聴取"を伝えることができる（McKenzie & Milne, 1997）。

▼積極的聴取

　報酬ないしは強化を受けた行動は再起する確率が高くなる。面接では，ラポールの局面から終結まで，面接者はバイアスのない多様な行動を用いて，被面接者が参加し，しゃべるように"強化"すべきである。ここでは積極的聴取の3つの方略を議論しよう（上記の鏡映行為も参照のこと）。

　要約　3つの理由から有益である。①積極的聴取を示すこと，②これまで話

された内容に関して，面接者自身の理解をチェックできること，③面接者の記憶のなかに貯えられた情報を後から使えるようにすること。

おうむ返し　被面接者が言った言葉のある部分を面接者が繰り返すことを指す。さらに言えば，被面接者の言葉をそのまま正確に質問形式に変えて反復するのである。たとえば，

被面接者：彼は銃を持っていました。大きな銃。
面　接　者：大きな銃？

　おうむ返しは2つの点で役に立つ。①問題となった言葉に関して被面接者が詳しく述べることを強くうながすこと，②積極的聴取を示すこと。

問いただし（querying）　おうむ返しと似ている。問いただしは，被面接者から単語や語句が発せられたが，その意味がよくわからないときに起こる。言語は複雑で，ときに同じ単語が人々の間で異なる意味をもつことがある。また（とりわけ幼児の場合）自分自身の身体部分に対して自分独特の言葉を使用する場合がある。問いただしは誤解を解き，積極的聴取をも示すのである。

被面接者：その人が僕のニーノ（neenaw）を触ったの。
面　接　者：ボクのニーノはどこなの。

● **説　明（explain）**

　面接の目的，目標地点，作業の関連性をきちんと述べることは必要不可欠である。それは面接が始まる際，次のことを説明することによって達成される。

▼**進行予定の概説**

　進行予定は面接者と被面接者がこれからたどる活動と話題の範囲，話題の流れに関する大まかな予定表である。面接の開始時に，ラポールが成立したあとにこれらについて説明することで，面接者は混乱の広がりを抑え，自己統制を達成し，面接全体を通じて統制を維持することができる（Shepherd & Kite, 1988）。面接は目的をもった会話であり，それゆえ面接者はいくつか統制の形式をもたなければならない。その一つは自己統制であるが，それは被面接者に

対する微妙な統制（すなわち，規制）にもなる。統制と強化のバランスをとるには特別な技能を必要とする。あまりに制御しすぎることは，非常に重要な情報の出現が妨げられるなど，負の効果をもつ（Millar, Crute & Hargie, 1992）。しかし面接者が注意深く準備し計画しない限り，面接を制御することはできない。準備とは，その時点で得られる証拠を読んだり，分析したり，理解し，証明すべき鍵となる点に耳を傾け，一般的（しかし柔軟）な質問の枠組みを用意することである。

また面接者は面接過程に含まれる特定の**慣行手続き（routines）**（たとえば，面接者がノートを取ること，ノートや証拠物件を参照すること）についても面接者に伝えておかなくてはならない。そうすれば，こうした慣行手続きに関して抱くかもしれない被面接者の心配事を最小限に抑えられるはずである。面接者－被面接者の関係で予想されることは前もって言い渡しておくとよい。たとえば，面接者は，それとわかるかわからないかはともかくも，必要とされる行動（"鏡映行為"）を示しながら，面接における行為の概要を述べたらよいだろう。具体的には，自分の話で間を埋めたり相手の話を遮ったりするつもりはないこと，質問について考える時間，答えるまでの時間を被面接者に十分に与えるつもりであること，被面接者が質問することをうながすことなどを伝えるとよい（Shepherd & Milne, 1999）。

● **相互的活動（mutual activity）**──モニタリングと主張──

これは被面接者から事件の説明を引き出すことや説明に続いて被面接者に質問することである。面接者は積極的聴取を示す必要があると同時に，（前述したように）要約によって情報を記憶のなかに取り込む必要がある。相互的活動の局面ではシェパードとカイト（Shepherd & Kite, 1988）が"螺旋型面接（interviwing-spiral)"と名付けたものを利用する。"螺旋型面接"が推奨しているのは，面接者が「～から～まで何があったか話してください」というような常套質問（parameter question）をすることによって話題領域を開き，それを厳密に調べ，要約し，それから，同じ手順で進められる次の話題領域につなげていくことである。したがって，面接者は一つの話題から別の話題へと巧みに話を進めていくことになるだろう。またここでも適切な質問は必要である

(質問タイプに関しては，第2章を参照のこと)。

　間をとることと被面接者の話を遮らないことは，この面接の局面で（他の局面でも同じように）きわめて重要である。なぜなら，これによって優れた技能をもつ面接者は，自分の記憶のなかから情報と先行知識を検索する時間，被面接者の言っていることと記憶内容とを比較対照する時間，結果として生じる情報を統合して貯蔵する時間，適切な後続の発話を作り出す時間をとることができるからである。もし面接者がこのような間をとらず，その代わりに話の腰をおったり質問攻めにしたりすれば，同時的（その時点において）にも通時的にも（面接全体を通じて）被面接者の言語的かつ非言語的活動（すなわち何が語られているか，どのように語られているか）のきめ細かな細部についてモニターする能力を減退させることにもなるだろう（Shepherd, 1993b）。

▼モニタリング

　被面接者の言語的かつ非言語的活動の詳細を，適切にモニタリングするには積極的聴取が必要となる。積極的聴取によって面接者は面接の変遷過程と引き出された情報に集中し，理解し，情報の流れを維持し，報告された情報を要約できるからである。徹底的に把握できれば，面接者は被面接者の説明を理解するうえでどんな些細な誤りも見逃さないだろう。またさらなる解明や説明に必要な時間を正確に指摘することもできるだろう。適切な非言語的行動は，被面接者からの情報の流れを維持するために，面接者が利用している（前記参照のこと）。要約は多くの点で面接者に便宜を与える。要約によって，①面接者の積極的聴取が被面接者に伝わる，②被面接者からのフィードバックがうながされる，③より細部にわたる再生と情報開示を促進する，④細かな情報を記憶のなかに固定化しやすくする。

▼主　張

　これもまた重要な属性であり，2つの意味をもっている（Shepherd, 1998, 私信）。①面接者が情報を引き出すために行なうあらゆる発話（つまり，質問，陳述，コメント，観察）と，②発話の際の態度である。適切な主張は支配と服従の中間点に位置する。話を中断させたり，過度にしゃべりすぎてしまうような不適切な主張は，情報の開示を妨害してしまう。しゃべりすぎ，遮り，無視，話題の急変は，被面接者の抵抗を生み出す（Shepherd, 1993a, 1993b）。不適切

な質問タイプ（たとえば，強制選択質問）も同様の効果をもつ。なぜなら，これらの質問方略は被面接者が詳しく答えようとすることを妨げることになるからである。またこのような不適切な面接行動は，もともと話したがらない被面接者に話さなくてもよい絶好の機会を与え，一方，面接者にはそのような被面接者にどのような質問をすればよいか考え続け，質問を続けなければならない圧力を与える。さらに，こうした状況下での被面接者の短い返答は，このような不適切な質問方略を反映している可能性が高く，何も罪を暗示しているわけではない。ここでの早まった終結は被面接者を阻害し，彼らを話させなくすることになる。

シェパードによれば（Shepherd & Milne, 1999），以上のようなアプローチは，語り，展開，修正に対する第一の責任を被面接者に与え，一方，面接者の方には，記憶のなかの情報を記録し，情報を収集し，後続する出来事に関する説明のなかの情報と比較検討するための時間的ゆとりを与える。この点で，会話の管理は認知面接に近いものとなる（第3章を参照のこと）。というのも認知面接は，何を開示するのか，いつ開示するのか，開示を報告する順番を決定する点において，被面接者に対する面接の受動的な制御を推奨しているからである（Shepherd, 1998, 私信）。

▼**抵抗への対処**

沈黙，"ノーコメント"，非協力，敵意，嘘，ごまかし，事件に関する知識の否定，不埒さ，これらはすべて被面接者の抵抗の形式であり，会話の本質的な障壁である（Shepherd, 1993a）。このような抵抗の主たる原因の一つは面接者の行動にあることは事実である。

一つの典型的な誤解は，被面接者が抵抗するのは，彼らが罪を犯しており，何か隠すことがあるためだというものである。しかし話したがらないということには，他の理由がいくつも考えられる（Shepherd, 1993a）。被面接者には恐れなど心理的障壁があるかもしれないし，面接者の（言語的，非言語的）行動，話の内容の問題など，いくつもの要因によって引き起こされる可能性がある。シェパード（Shepherd, 1993a）は，抵抗の起源には2つの次元，つまり，話したい気持ちと話す能力の度合いから生じているという。ここから4つの重要な結果がもたらされる（これら2つの要因は連続体として作用するが）。①話

したい気持ちがあり話す能力もある場合。これは協力的で正確な被面接者となる。②話したくない気持ちがあり話す能力がある場合。これは，手中に事件に関する知識をもっているがそれを漏らす意思のない，抵抗する被面接者となる。③話したい気持ちはあるが話す能力のない場合。これは協力的な被面接者となるが，質問に答えても内容に関する知識がないか思い出せないために，作話反応に帰着する。④話したくない気持ちがあり話す能力がない場合。これは表面上抵抗する被面接者に帰着するが，この抵抗の理由は被面接者に事件の知識がないか（すなわち，無実であるか関与していないか），起こったことを思い出せないかである。面接者は，これらすべての抵抗理由の可能性に意識的であることが肝要である。面接者は，事件の正確な説明を得るために，これら2つの異なったタイプの協力的な被面接者と2つの異なったタイプの抵抗する被面接者とを区別できなくてはならない。

シェパード（Shepherd, 1993a）によれば，潜在的に抵抗する被面接者であっても，先に概説したすべての技能を用いながら会話の管理が適切に遂行されるならば，談話を交わすよう動機づけられる可能性があるという。面接者には，適切な計画と準備を通じて，着手している任務に関する詳細な知識が必要とされる。計画と準備には，被面接者とのコミュニケーションに伴う潜在的な障壁に特別注意を払わなくてはならない。面接中，能力のある面接者は，シェパード（1993b, 1996）のいうところの倫理的な会話に能動的に関わっている。倫理的な会話には，尊敬，共感（自己の視点と他者の視点の両側面から考え行為すること），助け合い，積極性，責任，開放的であること，決めつけない態度，話に平等に参加することがはっきり現れる。これらの行動がすべて実行されることで，互いに尊敬し合う関係のなかで被面接者からの協力が得られやすくなるだろう。

● 終　結

面接の終結は適切に管理された面接の重要な側面である。"良い"面接には2つの目的がある。①起こったことに関する完全で正しい説明を引き出すこと，②"世間（eyes of the public）"のなかに捜査官に対するプラスの見方をつくり出すこと。それゆえ，面接はできる限り適切に終結しなくてはならないし，

被面接者を肯定的な心理状態のなかに置かなければならない（適切な終結方略に関しては，第3章を参照のこと）。

4 面接後の行動

　面接者は，面接の"正確な"要約を完成させ，さらに捜査が必要かどうかを情報処理メカニズムによって決定しなくてはならない。これは難しい課題である。繰り返しになるが，開かれた心をもち，確証バイアスや防衛的な回避をもたないことが必要不可欠である。

　これまでの議論で明らかにされたように，面接は複雑で，複合的で，困難な過程である。会話の管理が，構造化され，組織化された面接方法の概要を適切につかむために大いに役立ち，SE3R によって捜査官が手に入る資料から最大限の情報を得ることができればと思う。本章の全体を通じて（そして他の章でも）繰り返し述べてきたことは，要するに，責任は面接者自身にあるということである。なぜなら捜査過程の結果に直接的に影響を与えるのは彼らの行動だからである。

参考文献

Ede, R. & Shepherd, E. (1997) *Active defence*. London: The Law Society.
Hayes, J. (1991) *Interpersonal skills*. London: Harper Collins.
Shepherd, E. (1991) Ethical interviewing. *Policing*, **7**, 42-60.
Shepherd, E. (Ed) (1993) *Aspects of police interviewing*. Issues in Criminological and Legal Psychology, No. 18. Leicester: British Psychological Society.
Shepherd, E. (1995) Representing and analysing the interviewee's account. *Medicine, Science and the Law*, **35**, 122-135.
Shepherd, E. & Milne, R. (1999) Full and faithful: Ensuring quality practice and integrity of outcome in witness interviews. In A. Heaton-Armstrong, D. Wolchover & E. Shepherd. (Eds), *Analysing witness testimony*. London: Blackstone Press.

第5章

警察の面接で何が起きているのか

1 世論

　1980年代，ロンドンで2つの研究が行なわれた。その研究によれば，一般の人々はかなりの割合で，警察官が被疑者に質問を行なう際，身体的な暴力や脅しを用いると考えているようである（Jones, MacLean & Young, 1986; Smith, 1983）。実際にそのようなことが，どのくらい起こっていたのかを知るのは難しい。とくに1986年以前，イングランドとウェールズで新しい法律が制定され，警察官による被疑者面接をすべてテープ録音することが義務化される以前についてはそうである。現在では，他の地方同様，被疑者の面接に弁護士を立ち会わせる権利や，警察官の訓練や管理の変化により，おそらく，身体的な暴力や脅しは以前より少なくなっているだろう。とはいうものの，メディアで騒がれるような事件が続けば，世論は大きな影響を受ける可能性がある。

　1998年1月，ロンドンの高等法院は，1987年に起きた逮捕と面接，数年間の刑務所拘留のために，ある男に20万ポンド［訳注：約3,600万円］の損害賠償金の支払いを認めた。デイリーテレグラフ紙（1998年1月20日付，p.9）は「無実の男は，巡査に殴られ，自白調書に無理やり署名させられた後，刑務所で『地獄のような5年』を過ごした。裁判所は，彼がどのように巡査からこづかれ，殴られ，そして注射器で浣腸すると脅かされたかを審理した」と報じて

いる。このような事例は稀かもしれない。しかしこういう事件は，警察の捜査面接で何が起こりうるのかについての，人々の考えに影響を及ぼす。

　警察面接で通常どのようなことが行なわれているのかについて，公的に利用できる情報はあまりない。イギリスの上級警察官ウィリアムソン (Williamson) は，1993年の論文で，現職警察官であるウォークレイ (Walkley) の1983年の未公刊修士論文を引用している。ウィリアムソンによれば，ウォークレイが質問した警察官の約50％が「被疑者の顔を叩くことは役に立つこともある」という意見に同意した。だが，「被疑者が罪を認める気になるよう，叩いたほうがよいと思えばそうする」という意見に同意したのは10％以下であった。「警察官は被疑者に真実を話させるため，どのような形態の暴力も決して振るってはならない」には，50％強が同意した。だが他方では，「一部の被疑者は警察署で手荒な扱いをされると予想している。そして，それが状況に適うなら，被疑者の恐怖心を和らげるようなことは何もしない」にも50％が同意した。

　1994年の著書で，ウィリアムソンは次のように述べている。「取調官の非倫理的な行動により，人々による信頼は損なわれてしまった。またこのような行動により警察業務においては，質問によって証拠を収集する能力に重大な技術的欠陥が生じている」「今日では——また，とくに今後，黙秘権に制約が設けられるようになれば——裁判官は質問で得られた証拠を認定する際に厳しい基準を用いることになるだろう」(p.107)。彼はまた，次のように指摘している。「警察の拘留下にある被疑者から自白を引き出すには，それほどの技術は要しない」「自白をでっち上げ，その自白は警察の尋問中に得られたのだ主張するのにも，たいした技術はいらない」。もちろん「この国の警察官は，間違いなくそんなことは起こらないと否定するだろう。それでも残念なことに，相当数の一般大衆が，そのようなことが通常起きていると考えている」(p. 107)。

　どのような捜査面接を行なうのが最もよいのか。1980年代中ごろまでは，警察官が参考にできる実質的な手引きは，世界中どこを探しても見当たらなかった。心理学のような行動科学研究は，この問題を無視してきたし，警察は"外部"の研究者に対して非常に懐疑的であった。彼らはどのみち，警察を批判すること以外はしないようにみえたからである。この真空地帯に『自白：真

実への尋問テクニック』（Inbau, Reid & Buckley, 1986）という題目の本が出版された。この本は，インボー（Inbau）とリード（Reid）の初期の著書をベースに書かれたもので，警察官が犯罪者に自白をうながすために用いることのできる，多くの方法を推奨している。世界中の相当数の警察官が，これらの手続きを取り入れるか，すでにその一部を用いてきた。残念ながら，心理学者やその他の人によって行なわれた後の研究（たとえば，Gudjonsson, 1992, 1999; Kassin, 1997; Memon, Vrij & Bull, 1998）によれば，推奨されている方法のいくつかは，負の効果はもとより，虚偽自白を助長する可能性がある。

2
実　状

被疑者に対する警察面接に関する初期の研究の一つに，アービングの研究（Irving, 1980）がある。アービングは，刑事手続きに関する王立委員会のための研究の一環として，60件の面接に立ち会い，そこで観察したことに基づき報告書を作成した。アービングによれば，面接者はさまざまな説得的かつ巧みな戦略を用いており，ほとんどの面接において，複数の戦略が用いられていた。このなかには，以下のような戦略が含まれる。

- 否認することの無益さを指摘する。
- 警察は実際よりも多くの証拠を握っていると見せかける。
- 犯罪の深刻さを最小限に見積もらせる。
- 被疑者の自尊心に働きかける。
- 被面接者に，自白することが最大の利益だと忠告する。

1989年，アービングとマッケンジー（McKenzie）は，1984年の警察および刑事証拠法（PACE）導入後に行なった，類似の研究を発表した。PACEとは，警察官による被疑者面接に関する法律である（より詳しくは，Zander, 1990を参照のこと）。アービングらは，被疑者に面接を繰り返し行なう頻度も，戦略の使用頻度も減少したことを見いだした。しかし，自白が引き出された面接

の割合は減少しておらず，アービングの1980年の研究では62％であり（Irving, 1980），1989年では65％だった。だが，ウォルコバーとヒートン‐アームストロング（Wolchover & Heaton-Armstrong, 1996）は，アービングらの研究における最も深刻な犯罪での自白率，すなわち重大な犯罪におけるPACE後の自白率は，PACE前の半分になったと指摘している。この差異が，巧妙で説得的な戦略の使用が減ったことによるのかどうかは，残念ながら不明である。

マグワイアら（Maguire, Noaks, Hobbs, & Brearley, 1991）は，内務省の委託により，"事件の解決率"に代わりうる警察官の捜査成績を評価する方法を検討した。そして"面接成功率"なるものを算出したが，これは「被疑者が放免となりそれ以降の段階にいたらなかった」面接の割合ではなく，「起訴または警告が行なわれた」捜査面接の割合であった（p.107）。全警察署の平均は77％であり，その幅は64％から97％であった。したがって，警察の立場からすれば，被疑者に対する面接の大部分は肯定的な結果を得ていることになる。この研究において，マグワイアらは，数多くの警察官から意見を求めた。その結果，警察官は明らかに，解決率よりも上司によって成績が評価されることを望んでいた。また彼らは，被疑者面接において技術が使えなくなったと感じていた。それは，一部には「PACEのためである。……PACEによる法的な制約があり，また被疑者は法的な助言を受けやすくなっているので，巧妙な尋問や心理的圧力によって自白を得ることは，以前よりも難しくなった」（p.25）からであった。

3 面接の録音により，研究が可能になった

内務省は，警察の被疑者面接に関する研究をボルドウィン（Baldwin）に委託していたが，1992年，その先駆的な研究の報告書が出版された。ボルドウィン（Baldwin, 1993）によれば，警察の面接室で何が起きているかを調べた先行研究は，それまでほとんどなかった。彼は，次のように述べている。「被疑者面接が録音される以前は，面接室で何が話されたのかについては，警察の

言うことをそのまま信じるしかなかった」(p.326)。これは供述の内容についても，面接のやり方についても同様であった。ボルドウィン（1993）によれば，警察官は，面接の多くは手ごわく攻撃的な被疑者との，複雑で困難な対決だと信じているという。だが，彼が録音・録画された600件の面接を分析したところ，

> 「たいていは短く，驚くほど好意的なやりとりであった。そして，そのやりとりの多くにおいて，警察官は被疑者に対してためらいがちに嫌疑を持ち出しているようにみえた。……実際，すべての事例の約3分の2では……，面接者が被疑者の言ったことに強く異議を唱えることはなかった。被疑者が嫌疑を否認したときでさえ，事例の約40％において，面接者は異議を唱えなかった」(p.331)。

実際のところ「被疑者の3分の1以上は，初めから有罪を認めた」(p.335) のだという。このように，大部分の面接は比較的問題なく行なわれていたようである。

4 説得により自白する被疑者はどの程度いるのか

ボルドウィンが調べた面接600件のうち20件でのみ，被疑者は，

> 「面接の途中で供述を変えた。そのうち，面接者の説得技術により心変わりが生じたと考えられるのは9件のみであり，そのうち3件だけが重大な犯罪に関与していた。……被疑者の大多数は自白であれ否認であれ，またはその中間であれ，そしてどのように面接が行なわれたかに関係なく面接開始時の態度を固持し続けた」(p.333)。

この知見に基づき，ボルドウィンは，否認する被疑者に自白するよう説得するといった思考法から離れて，警察の面接訓練を考え直すべきだと主張した。つまり，インボーら（Inbau, Reid & Buckley, 1986）によって主張された面接のやり方からは脱却すべきだというのである。

ボルドウィンの萌芽的な面接分析によれば，警察官は説得的な面接法をめったに用いないように思える。これは PACE（1984）の成果であろう。PACE は威圧的な技法を追放することに成功した。そして，それは維持され続けている。それにもかかわらず，ボルドウィンの主張によれば，警察官の多くは，いまだに被疑者面接の目的は自白を得ることだと信じている。1997 年，上級警察官プリマー（Plimmer）も，確かにそういうことがあるという研究報告を行なっている。しかし，別の現職警察官ウィリアムソン（Williamson）による 1993 年の報告によれば，事情は異なる。ある巡査部長が 1990 年初頭にウィリアムソンが作成した質問紙調査を行なった。その結果巡査のほとんどは，被疑者面接の主要な目的は真実の究明だと述べたというのである。このような研究もあるが，ボルドウィンは次のように述べている。自白は同僚の賞賛が得られるだけでなく，対費用効果も高い。なぜなら「警察官は，自白した被疑者の多くがおとなしく罪を認めると知っており」（p.326），「……目撃者に面接したり，長々と資料を準備したり，法廷に出頭したりする時間を節約できるからである」（p.334）。そして，こうも指摘している。上級警察官は，面接のほとんどを実施する"ヒラの"捜査官に対し，彼らの仕事は証拠を得ることであって補強証拠のない自白を得ることではない，と説得を試みるかもしれない。しかし，「面接技術が警察の主張どおり，客観的な真実究明の道具であると評価されるためには，その技術はいぜんとして，まったく不十分である」（p.350）。事実，ステファンソンとモストン（Stephenson & Moston, 1994）の報告によれば，彼らが調査した捜査面接官の 80 ％は，面接の主目的は自白をとることだと述べたという。この調査では，被疑者面接が行なわれる前に，捜査面接官が被面接者についてどう考えているかを尋ねた。その結果，面接の 70 ％以上において，面接官は被疑者の有罪をすでに確信していると答えたのである。

5
少年の被疑者

1993 年，少年の警察面接手続きに関するエバンスの報告（Evans, 1993）が出版された。これは刑事司法に関する王立委員会のために行なわれた研究で，

第5章 警察の面接で何が起きているのか

少年の自白や否認に関わる諸要因の分析を行なったものである。1984年のPACEにおける「実務規範」（ガイダンス11B, 1991の注を参照のこと）には，少年の面接には特別な注意が必要だとある。

> 「精神障害や知的障害のある少年または大人は，信頼できる証拠を提供できることもあるが，場合によっては，気づかず，また意図することなく，信頼性が低く誤誘導的ないし自分に不利な情報を提供する傾向がある，ということに留意すべきである。そのような人々に質問をするときには，常に特別な気配りが必要であるし，適切な大人が付きそうべきである。……証拠の信頼性が低い危険性があるので，できうる限り，補強証拠を得ることも重要である」。

エバンスによれば，少年の被疑者の多くは，警察署での逮捕や勾留を苦しく恐ろしい体験だと考えており，また，そのために自分たちは心理的に傷つけられると感じているようである（面接に困難のある人との面接については，第7章を参照のこと）。エバンスは，彼らは「不快な状況からできるだけはやく解放されたいと願い，すぐに罪を認めてしまうかもしれない」(p.4)と示唆している。そのおもな理由の一つは，（エバンスが研究を行なった）イングランドとウェールズでは，少年の被疑者が警察に対し罪を認めると，それが初犯であれば裁判にかけられずに「警察による警告」を受けるだけですむからである。

エバンスによれば，イギリス全体で警告を受ける比率は約75％であるという。そのような警告は各人の名前とともに公式記録としてリストに残される。このようにして警告は，少年が自白した，または認めた犯罪に対する処分となる。この警告手続きのおかげで，少年は法廷行きを免れるが，一方で，警察の手続きが法廷での裁きを代行することになっている，とエバンスは指摘する。警察の面接手続きが不適切であれば，その結果，妥当ではない警告が与えられることになるのである。

エバンスは（1990年にテープ録音された面接を分析し），面接者が自白を得るために用いる説得的な技法の頻度を測定した。また，どのようなタイプの説得方略が使われたかも検討した。彼が調べた164件の面接の多くは万引き，刑事的損害［訳注：故意または過失などによる身体もしくは財産に加えられた損害や被害］，強盗，および傷害に関わるものであった。その結果，モストンら

（Moston, Stephenson & Williamson, 1992）と同様，エバンスも証拠力と被面接者の犯罪認否に関連があることを見いだしている。とくに，前科のある者や，重大犯罪によって起訴された者は，自白が少ない傾向があった。なお，面接者は適切な大人が立ち会うまで待たねばならず，少年の多くは面接の開始まで，1時間から4時間，警察署に留置され，面接時間は平均14分で，少年の92％以上は1回だけ面接を受けていた。62％の面接で，少年は面接の冒頭で，どのような犯罪について質問されるのか知らされていたが，それ以外の少年（3分の1以上）は，何の容疑で告発されているのか直接伝えられることはなかった。実際，後者の面接では，少年を何の罪で起訴するのかを決定することが，面接の目的の一つであるようにみえた，とエバンスは書いている。

　面接の77％において，少年の被疑者は――たいていは面接のごく初期に――すぐに自白した。それ以外の面接では，警察はかなり多くの説得戦略を用いがちであった。エバンスは以下のような説得戦略を示している。

- 被疑者の供述と共犯者の供述の矛盾を指摘する。
- 被疑者の供述と目撃者の供述の矛盾を指摘する。
- 被疑者の供述における矛盾を指摘する。
- 共犯者や目撃者から得られた証拠とは異なる証拠をつきつける。
- 胸のうちを語れば真実が明らかになる／気持ちがすっきりすると告げる。

　これらの戦略は，必ずしも不適切だというわけではない。なお，最後の2つはよく用いられたが，これら5つの戦略は組み合わせて用いられることも多かった。
　エバンスは，重大な犯罪の起訴に関わる面接ほど，これらの戦略がより頻繁に用いられることを指摘している。なお，少年の被疑者がすぐに自白しない面接でも，最終的に半数の被疑者は自白し，そのほとんどは，被疑者に不利で強力な証拠が存在する場合であった。このことから，エバンスは次のように述べている。「……不利な証拠が弱い場合，被疑者が説得されて自白する例はきわめて少ない」「このような知見は，他の要因に比べ，面接技法や戦略が自白に対してもつ効果は限られている，という考えを支持するものである」（p.35）。

エバンスが調べた少年の面接では，警察による質問の多くは「ただ情報を得るための質問」（p.36）であったが，このことは，被面接者の4分の3以上が面接の早い時期に自白したことを考えると意外なことではないだろう。しかし，誘導質問は全面接の20％で用いられていた。また，「合法的なクローズ質問」，すなわち「犯罪の各要素について一問一答形式で尋ねて被疑者の言質をとる特殊な誘導質問」（p.36）も，面接の12％で用いられていた。エバンスは，誘導質問により得られた自白は「中立的な質問によって得られた自白に比べ，基本的に信頼性がかなり劣る」（p.38）と述べている。（自白についての詳細は，第6章を参照のこと）。

6 さらに，戦略について

マッコンヴィルとハドソン（McConville & Hodgson, 1993）は，157件の（成人）被疑者に対する面接を調べ，警察が説得的な戦略を用いる頻度について述べている。最も一般的な戦略は，不利な証拠があるのだから容疑を認めたほうがよい，と被面接者に告げることであった。次によく用いられる戦略は，警察の質問を被疑者が否認したり，拒否したときに用いられた。このようなとき，面接者はしばしば"非難や暴言"を用いた（p.127）。第3によく用いられた戦略は，自白の結果生じることについて，被疑者の評価を変えさせようとするものであった。また，マッコンヴィルとハドソンは，警察が用いる種々の質問の頻度についても述べている。エバンス（Evans, 1993）と同様，誘導質問は面接の20％で用いられていたが，より多く用いられていたのは，合法的なクローズ質問（36％）であった。このようなタイプの質問によって信頼性の低い自白や不正な自白が生じている可能性がある，と彼らは述べている。

7 黙秘権について

さらにマッコンヴィルとハドソン（McConville & Hodgson）は，黙秘権の

行使を試みる被疑者に対して，警察が用いる対処法を観察し記述している。これらを頻度の高い順に述べると以下のようになる。

- アップグレード（被疑者の関与を暗示するような情報や証拠を組み入れた質問を行なう）。
- ダウングレード（被疑者に，生活のことでも人間関係のことでも，何か話をさせようとする）。
- 合理的説明（被疑者が黙秘していても，警察は質問する権利をもっているのだと説明する）。
- 直接的な非難（黙秘は有罪を意味していると告げる）。
- 被疑者の非言語的行動へのコメント
- しつこい追及：同じ質問を何度も繰り返す。

これらの行為のほとんどは逆効果になりうる。黙秘権に関する詳細は，モーガンらの研究（Morgan & Stephenson, 1994）を参照のこと。

8
非　難

被疑者への警察面接を分析した先駆的な研究プロジェクトに，モストンらの研究（Moston, Stephenson & Williamson, 1992）がある。彼らは許可を得て数百もの録音テープを聞いて，調査を行なった。その結果，ほとんどの面接において，面接者は被面接者から出来事の説明を得るのにほとんど時間をかけないことが明らかになった。その代わり，彼らは被面接者の犯罪を非難し，この非難に対する応答を求めるのに時間をかけている。当然，多くの被面接者はこのような非難に抵抗した。モストンらは，面接における非難が，たいていの場合，以下の3つの形態のいずれかをとることを見いだしている。第1は，被面接者が罪を認めるだろうとの見込みのもとに，ただ単に被面接者を非難するというもの。第2は，被面接者の関与をほのめかす証拠を提示し，説明を求めるというもの。第3は，これら2つのスタイルを組み合わせたものであった。モ

ストンらは，被疑者は多くの場合，犯罪の容疑で非難され，早くから不利な証拠の存在を知らされることに注目した。当然のことだが，証拠が強力である場合，被疑者が自白する可能性は高かった。しかし，われわれは次のことに注目すべきである。すなわち，証拠が弱い場合は自白が得られにくいだけでなく，被面接者は自分に不利な証拠の強度を知ることになるということである。とすれば，被面接者に対してはほとんど何も言わないのが賢明といえるだろう。

モストンらによれば，巧妙な取調べスタイルは減り，その代わり，面接の最初の段階で容疑のある罪について被疑者を直接非難するという，対決的な取調べスタイルが用いられるようになったという。しかし，この戦略を用いたときに問題になるのは，被疑者がその罪を否認した場合，面接者は次に何をしたらよいのかわからなくなるということである。モストンらは，この戦略を使用する面接者は，被疑者が自白しない場合はどうしたらよいのかわからず，途方に暮れるようだと述べている。

ウィリアムソン（Williamson, 1993）が書いているところによれば，モストンらは質問技能のレベルがきわめて低いことを見いだしたという。面接者は，ほんの些細な障害に突き当たっただけで諦めてしまうことが多かった（たとえば，被疑者が黙秘権を行使したり，「ノーコメント」と言ったりした場合）。「面接の多くは，混乱し，構造化されていないように思われ」(p. 98)，多くの面接は「質問に関する基本的な準備も計画もなく，多くの警察官は被疑者以上に神経質になっているようだった」(p. 98) という。

9
礼儀正しい被疑者

現職警察官ペアス（Pearse）と元警察官グッドジョンソン（Gudjonsson）は，1991年と1992年にロンドンの2つの警察署で録音された161件の被疑者に対する警察面接を分析した（1996c）。モストンら（Moston, Stephenson & Williamson, 1992）と同様，面接者が使用する最も一般的な戦略は証拠の提示であり，これは4分の3の面接で行なわれていた。一方，被面接者の自尊心に働きかける試みは非常に稀であり（3％），PACE導入前に行なわれたアービ

ングの研究（Irving, 1980）よりも使用頻度はかなり少なかった。面接者は，オープン質問を用いていたが（98％），誘導質問もよく使用していた（73％）。しかし，①供述の矛盾を突いて被疑者を責めたり，②嘘をついていると言って責めることは，20％しか行なわれていなかった。被面接者をその他の方法で責めることも稀であった。なお，平均すると，面接の長さはわずか22分であった。ほぼすべての面接で，被疑者は礼儀正しく（97％），素直で（83％），多くの場合，十分な回答（62％）をしていた。被疑者が怒った態度で応答するのは非常に稀であった。だが，被疑者の14％が録音された面接を研究者が聞くことを許可しなかったということは，指摘しておきたい。それらの面接のなかに，詰問が行なわれた例があるのか，または従順でない例や礼儀正しくない例があるのかどうかは不明である。半分強（58％）の面接で，被疑者は容疑を認め自白していた。また，1回の面接の最中に，または2回以上の面接が行なわれた被疑者については1回目と次の面接の間に，否認から容認へと変遷することは非常に稀であった。ペアスとグッドジョンソンは，容認／自白率は以前の研究とほとんど同じだと指摘している。彼らはこう結論している。「被疑者は嫌疑をかけられた犯罪を容認するのか，それとも否認するのかについて，警察面接を受けるときにはもうすでに決心して」（p.73）おり，警察の面接技術は容認か否認かにはあまり影響がないと。ここで，この結果がボルドウィン（Baldwin, 1993）やモストンら（1992）の研究結果とたいへんよく似ていることを指摘しておきたい。彼らは，次のように推測している。イングランドとウェールズの警察官は，被疑者に容疑を告げたり被疑者に不利な証拠を示す以外には，ほとんど戦略を使用しないが，それは1984年のPACE導入以降，面接者が被疑者を詰問する場合，どのような行動なら法廷に受け入れられ，どのような行動は不当に厳しく威圧的だと判断されて受け入れられないのか，彼ら自身が確信をもてないためではないか，と。

10 アメリカ合衆国の現状

　本章で述べてきた，警察による被疑者への捜査面接に関する研究は，すべて

イギリスで行なわれたものであった。アメリカ合衆国では，レオ（Leo, 1992）が次のように述べている。「かつては暴力やあからさまな強制が，刑事捜査における情報収集技術の基本であった。しかし今では，それがごまかし（maniplation）と策略（deception）に取って代わられている」。彼はまた，次のようにも述べている。アメリカ合衆国の法廷は，

> 「物理的，心理的な形態の強制を積極的に禁止してきた一方で，警察が策略を使用することに関して明確な基準を定めようとしなかった。結果的に，法は，警察が情報収集のための捜査と取調べの両方の段階で，計略や策略を用いることを大幅に容認しているのである」（p.36）。

レオの主張によれば，「今や警察官の質問は，ごまかし，説得，策略が有効性を発揮する巧妙で洗練された心理的詐術，計略，戦略，技術，方法に満ちて」おり，警察は「心理戦略が，自白を引き出すのに［訳注：暴力や強制よりも］，はるかに有効だと考えている」。にもかかわらず，「われわれは，警察の取調べで実際に何が起こっているかについて，ほとんど知らない」（p.37）のだという。

彼は警察官に面接を行ない，取調べの訓練教材や裁判事例を読み，また取調べのためのセミナーやコースに参加し，次のように結論している。

> 「現代における警察官の取調べの鉄則は，共感的で，友好で，思いやりがあるパーソナリティーの印象を与えることである。警察官は戦略として，被疑者の尊厳を重んじ，被疑者の行ないを咎めない態度をとる。被疑者の信頼を勝ち得ることで，警察官はうちとけたラポールを形成するのだ」（p.43）。

彼はまた，「取調べの目的は，自白をうながす心理的雰囲気をつくり出すことだ」（p.43）とも述べている。もちろん，この方法の大きな問題点は，無実の人が虚偽自白をしてしまうかもしれないということである。警察官には，このことを理解するのは難しいかもしれない。しかし，①イングランドとウェールズで起きた多数の有名な冤罪事例や，②虚偽自白にどのような要因が関わっているか，心理学的理解が十分に進んだおかげで（Gudjonsson, 1992; Kassin, 1997），虚偽自白は実際に常時起きていることが明らかになっている（虚偽自白についてより詳しくは，第6章を参照のこと）。

レオ（Leo, 1992）は，策略を用いた取調べとして8タイプをあげている。そのなかには以下のようなものが含まれている。質問の意味やねらいを偽る，罪のもつ意味や重大さを偽る，［訳注：嘘の］約束をする，でっちあげた証拠を用いる，などである。彼が正しく指摘している通り，警察が被疑者に質問を行なう際に用いる策略は倫理的な葛藤を引き起こす。策略の使用は，犯罪の抑制と法の適性手続き（due process）の実践という，2つの社会的要請の力関係によって影響を受けるのである。レオによれば，アメリカ合衆国では策略がどこまで許されるのかについて明確な基準はないに等しい。イギリスでは，現在，策略や計略の使用は認められていない。しかし，何が策略または威圧的／圧力的で，何がそうでないかについて，多くの警察官は自信がもてないのが実状かもしれない。

　アメリカ合衆国では，実際の目撃者に対する警察面接を調べた，公表されることの少ない研究の一つが行なわれている（Fisher, Geiselman & Raymond, 1987; Fisher, 1995 も参照のこと）。この研究では，フロリダ州メトロデード警察署強盗課の警察官たちが，面接の録音テープを研究者に提供した。それは犯罪の目撃者に対する面接で，犯罪の現場か，被害者の家か，警察署で録音されたものであった。11件の録音された面接について分析が可能となった（サンプルが小さいのが残念である）。フィッシャー（Fisher）らは，面接ごとに構造は異なっているが，いくつか共通するところがあると報告している。通常，面接者は簡単な自己紹介の後，犯罪についてどのようなことを思い出せるか目撃者に尋ねている。各面接には，たいてい，このオープン質問と別のオープン質問2つが含まれていた。残念なことに，警察官は目撃者がまだオープン質問に適切に答えている最中であっても，それをクローズ質問によって遮ることが多かった。このような割り込みは，一つのオープン質問に対して約4回行なわれていた（この先駆的な研究についての詳細については，第1章を参照のこと）。

　フィッシャーら（Fisher, Geiselman & Raymond, 1987）はまた，被疑者に対する質問は，かなり固定した順番で行なわれていると述べている。まず，面接者は被疑者の年齢を尋ね，次に身長，体重，体型，顔の特徴，服装の順に尋ねていく。あるとき，目撃者が被疑者の身長から話し始めたことがあったが，面

接者はそれを遮って，まず被疑者の年齢から話すように求めた。フィッシャーらが，なぜそのようなことをするのかと警察官に尋ねたところ，ある警察官は，何と，警察学校でこの順で質問するように習ったし，この順番で質問するのは記入する報告書の形式に適っているからだと答えたという！　別の警察官は，「ただ単に，誰が，何を，いつ，どこで，なぜ，どのようにやったか聞くだけさ」(p.178)と答えた（フィッシャーらは分析した面接について，重要度は劣るが，この他にも多数の批判を行なっている）。彼らは，目撃者に対する警察面接を改善するために，使えそうな多くのアドバイスを提供し（焦点化した検索をうながす，割り込んだり注意をそらすことを最小限にする，目撃者が想起している内容に適った質問をするなど），それらは強化認知面接に取り入れられている (Fisher & Geiselman, 1992。第3章も参照のこと)。彼らはまた，「記憶の心理学は十分進歩しており，効果的な警察面接を行なうために積極的な貢献が可能である。警察捜査官が，そのような情報を利用しないことを正当化する理由はほとんどない」(p.185)と断言している。彼らの論文は，以下のような警察組織への提案で締めくくられている。

> 「大幅な改革，すなわち協力的な目撃者に対する面接の科学に基づいた，正式な訓練の導入は，制度レベルで行なわなければならない。このような改革は，警察官の入署段階においても，経験を積んだ捜査官の署内訓練においても必要である」(p.185)。

ジョージとクリフォード (George & Clifford, 1992) は，イングランドのハートフォードシャーで行なわれた目撃者に対する実際の面接録音テープを調べた。フィッシャーら (Fisher, Geiselman & Raymond, 1987) と同様，彼らも，オープン質問よりもクローズ質問が多く用いられていること，面接者が間や沈黙を効果的に用いることはほとんどないことを示している（この研究についての詳細は，第7章を参照のこと）。

11 警察官の個人差

　本章でこれまで述べてきた研究のうち，捜査面接における警察官の個人差についてふれたものはほとんどない。それどころか，ほとんどの研究が，すべての警察官は非常に類似した行動をとるものだと仮定している。ちょうど，メディアによって描かれた1人の警察官の容認しがたい行動が，すべての警察官に共通する行動に違いないと一般大衆が考えるようなものである。

　ボルドウィン（Baldwin, 1993）は，優れた面接を行なう警察官はいるが，それは受けた面接訓練の程度や性質とは関係がないようだと述べている。

　ウィリアムソン（Williamson, 1993）は，被疑者に対する警察面接の録音テープ（1984年のPACE導入後のもの）を大量に分析し，4つの取調べスタイルを見いだした。"馴れ合い"（自白を得るために，協調的なスタイルで質問する），"支配的"（自白を得るために，対決的なスタイルで質問する），"事務的"（証拠を得るために，対決的なスタイルで質問する），"カウンセリング"（証拠を得るために，協調的なスタイルで質問する）である。分析された面接の4分の1は"馴れ合い"スタイル，5分の1は"カウンセリング"スタイル，8分の1は"事務的"スタイル，6分の1は"支配的"スタイルであった。（残りはどれか1つのスタイルに分類することができなかった）。警察官に，4つのスタイルのうちどれが最も不適切だと思うかを尋ねたところ，半数が支配的スタイルだと答えた。警察官が被疑者への質問過程をどのようなものとして思い描いているか，その個人差を明らかにするために，ウィリアムソンはさらに分析を行なった。この分析により，警察官を弁別する4つの因子が明らかになった。比較的年齢の高い警察官は"支配"因子で高い得点を示した。これは，支配的・事務的なスタイルを好むことを意味する。このスタイルには，被疑者に圧力をかけるための策略や厳しい質問を用いる，対決的な質問スタイルが含まれていた。一方，被疑者に面接することが多い警察官は，"成功意識"で高い得点を示した。これは，容認できる方法で犯人に自白させるのを好むことを意味する。このタイプの警察官は，カウンセリングと馴れ合いのスタイルを好み，

策略や脅しを良くないものと考えていた。彼らは，面接の成否を自白，それも真の自白が得られたかどうかという観点からとらえていた（ただしウィリアムソンは，面接者がどのように自白の真偽判断をしているのかを具体的に述べてはいない）。"困難意識"の因子は，被疑者面接で達成できることに対する，警察官が抱いている悲観の度合いの個人差を示していた。また，"説得"の因子は，被疑者面接は交渉過程だという信念の個人差を表していた。この信念によれば，被疑者が嘘の否認をするのは当たり前であり，とくに証拠が脆弱な場合，面接者はうちとけた方法で面接することにより，自白を得ることができるとされる。この因子で高い得点を示した巡査は，説得的尋問の訓練は必要だと考えていた。この研究結果に基づき，ウィリアムソンは「面接の主要な目的は自白を得ることだ，という考え方から離れる動きがみられる」（p.97）と結論している。この結論は正しいかもしれない。しかし，この変化が広く普及し，持続するのかどうかを確かめるには，さらなる研究が必要である。本書の第一著者は，警察官との共同研究という形で，現在，この問題に関する研究を進めている。

　シアーとステファンソン（Sear & Stephenson, 1997）は，警察官の面接行動の個人差と人格との関連を調べた。その結果，警察官の総合的な面接技術得点（被疑者面接による）と支配性，協調性，誠実性，神経症傾向，開放性の人格尺度には，ほとんど何の関連もなかった。シアーらはその理由を，警察官の人格は，「他者に対して冷たく，計算高く，支配的な接し方をする」（p.32）点で，互いに似ているからではないかと考察している。なお，全体的な面接技術得点により，警察官を2つのグループに分けた場合も，関係はほとんどみられなかった。ただ，開放性に関してのみ有意差がみられたが，全体的に技術得点が高かったのは，むしろ開放性が低い警察官であった。実際，開放性と，開放性に関連すると考えられる面接技術の相関係数を算出したところ，有意な負の相関がみられた。このことから，彼らは「人格特性としての開放性が，被疑者面接での行動に直接反映されることはない」（p.32）と述べている。つまり，開放性得点の高い警察官でさえ，被疑者面接においては，面接行動で開放性を発揮することはないようである。シアーとステファンソン（1997）は，ウィリアムソン（Williamson, 1993）らの期待とは裏腹に，警察文化においては，自白を

得ることを目的とするアプローチをやめて，情報収集を目的とするアプローチに切り替えるのは，非常に困難なことらしいと指摘している。

12
専門家による捜査面接

われわれの知る限りでは，現実の捜査面接について分析した最も新しい研究は，著者レイ・ブルが，ジュリー・チェリーマン（Julie Cherryman）の協力を得て行なったものである。ブルは，1993年，捜査面接における専門家の技術格差を明らかにするため，内務省の警察研究グループから研究助成金を得た（Bull & Cherryman, 1996）。最初の課題は，専門家による捜査面接（Specialist investigative interviewing: SII）の定義をすることであった。これまでは，明確な定義が存在しなかったからである。そこで，まずこのプロジェクトでは，「あなたの考える，専門家による捜査面接とはどのようなものか，その完全な，または当座の定義を書いてください」という質問を13機関，約200人の警察官に行ない，その回答を分析した。そして，回答の要旨を統合して作成した定義の第1バージョンを，別の警察官および関連職務に従事している者に提示して意見を求めた。最終的なSIIの定義は以下のようなものになった。

> 「独特の性質をもつ犯罪や異常事態における犯罪の被疑者，目撃者，被害者について深い知識をもち，十分な訓練を受け，豊富な経験をもつ捜査官による，公正な質問と手際のよい面接のこと。このような犯罪は複雑であったり，残酷であったり，また繊細な注意を要する場合がある注1。そのため，真実を確立する助けとなる確実で信頼のおける情報を得るために，証拠法の範囲内で，捜査面接の原理注2 に沿った特別な技能注3 が要求される」。

注1）たとえば，テロリズム，子どもの虐待，性犯罪など。つまりメディアの注意をひく可能性のあるケース。
注2）事実，公正さ，偏見をもたないことの追求と障害者への気づかい。
注3）たとえば，面接に困難のある人の面接。

次に，われわれはSII経験をもつ警察官に，このような面接で必要とされる

おもな技術はどのようなものだと思うかを尋ねた。そして彼らの回答や先行研究（Cherryman & Bull, 1996）に基づいて質問紙を作成し，SII 警察官に配布した。調査に参加した警察官は，質問紙にあげられている技能が SII にどの程度必要か，SII 警察官は一般にそれらの技術をどの程度獲得しているか，また自分自身はどうかについて回答を求められた。最も必要だとみなされた技術は（順番に），傾聴，事前の準備，質問方法，問題に関する知識，柔軟性，先入観をもたないこと，ラポール，共感／同情などであった。驚いたことに，なんと SII 警察官の多くは，自分の技能レベルのほうが SII に携わる他の警察官よりも上だと評価していた。回答者は，また，自分が知っている SII 警察官を 2 人あげ（技能のある者と技能のない者），比較するよう求められた（この件に関する詳しい報告は，Cherryman & Bull, 投稿中, a を参照のこと）。

次に，われわれは（上述した）SII の定義に合う被疑者面接のテープ録音を入手した。そしてこれらの面接が，（上述した）予備研究から得た 29 の技能について，また全体的な技能という点で，どの程度優れているかを評定した。評定は，4 人の捜査面接の専門家が独立に行なった。われわれは，複数の評定者による評定がはたして一致するかどうかに強い関心をもっていた。というのは，先行研究のほとんどが，捜査面接で使用されている技術を 1 人の評定者が評定し，それを妥当な評価だと想定していたからである（本章全体を参照のこと）。1993 年に，ボルドウィン（Baldwin, 1993）は次のように忠告している。

> 「面接実践を評価しようとする者は誰でも，すぐに（面接者と同じように）基礎となるルールがほとんどないことに気づくだろう。したがって，ある面接の質を査定しても，評定者が違えば，同じ結果になるかどうかは保証の限りではないのだ」(p.329)。

しかしわれわれのプロジェクトでは，専門家による評定は高い一致を示した（より詳しくは，Cherryman & Bull, 投稿中, b を参照のこと）。専門家が評価した，熟練した面接とそうでない面接を有意に区別する 11 の技術は，以下のようなものであった。

● コミュニケーション技術

- 共感／同情*
- 柔軟性*
- 被面接者の話をそらさないようにすること
- 被面接者の発話に反応すること
- 先入観をもたないこと*
- クローズ質問
- 面接が構造化されているかどうか
- オープン質問
- 間と沈黙の適切な使用*
- 明確な戦略の使用*

　上のリストでアスタリスク（*）がついている技術は,「非熟練」の面接にはほとんどみられなかった。「熟練」とされた面接でさえ,これらの技術の一部（間と沈黙の適切な使用,クローズ質問の回避,柔軟性,共感／同情）は使用されないことがしばしばあった。他方で,ほとんどの面接で使用され,非熟練の面接においてさえ用いられる重要な技術もあった。たとえば,不適切な中断をしない,無意味な圧力をかけない,長い質問や複雑な質問はしない,話しすぎない,面接の初めにすべての情報を明かさない,法的問題を説明するなどである。これらの技術には,以前ならば,警察官が用いると批判されるような行動もあった。この研究によれば,最近の専門家による捜査面接は,それほど威圧的ではないといえるだろう。

　そもそもこの研究は,専門家として捜査面接を行なう警察官の訓練や選抜に際し,問題となる技術の弱点やギャップを明らかにするために計画されたものであった。しかしわれわれは,SII 警察官に,よりよい面接を行なう最も大きな阻害要因は何かという質問も行なった。最も多い回答は,時間のプレッシャー,つまりきちんとした準備をする時間が十分にないことや,面接を行なうのに適した環境がないことであった。これらは面接技術の問題ではなく,組織の問題である（訓練に関連した問題について,より詳しくは第9章を参照のこと）。

13
結　論

　地方によっては，人々はいまだに，警察官は被疑者に質問を行なう際，脅し，威圧，策略を用いると信じているかもしれない。また，警察官はほとんどの被疑者が有罪だと信じているかもしれない。しかしイングランドとウェールズでは，1984年のPACEおよび関連する実務規範の導入以降，状況は変わりつつある。とくに，メディアが，いくつかの事件を大きく取り上げてからの変化は大きい。これらの事件では，裁判官がそれらの事件で行なわれた捜査面接は承認しがたいほど威圧的な取調べであったとし，得られた証拠は認められないと判断したのである。1990年代に警察面接の訓練方法が強化され（これには心理学者がおおいに関わっている。第9章を参照のこと），警察の実務は大きく変わり始めた。今後，他の地方も警察面接をすべて録音または録画するようになるのか，イングランドとウェールズ同様，研究に多大の投資をするようになるのか，そして制度を改善しようとするのかどうかについて，その動向を見守っていかねばならない。

　しかしながら，イングランドにも改善の余地はある。ほんの数年前に行なわれたボルドウィンの研究（Baldwin, 1993）では，警察官が行なう捜査面接のほとんどが，適切に行なわれていないという結果であった。エバンス（Evans, 1993），マッコンヴィルとハドソン（McConville & Hodgson, 1993），ペアスとグッドジョンソン（Pearse & Gudjonsson, 1996），そしてチェリーマンとブル（Cherryman & Bull, 投稿中, b）は，誘導質問が使われすぎだと報告している。モストンら（Moston, Stphenson & Williamson, 1992）やマッコンヴィルとハドソン（1993）によれば，かつて支持されていた「説得的な」アメリカ的戦略が禁止されたため，現在，多くの警察官は，被疑者が黙秘するとどうしたらよいかわからず，いたずらに罪に対する非難を繰り返していると報告している。ただ諦めるだけの者もいるようである。

　多くの地域で，警察官は，説得的戦略を用いれば，罪を犯した被疑者は自白すると信じているかもしれない。しかし，入手可能な研究からすると，これは

誤った信念である。自白する被疑者のほとんどは，面接の当初から自白するのである。面接者が戦略を用いた結果，自白にいたる少数の被疑者のなかには，相当な割合で虚偽自白者が含まれるだろう。

ウィリアムソン（Williamson, 1994），チェリーマンとブル（Cherryman & Bull, 投稿中, b），シアーとステファンソン（Sear & Stephenson, 1997）の研究の一部など，最近の研究では，警察官の面接スタイルや技術に個人差があることが明らかになっている。われわれは，どのように捜査面接を行なうのが最もよいのか，さらに探る必要がある。そのためには，現実の警察面接について，より多くの研究が行なわれねばならない。面接の善し悪しは，面接の目的に依存する。また，どのような面接を行なうかは，事前に得られる情報によって左右される。だが，面接者がそのことに気づいているかどうかも面接の質に影響を及ぼす。こういった事柄に焦点を当てた研究が今後は必要であろう（Mortimer, 1994a, 1994b; Mortimer & Shepherd, 1999）。捜査面接は，方針においても，実践においても，優れて柔軟であることが求められているのである。

参考文献

Fisher, R. (1995) Interviewing victims and witnesses of crime. *Psychology, Public Policy and Law*, **1**, 732-764.

Memon, A. & Bull, R. (Eds) (1999) *Handbook of the psychology of interviewing*. Chichester: Wiley.

Memon, A., Vrij, A. & Bull, R. (1998) *Psychology and law: Truthfulness, accuracy and credibility*. Maidenhead: McGraw-Hill.

第6章

虚偽の証言

1 はじめに

　第2章では，面接者が不適切な問いを発した際に**すべての**被面接者に生じる諸問題について概説した。第7章および第8章では，捜査面接場面においてとくに弱者となりやすい，子どもと学習障害者という，2つの特殊なグループに光をあてる。これに対し，本章では，証人や被害者，被疑者らがなぜ虚偽の証言をするのかという謎の根底にある心理学的説明を考えてみようと思う。虚偽証言は，意識するしないにかかわらず，面接者に誤った情報を伝えている。

　本章では，①被暗示性，②回復された記憶，③虚偽自白という，3点について論じる。誤った想起は，第一に，稚拙な問い方によるということについて検討する。ある種の稚拙な問い方に対し，とりわけ脆弱な人たちがいるのは確かだが，有効な情報を得る責任は面接者の側にあると，われわれは信じている。成人であろうと，子どもであろうと，学習障害者であろうと，被面接者は大なり小なり脆弱なのであり，適切な情報収集手続きを用いる責任は面接者にある。

2 被暗示性

　被暗示性は，面接過程に関連するさまざまな心理社会的要因が，被面接者が行なう，出来事の符号化，貯蔵，検索そして報告に影響を及ぼす度合いの問題である。

　マギュ（McGeoch, 1932）は，時間はもとより，その時間内に何が生じるかも記憶に影響を及ぼすことを強調した。ロフタス（Loftus）と共同研究者らによる古典的研究（以下を参照のこと）は，目撃者の記憶がいかに誤りやすいものかを示してきた。記憶は，付加され，変形され，再構成されうる。誤情報の報告は，さまざまな要因によって生じうる。第2章で述べたように，誤情報のなかには，被面接者自身による再構成過程の結果として報告されるものもある。以下ではこの点について簡単に調べてみよう（第2章も参照のこと）。

（1）再構成過程

　被面接者は，事後の外的情報（以下を参照のこと）や内的なことに起因する，自らの記憶がもつ再構成過程の犠牲者である。内的メカニズムには，推論の使用（Bransford & Franks, 1971），ステレオタイプ（Hollin, 1980）や党派性（Boon, 1988）などがある。ロフタスとパーマー（Loftus & Palmer, 1974）が行なった古典的研究（第2章を参照のこと）では，被験者は，自分たちが見た事故の程度を，（車の速度に関する質問のなかで使われた）"激突した(smashed)" という単語から推測していた。すると次に，この単語が，事故に関するオリジナルな記憶の記録に組み込まれる。結果として，質問の1週間後に再構成された事故の記憶には，想起すべき（to-be-remembered: TBR）もともと出来事には存在しなかった，ガラスの破損といった推測が含まれていた。これは，記憶痕跡が組織的に歪む一例と考えられる。ただし，他の条件でも同様の結果が出た研究（たとえば，Jenkins & Davies, 1985）もある一方で，この発見の一般性に対し疑問を投げかける研究もある（Reid & Bruce, 1984）。

(2) 正答に導く誘導質問と誤りに導く誘導質問

"受け取る答えは，問い方しだい"という格言は正しい（Fruzzetti, Toland, Teller & Loftus, 1992, p.34）。

いわゆる指示的誘導質問の結果，被面接者が誤情報を報告することがある。指示的誘導質問とは，たとえば，

「それは，青色の逃走車でしたか」。

という問いである（第2章でこのタイプの質問について明らかにしておいた）。このタイプの質問について検討した研究の多くは，被面接者を正答に導くタイプの誘導質問と，被面接者を誤答に導くタイプの誘導質問とを区別してこなかった（たとえば，第2章を参照のこと）。面接者は，実際の取調べ場面では，通常，意識するしないにかかわらず自分が尋ねている問いが，どちらのタイプの誘導質問なのかわからない。にもかかわらず，研究ではおもに，誤りに導くタイプの誘導質問の効果に焦点をあてており，結果として，誘導質問の潜在的な効果について不問にしてきた。われわれがみるかぎり，誘導質問は中立的なのではなく，目撃証言に有害な影響をもたらす可能性を備えている。

被面接者が出来事の細部を記憶していないにもかかわらず，誘導質問に従って応答したとすれば，その報告は，TBR出来事についての被面接者の記憶を真に表すものではない。"本当は"記憶していない細部について，法廷で被面接者が再び尋ねられたときに，このことは，マイナスの結果をもたらすことがある。一方，誘導質問が検索手がかりとして有効なため，被面接者がその誘導質問に答えてしまう場合もある。すると，被面接者は，質問の答えを面接者が知っているという信念をいだき，答えを強固にする可能性がある。さらにこのことは，被面接者の被暗示性レベルを高めることにもなる。ただし，研究者のなかには，誘導質問は中立であると考える者もいる。事実，セイウィッツら（Saywitz, Nathanson, Snyder & Lamphear, 1993）は，彼らが開発した記憶強化技法により，誘導質問によって誘導された（正しい）応答数が減少したと報告している。しかしながら，われわれはこれには同意しない。誘導質問研究では，2つのタイプの質問に対する応答を分け，また，2つのタイプの誘導質問の累積効果や組み合わせ効果について評価する必要がある。

被暗示性についても，あるタイプの誘導質問は，他のタイプより被暗示性が強いといった序列がある（たとえば，付加疑問文はかなり暗示性が高い）。これまでの研究では，質問がもつ正しい性質をきちんと統制しなかったが，むしろ，そうした統制は，暗示性研究の道具として使える。さらに，まさにこうした問題を検討する研究は，これから本章で論じる，被暗示性効果の性質に関して現在も続いている活発な論争を実際に解決する手助けとなるだろう。

(3) 誤情報効果

いわゆる"スリーパー効果"に関わる暗示的質問の形式もあり，この暗示的質問の効果は，一般に誤情報パラダイムと呼ばれるパラダイムで研究されている。通常このパラダイムでは，参加者は複雑な出来事を目撃する。そして，半数の者は，新たに誤情報を受け取る（残りの半数の者は受け取らない）。誤情報は，TBR出来事の他の点について尋ねる質問のなかに間接的に埋め込まれることが多い。そしてしばらく経ってから，誤情報の影響を判別する。たとえば，次のような質問を行なう。

「緑色のリュックサックを背負った男性の身長は，どれくらいでしたか」。
（彼は実際には青色のリュックサックを背負っていた）。

しばらくして，被面接者は次のような質問を受ける。

「その男性が背負っていたリュックサックは何色でしたか」。

ロフタスら（Loftus, 1975; Loftus & Palmer, 1974）による古典的研究は，事後情報効果について検討した他の多くの研究にとって触媒的役割を果たしていたが，この効果の原因となる基本的プロセスに関してはさまざまな意見がある。これらの研究の大多数が見いだした事実は，誤った事後情報を受けた後で，もとの出来事について報告する際，まちがえる被面接者がいるということである（Loftus, Levidow & Duensing, 1992; Loftus & Pickrell, 1995）。こうした誤った情報を自信たっぷりに報告する参加者もいる（Lindsay, 1994）。さらに，誤情報を与えられないと，出来事全体をより正確に記憶することもわかっている。誤情報後の記憶成績の低下は大きく，30〜40％にもなるとする研究もある

(Loftus, 1992; Loftus & Pickrell, 1995)。また，この効果は，誤情報の導入時から再生テスト時までの時間間隔が長かったり（Loftus, Miller & Burns, 1978），誤情報が出来事細部の周辺的内容に比べて，中心的内容に関することである場合に起きやすい。こうした誤情報効果は，さまざまな状況，さまざまな年齢の被面接者（Belli, 1989; Chandler, 1989），異なったタイプの情報に関して報告されている。たとえば，きれいにひげを剃った男性が，口ひげをたくわえていたと報告されたり，ストレートの髪がカールのかかった髪だと報告されたりしている。実際には存在しなかった（壊れたガラスといった）細部について報告するよう誘導される場合もある（第2章を参照のこと）。

　このような誤情報の性質については，多くの理論が提案されている。置き換え変容仮説は（Loftus, 1979; Loftus & Ketcham, 1991），"新たな"情報（誤誘導情報）がもとの記憶を変化させたり上書きすると主張している（永続的な記憶の変化）。これに対し，ザラゴザとコシミダー（Zaragoza & Koshmider, 1989）は，誤反応は誤って報告される細部項目がもとの出来事記憶の一部となることを，必ずしも意味していないと主張した。代わりに彼らは，誤情報効果が要求特性（テスト状況に本来的に備わっている要因，たとえば社会的圧力）の結果として生じると論じている。マックロスキーとザラゴザ（McClosky & Zaragoza, 1985）は，もとの記憶と事後情報は共存すると唱えた（共存仮説。たとえば，Bekerian & Bowers, 1983）。この仮説では，適切な想起条件下では（たとえば，被面接者に事後情報を無視するよう教示した場合），もとの記憶に接近することが可能になる。しかしながら，たとえ被験者が誤情報を無視するよう教示された場合でも，誤った項目は再生に含まれてしまう（Weingardt, Toland & Loftus, 1994）。リンゼイとジョンソン（Lindsay & Johnson, 1989）は，誤情報効果の原因が"情報源の誤った帰属（source misattribution）"にあると仮定している。つまり，もとの情報の情報源と事後情報の情報源の違いを，被面接者が弁別できないときに生じるとしている。

　誤情報の性質にかかわらず，こうした効果が存在し，目撃者が思い出す内容や目撃者証言の正確さに影響を及ぼすことを指摘しておかなければならない（Kapardis, 1997）。

(4) 被暗示性効果の基礎をなす因果メカニズム
● 認知的要因

　痕跡理論家（たとえば，Brainerd & Reyna, 1990; Zaragoza, Dahlgren & Muench, 1992）によれば，記憶痕跡は認知処理の結果である。時間が経つにつれ，また，誤った暗示に応答することで，痕跡の特徴はしだいにあいまいになり，最後はほとんど消え去ってしまう。しかしながら，検索時に，こうした特徴を再構築することは可能である。事後情報が組み込まれるかどうかは痕跡強度の関数と仮定され，簡単に組み入れられる場合は痕跡強度と負の相関があるとされる。弱い痕跡は，次に提案する2つのメカニズムのいずれかにより変化しうる。第1のメカニズムは，弱い痕跡それ自体の性質に関わっており，そうした痕跡は，あいまいで（"ファジー痕跡"と呼ばれる。Brainerd & Reyna, 1990），暗示を受けやすい（Brainerd, Reyna, Howe & Kingma, 1990）。弱い痕跡は後からやってくる誤記憶痕跡が共存するための適切な符号化の文脈を提供するとも考えられる。さらに，こうして共存する誤った痕跡は，もとの痕跡よりも強い痕跡強度をもつ。というのは，暗示導入時にはもとの弱い記憶痕跡の内容にアクセスすることは不可能となり，そのためその後は，より新しい誤った痕跡のほうが想起されやすくなるからである（Ceci, Toglia & Ross, 1988; Howe, 1991; McCloskey & Zaragoza, 1985; Zaragoza et al., 1992）。実際，研究によれば，出来事を見た直後に自由に語らせると，記憶が強化され，誤情報に対する予防接種のような働きをし，記憶痕跡はかなり傷つきにくくなるという（King, Devitt, Letterman, Seaton & Sprowls, 1998）。ホールら（Hall, Loftus & Tousignant, 1984）は，"食い違い検出の原理（pinciple of discrepancy detection）"を提案した。この原理によると，目撃者が事後情報痕跡ともとの記憶痕跡自体の食い違いにただちに気づかない場合，言い換えれば，目撃者が情報のソースを効果的にモニターできない場合（Lindsay & Johnson, 1989），記憶はよりいっそう変化しやすくなる。

　ホウ（Howe, 1991）は，痕跡強度は忘却率や適宜侵入してくるスキーマ数と誤情報数に関係しており，暗示自体がもとのTBR出来事の再生を損なわせることはないと結論づけた（たとえば，弱い痕跡は，強い痕跡より暗示の影響を受けやすいということはない。これに似た見方については，Zaragoza et al.,

1992を参照のこと)。痕跡理論家のなかには (McCloskey & Zaragoza, 1985)，目撃者は，TBR出来事の記憶の欠落を埋めるために，事後情報を受け入れると考える者もいる。

　スクリプトと一致度の高い細部の記憶は，誤りや歪みによる影響をより受けやすいようにみえるが (List, 1986)，被暗示性研究はスクリプトの効果をまったく考慮していない（スクリプトの定義については，第2章を参照のこと)。ペデク (Pezdek, 1995) は，スクリプト化された出来事のほうが，馴染みがないために，スクリプト化されていない出来事より，記憶に植え付けられやすいことを見いだした。暗示された情報がエピソード記憶にも意味記憶にもないときは（たとえば，スクリプトと矛盾した誤誘導質問の際には)，その情報が真実だと認められないだろう。出来事について特定のエピソード記憶はないが，暗示された情報がその出来事の一般的知識と適合している場合，その情報は真実だと認められることが多い（たとえば，スクリプトと一致した誤誘導質問)。ジェンターとコリンズ (Genter & Collins, 1981) は，"知識不足からの推論"と呼ばれる同様の効果について報告している。これは，ある主張が真か偽か確かめようとするとき人はメタ知識を使い，それが真実なら自分は確かにその事実を覚えているはずだと推論するというものである。したがって，主張に関連する情報を記憶のなかに見いだせない場合は，主張は誤っていると推論されることになる。同様に，良くできたスクリプトがない情報より，良くできたスクリプトに関する情報のほうが誤誘導情報となりやすい。

　誤誘導質問を受けると被面接者はまず，もとのTBR出来事にさっと目を通す。誤誘導情報はただ単に持ち込まれただけであるから，この情報が記憶に入り込むのは，暗示情報を含んだ提示情報から目撃者が推測を行なった場合や，誤誘導情報がスクリプトとかなり一致していたり，その情報があまりに些細なためにTBR出来事の一部であるかどうかさえ目撃者が思い出せず，まちがった推測をしてしまう場合である（前述したホールらの"食い違いの原理"に類似している)。目撃者はただ単に追従することで暗示情報に従っている可能性もある (Pezdek & Roe, 1997を参照のこと)。このように，スクリプトの一貫性は，被面接者の被暗示性レベルに影響を及ぼす。実際，ミルンら (Milne, Bull, Köhnken & Memon, 1995) は，子どもたちが，スクリプトと一致しない

誤誘導質問より，スクリプトと一致した誤誘導質問のほうが誤反応が多くなることを見いだした。驚くべきことに，スクリプトの一貫性という要因は，キングとユーイ（King & Yuille, 1987）が10年ほど前に，この研究分野におけるスクリプトの重要性を指摘するまでは，検討されることはなかった（出来事の顕著性と被暗示性や誤った情報源の帰属との間にみられる負の関係について類似した研究は，Papierno, Hembrooke & Ceci, 1998 を参照のこと）。

● **社会的要因**

バクスター（Baxter, 1990）は，暗示されやすさが場面内でも場面間でも変化すること，また，被暗示性が場面と場面設定の関数であるという重要な指摘を行なった。このように，被暗示性は，純粋に認知的な現象ではなく，多くの社会的要因や動機要因も関わっている。面接内で，面接者の暗示に追従する特異な条件としてまっさきにあがるのは，"社会的優位（social dominance）現象"である（Gudjonsson & Clark, 1986）。面接内で被面接者は，面接者の意図を探ろうとする（Ceci & Bruck, 1993）。とは言え，解釈の数は社会的慣習や面接の文脈によって限られている。前者の社会的慣習には，"協同性の原理（principle of cooperativity）"（Grice, 1975）が含まれる。被面接者は，面接者の発話を有益で，真実で，適切で，明確であることを基本として解釈すると，この原理は述べている。こうした解釈は，社会的関係，知覚された動機や参加者の信念の関数として，また，実際の会話状況の関数として変化する（Newcombe & Siegal, 1996）。被面接者は，司法的な文脈のなかでは，面接者（警察官，弁護士など）を犯罪捜査を専門とする権威者としてみることで，暗示的な質問に圧倒されがちになる（Smith & Ellsworth, 1987）。バイアスのかかった面接者の質問は，被面接者が何をきちんと想起するのか，また，TBR出来事の報告の仕方に影響を及ぼす。従順な被面接者は，TBR出来事に関する自分の知識と矛盾しない回答よりむしろ，彼らが質問者の意図だと考えることと矛盾しない回答を行なう可能性がある。このように，被暗示性もまた社会的現象なのである。

第 6 章　虚偽の証言

● 社会と認知の共同作用
　（社会と認知の）両陣営とも，子どもも大人も暗示にかかりやすいという点では一致しており，したがって，意見の違いは，おもに，観察される被暗示性効果の基礎となる原因のメカニズムに限定されている。社会的要因と認知的要因は，被暗示性効果に対して相互作用している。社会的要因がどの程度役割を果たすかについては，認知的基盤によっているかもしれない。記憶痕跡が弱いときには，暗示的な質問に対抗できる痕跡が存在しないため，被面接者はより従順になり暗示を受け入れやすくなる可能性がある（Ceci & Bruck, 1993。この根拠としては Warren, Hulse-Trotter & Tubbs, 1991 を参照のこと）。また，社会的要因も，被暗示性が生み出される際の認知的要因の効果を補強するだろう。被面接者の報告は，最初は，権威者への服従に起因するが，ひいては，それが記憶に組み込まれてしまう。

(5) 暗示的面接技法
　最近の研究によると暗示的質問以外にも，被面接者による出来事の報告に影響を及ぼしうる技法のあることがわかってきた。ガーヴェンら（Garven, Wood, Malpass & Shaw, 1998）は，マクマーティン幼稚園事件に巻き込まれた子どもたちに対する何百通もの捜査面接に関する実際の面接口述筆記録の評価を行なった。カリフォルニア州において（1983年から1990年にかけて）起きたこの事件には 7 人の教師が関わっており，彼らは，10 年以上にわたる数百人の子どもたちに対する虐待で告訴された。この訴追事件の中心に子どもたちへの面接があり，数多くの面接が法廷で行なわれた。面接には多くの誘導質問が含まれていたが，それ以外に他の暗示的技法も見いだされた。（暗示的質問以外に）次の 5 カテゴリーの暗示的技法がガーヴェンら（Garven et al., 1998）により同定された。①他の人：関心の的となっているトピックを，面接者は他の人から情報を受け取っているとその子に話すこと，②正の結果：その子が何か言ったり行なったことに対し賞賛や報酬を与えること，③負の結果：その子を批判したり，その子の報告が不十分なことを示すこと，④既質問と既回答：すでにその子が答えた質問を再び尋ねること，⑤推測への誘い：その子が目撃しなかった出来事について意見を求めることであった。彼らはまた，その後の

実験研究（Garven et al., 1998）において，（就学前の）子どもたちが，誤誘導質問だけよりも，これらの技法が面接内で用いられたときのほうが誤誘導質問に対して脆弱なことを見いだした（Bruck, Ceci & Hembrooke, 1998 も参照のこと）。

　自分たちが行なった研究の結果から，ガーヴェンら（Garven et al., 1998）は，暗示に関する"SIRR"モデル（暗示的質問を表す suggestive questions, 社会的影響を表す social influence, 強化を表す reinforcemnet, 移行を表す removal, それぞれの頭文字をとった）を提案した。このモデルは，誤った陳述が子どもや大人からどのようにして得られるかを説明することに役立つ。モデルには，次に示す4つの暗示カテゴリーがある。①暗示的質問は，出来事の直後における子どもと大人の両者の報告を変化させることが知られている（前述）。②社会的影響は，"重要な他者"が何を報告したかを被面接者に語るという形式をとる。これは，同調を引き起こす"社会的保証（social proof）"により説明することができる（前述）。このカテゴリーに入るその他の技法としては，威嚇やステレオタイプがある。ステレオタイプに誘導されるのは，面接者が被疑者のある特性について情報を提供するときである（たとえば，"悪いことをする"。Bruck, Ceci & Hembrooke, 1998）。ガーヴェンら（1998）によれば，まちがった報告を目撃者・被害者や被疑者（虚偽自白，後述），患者（回復された記憶，後述）から誘発するもう一つの要因は，大人から子どもに向けられる，また，警察官から被疑者に向けられたり，セラピストからクライエントに向けられる"社会的勢力"の要因である。③強化は，（言語的・物理的な）報酬や罰の形をとる。これには選択的強化も含めてよい（たとえば，"すばらしい"といった被面接者に与えられる質的フィードバック。第2章および第7章を参照のこと）。虚偽自白の文脈では，自供するまでは面接者が被面接者にタバコを吸わせないといったことがある。回復された記憶の文脈では，記憶を回復することに対してクライエントに報酬が与えられることが多く，また，記憶が姿を現さない場合には失敗とみなされる。④直接体験からの移行は，被面接者に直接体験していない出来事について尋ねることに関係し，体験していない出来事を釣りあげるイメージ誘導の使用を含んでいる（Bruck, Ceci & Hembrooke, 1998）。

　ウォーカーとハント（Walker & Hunt, 1998）は，実際に目撃者となった子

どもの面接の 74％に，彼らが**変更修正**（modifications）と名づけたものが含まれていることを見いだした。変更修正とは，目撃者が報告した陳述を，面接者がその意味を変更して言い換えたり，あるいは，目撃者が実際には報告しなかったことを被面接者に言ったと思わせることである。子どもたちは，変更修正の 45％に同意し，34％を無視し，変更修正に明らかに同意しなかったのはわずか 21％であった。追実験（Hunt & Borgida, 1998）では，そうした変更修正の効果を 3 つの年齢群において調べ，被験者が，変更修正に同意（1％）もしくは否認（22％）するより，変更修正を無視（77％）することのほうが起こりやすいことを見いだした。ハントとボルギダ（Hunt & Borgida, 1998）は，そうした変更修正はすべての年齢群の被面接者に多大の困難を課し，多くの場合，訂正されることはないと結論づけている。

上に述べた議論にみられるように，暗示的な面接は，「動機や脅威，誘惑が複雑に混じり合ったものであり，常とは限らないが，誤誘導質問という形式で現れる」（Bruck, Ceci & Hembrooke, 1998, p.141）。

研究からわかるように，暗示的な面接技法は，被面接者の報告の正確さを損なう可能性があり，こうした複数の技法が一緒に使われると，とくに有害になる。ある研究では，子どもたちがまったくなかった出来事を丸ごと作り上げる現象がみられている（Bruck, Ceci & Hembrooke, 1998）。暗示的技法はまた，単に，周辺的で重要でない細部の想起に影響を及ぼすだけでなく，個人的に意味のある多くの出来事（Bruck, Ceci, Francoeur & Renick, 1995）や，広範囲にわたる細部や出来事（たとえば，実在しない犯罪。Bruck, Ceci & Hembrooke, 1997）に関するまちがった報告にも影響を及ぼす。こうした効果は，あらゆる年齢にみられる（ただし，大人ではその程度が小さくなる）。これらの研究で特筆すべきことは，暗示的技法に曝されなかった子どもたちは，次のように出来事をしばしば思い出したということである。

「（彼らは出来事を）完全に思い出すことが多く，項目数は少ないかもしれないが，暗示的技法が用いられないと，非常に幼い就学前の幼児でも，かなり正確な報告ができる」（Bruck, Ceci & Hembrooke, 1998, p.146）。

多くの研究者は（たとえば，Bruck, Ceci & Hembrooke, 1998），被面接者の

外部要因（たとえば，暗示的面接の特性を表す要因）が，誤った陳述の主たる原因であると考えている。面接者が被面接者の報告にバイアスをかけなければ，被面接者は高水準の正確さを保つことができる。被面接者に対し面接者は意図するしないにかかわらず暗示を行なう可能性があることや，子どもや大人は，そうした質問に影響される可能性があることは認めざるをえない。このことは，子どもと大人の間にあるかもしれないし，また，ないかもしれない被暗示性の違いより，ずっと重要である（Bull, 1993）。

「被暗示性は，複雑な現象であり，さまざまな要因から発生し，排除するのが難しい」（Saywitz et al., 1993, p. xv）。子どもと同様に大人も暗示にかかることがあるが，その危険性は，熟練した面接者の手で感度の良い質問技法を用いることによって最小にすることができる（Spencer & Flin, 1993）。したがって，被面接者の能力ではなく，面接者の能力にこそ注目しなくてはならない。

3 回復された記憶

本章においてこれまで論じてきた問題の多くは，回復された記憶論争について考察する際にも重要である。ここではこの問題について簡潔に述べることとしよう（詳しくは Conway, 1997; Lindsay & Briere, 1997; Memon, Vrij & Bull, 1998 を参照のこと）。

(1) 回復された記憶論争

ここ 20 年余り，幼少期に受けた性的虐待の記憶に関して大人になってからの報告数に増加が認められる。こうした記憶は何十年も前に起こったことだといわれており，こうした人々は，その記憶は以前は手に入れることができなかったと主張している。こうした記憶はしばしば，心理療法の最中に"回復され"，そして，こうした記憶の真実性と信頼性に関する激しい論争が結果として生じてきた（Memon, Vrij & Bull, 1998）。

回復された記憶の妥当性に反対する 2 つの論拠は，ある種のセラピストが記憶についてもっていると思われる怪しい仮定に関わっている。たとえば，きわ

めて情動的な出来事の記憶は，"驚くべき記憶（remarkable memories）"と呼ばれるものにより，よく記憶されている（第2章を参照のこと）。加えて，"回復された"記憶のケースのなかには，"幼児期健忘（infantile amnesia）"（Fivush & Hamond, 1990; Fivush, Pipe, Murachver & Reese, 1997）が証明されているにもかかわらず，3歳よりかなり以前に生じた出来事の記憶に関係しているものもある。ロフタス（Loftus, 1997）は，不可能記憶（impossible memory）と彼女が名づけたものの問題もあると述べている。これらのことは，生後間もなく生じる体験の記憶に関係しており，この記憶は，海馬（いくつかの記憶機能をつかさどる）がまだ十分発達していないために，想起されることはおそらくないといわれている。

回復された記憶の真実性に関するもう一つの懸念は，催眠，イメージ誘導，夢解釈や薬物といった，抑圧されたとされる記憶を，クライエントが"回復させる""手助け"をするためにセラピストたちが用いる技法の信頼性に対する疑念から生じている（Poole, Lindsay, Memon & Bull, 1995; Kapardis, 1997）。

抑圧とは，もともとフロイトによるもので，苦悩を与える思考や記憶を意図的に排除して意識が気づかないようにさせることである。フロイトはその後，この考えを修正し，抑圧とは脅威となる思考や記憶が意識的に気づく余地を与えないようデザインされた無意識の防衛機制と定義した。"回復された"記憶を適当な時点（すなわち，セラピーの時点）まで利用できない理由として考えられるのが抑圧である。しかしながら，多くの心理学者によると，抑圧は稀な現象であり（たとえば，Read & Lindsay, 1994），科学的な裏づけがない（Loftus, 1993）。トムソン（Thomson, 1995b）は，回復された記憶の説明としては"抑制（suppression）"のほうがはるかによいと述べている。抑制は，自ら気づいている特定の出来事について，何らかの理由から，報告しないことを選択するときに生じる。抑圧と抑制の重要な違いは，抑圧がもつ非自発的な性質にある（Memon, Vrij & Bull, 1998）。報告されない記憶の原因いかんにかかわらず（遊離：dissociationや抑制：inhibitionといった語の説明については，次の文献を参照のこと。Brewin, Dalgleish & Joseph, in press; Memon, Vrij & Bull, 1998; Spiegal & Cardena, 1991），心理学者と心理療法家がこの問題で対立するのには他にも多くの理由がある。

本書において最も重要な問題は，治療セッション中に，クライエントが自らの記憶を"回復させる"のをセラピストが"手助け"する，その性質に関わっている。目撃証言を専門とする心理学者は，子どもへの性的虐待が存在することは疑わないが，それよりも，用いられる技法の信頼性やクライエントに投げかけられる質問の性質について疑問を呈している。十分訓練を受けていない可能性があるセラピストのなかには，クライエントに対し，あなたは子どものときに性的虐待を受けたことがあるとたいした根拠もなく，しかも何気なく暗示する者がいる（Loftus, 1993）。この種のセラピストは，確証バイアス（警察官のバイアスについては第2章と第4章を参照のこと）に陥りやすく，自分の先入観（たとえば，幼少時の虐待がクライエントの抱える問題の原因だといった考え）を確認する証拠を探し求める。彼らは，自らの仮説を確かめるために（暗示的な）行動をするかもしれない（たとえば，きわめて特殊な意味をもった誘導的な質問を行なう。Bruck, Ceci & Hembrooke, 1998）。実際，トムソン（Thomson, 1995b）は，セラピストが起こったのではないかと期待することが，セラピストの口の端にのぼり，質問のタイプに影響を及ぼし，結果として，出来事に関するクライエントの報告に影響を及ぼす可能性があることを見いだした。

　このことは，幼児の性的虐待を誤って診断することをある程度説明している（Ceci & Loftus, 1994; Lindsay & Read, 1994）。論争の中心には，目撃証言を専門とする心理学者の研究があり，それらは，（上に述べてきたような）不適切な質問や教示，そして行動によって記憶が変容したり歪められたりすることを明らかにしている。しかしながら，そうした研究の大半は，実際に体験した出来事の記憶を変えようとする，意図的な試みによるものであった。記憶は，虚偽記憶を丸ごと大人の脳に植えつけることができるほど，もろく柔順なものなのだろうか。

（2）虚偽記憶パラダイム

　近年の研究は，この問いに応えようと試み，虚偽記憶パラダイム（false-memory paradigm）を作り出した。典型的なパラダイムは，ロフタスとピックレル（Loftus & Pickrell, 1995）によって描かれているが，ここで手短に記

述してみよう。被験者には，親類の協力のもとに作成された，幼少期における4つの出来事の概要が書かれた冊子が配られる。これらの概要のうち3つは"真実の"出来事で，1つが"虚偽"である（たとえば，ショッピング・センターで迷子になったこと）。後日，被験者は2回（場合によっては3回）面接を受け，できるだけ多くのことを思い出すよう求められる。ロフタスとピックレル（Loftus & Pickrell, 1995）は，真実の出来事の68％が，また，虚偽の出来事の25％が2回目の面接終了までに思い出されることを見いだした。このように，暗示と面接の繰り返しの後では，実際には起こっていなかった出来事を報告した者がいた。真実と虚偽の出来事の説明には，違いがあった。たとえば，真実の出来事は，細部が豊かで，より明白だと評定され，確信度も高かった。

　ロフタスとピックレル（Loftus & Pickrell, 1995）によれば，虚偽記憶は，ソース・モニタリングの問題によって生じる（ソース・モニタリングの定義については上述参照のこと）。迷子になったという暗示は，記憶痕跡に残り，記憶内で暗示というタグを付けられる。この暗示は，迷子に関する一般的知識（たとえば，迷子スクリプト）や（もしくは）ショッピング・センターに行くことに関する一般的知識（たとえば，ショッピング・センター・スクリプト）と結び付けられる。時間が経つにつれ，暗示というタグは劣化し，この暗示は迷子やショッピング・センターのスクリプトと交じり合うことになる。したがって，少し後で虚偽の出来事を思い出すよう求められたときには，ショッピング・センターや迷子のイメージが活性化され，その結果生じる虚偽記憶は，一般的知識や（どこかよその）ショッピング・センターに行って迷子になったときの事細かな記憶に推論がプラスされた寄せ集めである可能性がある。ショッピング・センターで迷子になったという虚偽記憶は生み出されるのである。しかしながら，迷子になったりショッピングに行くことは比較的平凡な経験であることから，虐待に関連した事件と比較すると，かなりよくしつらえられたスクリプトをもっている（Loftus & Pickrell, 1995）。

　ハイマンら（Hyman, Husband & Billings, 1995）は，結婚式でのアクシデントや高熱とかなりひどい耳の感染症による夜間緊急入院といった，非日常的な出来事の記憶を埋め込もうと試みた。結婚披露宴でのアクシデントは，パンチ・ボールが花嫁の両親の上にひっくり返ってしまうものだった。この研究で

は，真実の出来事に関する記憶は，3回の面接で非常に正確であった。虚偽の出来事については，最初の面接では誰も虚偽の想起を行なわなかったが，3回目の面接までに被験者の25％が虚偽の想起を行なった。この研究は，非日常的な出来事でさえ，繰り返し面接を受けることで，記憶のなかに埋め込まれる可能性があることを示している。しかしながら，ロフタスとピックレル(Loftus & Pickrell, 1995) は，虚偽記憶の生成は，スキーマ再構築の原因となる関連する背景情報への接近しやすさに左右される (Schacter & Curran, 1995)という。

　ロフタス (Loftus, 1979) は，劇的な出来事の記憶ほど，暗示に対して弱くはないと述べている。しかしながら，クロムバッグら (Crombag, Waganaar & Van Koppen, 1996) は，実際にはメディアによる報道を通し衝突事故のことを聞き，事故後のようすをテレビで見ただけだった大人に（実際の衝突の映像は存在しなかった），飛行機の衝突事故をテレビで見たと信じこませようとした。最初の実験では，107人の被験者のうち55％が誤誘導質問に答え，衝突事故を見たことを認めた。衝突事故を見たと言った人の82％は，自分たちが"見た"ものに関する質問に答えさえしたのであった。第2実験では，93人の法学部学生のうち66％が，実際の飛行機の衝突事故を見たと誤って報告しており，その事故に関する質問の回答は不正確であった（つまり，衝突事故に関するテレビ・レポートと比較して不正確であった）。この論文の著者たちは，被験者が自ら聞いたり見たりした情報のソースを混同することや，（衝突に関する）常識的情報とのギャップを埋めることで記憶を再構成することに原因があると考えた。この研究が重要なのは，うわさが出来事の記憶をいかに歪めるかを実証したことである。

　本節でこれまで紹介してきた研究によると，虚偽記憶はある種の社会的圧力によって生じるとされる (Ost, Costall & Bull, 投稿中, a, b)。（親戚といった）重要な他者による出来事の確認は，虚偽記憶を煽動する強力な技法のように思われる。何かしているところを誰かに見られていたと言うだけで，虚偽自白へ誘導する可能性がある（次節を参照のこと。Kassin & Kiechel, 1996）。そこで，「虚偽」の出来事に関する報告や無報告（たいていの研究では無報告の割合が約75％である）の原因となる社会的ダイナミックスが何かを，より厳格に決

定する必要がある（Ost, Costall & Bull, 投稿中, a）。ロフタスの研究では，「面接者は，愛想よく親密な態度を維持しながら細部項目をつめていった」（Loftus & Pickrell, 1995, p. 722)。ハイマンら（Hyman, Husband & Billings, 1995）は，実験において，より詳細かな手がかりを用い，より完全な想起を行なうよう被験者に圧力を加えた。ハイマンとペントランド（Hyman & Pentland, 1996）は，(記憶を"回復させる"セラピーにおいて時々使われる手続きである）イメージ誘導の効果について検討し，真実の出来事を想起する際，イメージ誘導の教示を行なわなかった群と比較し，イメージ誘導の教示を行なった群に違いはないことを見いだした。しかしながら，虚偽記憶は，第3面接までに，イメージ誘導群の37.5％，統制群の12.4％が作り出していた（これに類似した"想像のインフレーション（imagination inflation)"効果についてはLoftus, 1997も参照のこと）。同様の知見は，被験者がビタミン剤（偽薬）により幼少期の出来事に関する記憶が増強されると言われたときにも，見いだされている（Davidson, Devitt, King & Letterman, 1998）。虚偽記憶が生み出される限界を確定するには，さらに研究が必要である。また，虚偽記憶を生み出す人と，（大多数の）生み出さない人との個体差は何かについても（さらなる議論については，Hyman & Billings, 印刷中やOst, Fellows & Bull, 1997を参照のこと）。

　こうした新たな研究は，反復面接と暗示とが組み合わさると，虚偽記憶を引き出してしまうことを示している。しかしながら，ベルリーナーとウィリアムス（Berliner & Williams, 1994）は，こうした研究はすべての記憶が埋め込まれる可能性があることを示しているが，「外傷的な幼少体験が全部そろった記憶を，何もないところから生み出すことができる」（p.385）ことはまだ立証されていないと述べている。われわれが知っているのは，記憶回復技法が，セラピーの文脈において大人から記憶を引き出すために用いられ（Poole et al., 1995），そのなかに信用できないものがあるということだ。セラピストは実験者より，被面接者に信頼と確信を抱かせるのかもしれない。現実世界での要求特性（demand characteristics）は，かなり強い力なのかもしれない。さらに，クライエントのなかには，自分の苦痛や心理的問題の解釈や説明を探し求める動機づけをもち，自分は性的に虐待を受けたことがあるという誤った信念をも

って，セラピー・ルームに入ってくる者もいるかもしれない（Gudjonsson, 1997）。したがって，セラピストは，クライエントから過去の出来事について報告を引き出す方法には相当注意深くなければならない。

4
虚偽自白

　イギリス（や他の国々）における数多くの不名誉な誤判（たとえば，ギルフォード4人事件，バーミンガム6人事件，カーディフ3人事件）は，虚偽自白が発生し，そのほとんどが面接に存在する要因によって引き起こされることを示してきた。1992年イギリスにおいて，上訴審は，1990年に売春婦が殺害された「カーディフ3人事件」の有罪判決を破棄した。主席裁判官のテイラー長官は，「身体的虐待は問題外として，警察官が被疑者に対しこれ以上の敵意をもち威嚇的にふるまうことを想像するのは難しい」（Ainsworth, 1995の引用）と面接に対しての見解を述べた。しかしながら，警察は一般に，虚偽自白が存在することを認めたがらない（Perske, 1994）。本節では，なぜ虚偽自白が生じ，また，どうすればこのことを避けられるかを説明しようとして提起された理由のなかから，そのいくつかについて概説をしよう（自白と関連するトピックの概観については，Gudjonsson, 1992, 1999を参照のこと）。

(1) 尋問技法
　カッシン（Kassin, 1997）は，アメリカ合衆国では被疑者として面接を受ける無実の人を適切に保護するものは何もないと述べている。そのため虚偽自白は，欺きやペテン，心理的強制を伴う面接方法を警察が用いることにより生まれるのかもしれない（Leo, 1992も参照のこと）。インボーら（Inbau, Reid & Buckley, 1986）によって書かれ，アメリカ合衆国で広く用いられているテキスト（イギリスでも比較的最近まで使われていた。Walkley, 1987）に責任の一部があるように思われる（Kassin, 1997）。この本は，心理学者の間では不適切で，信頼性に欠け，虚偽自白の原因となると考えられている心理的手法を推奨している。カッシンとマクニール（Kassin & McNall, 1991）は，インボー

ら (1986) が記した巧妙な方法を分析し，それらが次の2つのカテゴリーのいずれかに分類されることを見いだした。①最大化：面接者は，被疑者に罪を犯したことを信じさせるよう威嚇するために，巧妙な脅しを用いる。罪の深刻さを誇張したり，責任を肥大化させるといった威嚇を行なう。②最小化：面接者は，まったく逆の方法を用いる。罪の深刻さと責任を過小評価させる。

通常警察での面接は，面接者の管理下にあり，とりわけ被疑者には警察がどんな情報を握っているかほとんどわからないときには，面接者はさまざまな心理的な要求を被面接者に課す（Tousignant, 1991）。したがって，警察署内で尋問されるという威圧的な状況（Irving & Hilgendorf, 1980; McKenzie, 1994 も参照のこと）と，被暗示性の高い被疑者（たとえば，自尊心が低かったり IQ が低い）や自白を獲得する決意をもった面接者（第2章，第4章の面接者バイアスを参照のこと）とが組み合わされることで，虚偽自白が生じる可能性は高まる（Kapardis, 1997）。ケネディ（Kennedy, 1986）によれば，虚偽自白に共通する最大の原因は，被疑者が罪を犯していると決めこんだ警察官の過剰なまでの熱意にあるという。

（2）虚偽自白はどの程度頻繁に生じるか？

アメリカ合衆国における年間の虚偽自白件数の推定値は，35件以下というもの（Cassell, 1996）から600件以上というもの（Huff, Rattner & Saragin, 1986）まである。グッドジョンソンとシガードソン（Gudjonsson & Sigurdsson, 1994）によれば，アイスランドのある刑務所の受刑者229人のうち12％が，犯罪経歴のいずれかの時点で警察の面接において虚偽自白を行なったことがあるという。こうした虚偽自白のうち78％は，当該の罪で有罪になった。サンプリングした受刑者に対し，なぜそのような誤った自白をしたのか，その理由を尋ねたところ，52％は警察の圧力から逃れたいため，あるいは，警察の勾留から逃れたいためにそうしたと答えており，残りの48％は，他の誰かを守るために虚偽自白をしたと答えていた（虚偽自白を行なうその他の理由については以下を参照のこと）。

推定される虚偽自白率の数値幅が大きいのは，一つには虚偽自白の同定の問題から生じている。たとえば，グッドジョンソンとシガードソン

(Gudjonsson & Sigurdsson, 1994) が自ら述べているように，彼らの研究は，完全に信頼することはできない自己報告データに頼っている。カッシン (Kassin, 1997) は，虚偽自白の基準には，独立した証拠によって被告人の無罪が明白なケースのみを用いるべきであるという。こうしたいっそう厳格な基準を用いても，証拠書類から証明された虚偽自白のケースが多数存在する (Bedau & Radelet, 1989; Markman & Cassell, 1988)。

　カッシンとライツマン (Kassin & Wrightsman, 1985) は，証拠書類から証明された多くの虚偽自白のケースを検討し，虚偽自白に3つのカテゴリーが存在することを明らかにした（このカテゴリー化に対する批評については，Davison & Forshaw, 1993を参照のこと）。これらのカテゴリーは，グッドジョンソンとマッケイ (Gudjonsson & MacKeith, 1988) によって発展され，シェパード (Shepherd, 1996) によってさらに拡張された。それぞれのカテゴリーについて順にみていくこととする。

● 自発型虚偽自白

　自発型虚偽自白は，自白を求める圧力をかけられることなく，被面接者が個人的理由から偽って自白する際に生じる。次のようなことが理由として考えられる。①過去に実際に犯した，もしくは想像上の犯罪に対する罪障感を軽減するため。これは，うつ状態の人に生じやすい (Gudjonsson, 1992)。②より重い罪に対する取調べを先取りして，封じ込めるため (Shepherd, 1996)。③大切な人を守るため。④悪名を得るため。これは悪名を高くして，自尊心を高めようとする病的欲求である（たとえば，Huff, Rattner & Saragin, 1986を参照のこと）。⑤空想と事実を区別できないため（たとえば精神分裂病者。Gudjonsson, 1992）。⑥自らの無実を証明する方法が見あたらず，減刑を得るため自白する場合。⑦犯罪ではない別の事実（たとえば情事）を隠すため。

　シェパード (Shepherd, 1996) は，自発型虚偽自白の下位カテゴリーに，協調－追従型虚偽自白を含めている。このカテゴリーに含まれる被面接者は，好かれたいという強い欲求をもつために黙従してしまう。このタイプの虚偽自白は自発的に生じるものの，面接者が期待し望んでいることを被面接者にさとらせる暗示的技法を巧妙に用いることと関わっている (Wolchover & Heaton-

Armstrong, 1996)。

● 強制−追従型虚偽自白

　強制−追従型虚偽自白は，被面接者が何らかの利益（たとえば釈放）を得るために，真実でないとはっきりわかっていることを自白する際に生じる。このタイプの虚偽自白は，社会的要因である追従から生じる。追従は，道具的目的のために自らの行動を変化させることである。このタイプは，アッシュ（Asch, 1956）の初期の同調研究やミルグラム（Milgram, 1974）の権威に対する服従の研究において観察されていた。被面接者は自白することによる短期的利益（たとえば釈放）のほうが長期的コスト（たとえば起訴や投獄）より重要だと判断する。虚偽自白は，部分的には自白と否認の相対的重要性に対する被面接者の期待から生じる（Hilgendorf & Irving, 1981）。とくに追従傾向のある人たち（たとえば学習障害者）は，この形式の虚偽自白に対して弱いだろう。

● 強制−内面化型虚偽自白

　このタイプの虚偽自白には，別の社会的影響が関わっており，認知的効果をもつもの（すなわち内面化。Kelman, 1958）と，他者（たとえば面接者）が抱く信念の内的受容に関連するものがある。このカテゴリーの虚偽自白では，不安に満ち，疲れ，混乱し，暗示的な尋問方法に曝された被面接者が，その犯罪を自分が犯したと実際に信じ込むようになる。起こったことに関する被疑者の記憶は，取調べ過程で変わるかもしれない（ただし必ずしも永久ではない。Ofshe, 1989; Gudjonsson, 1997）。これは，虚偽自白症候群（false memory syndrome）に関する前述の議論になぞらえることができる。（このタイプの虚偽自白に対する実際のケースについては，Wright, 1994 を参照のこと。）

　これには"記憶不信症候群（memory distrust syndrome）"が関連しており，自分の記憶に不信を抱き，結果的に外的な情報資源（たとえば面接者。Wolchover & Heaton-Armstrong, 1996）に頼ることになる。この症候群は，2種類の説明が可能だ。第1は，健忘症もしくは記憶障害に関係している。被面接者は犯罪を犯していないことのはっきりした記憶がないか，あるいは，犯行時間に自分がしていたことの記憶がない。第2は，面接開始時には自分が犯罪

を犯していないことがよくわかっていたが，面接者が暗示を使い被面接者を"巧みに"操作すると，確信が揺らいでいくときにこのタイプが使われる。面接者が出来事に対する自分の意見を繰り返し被面接者に話すことで，被面接者が徐々に自分の記憶に対する自信がぐらつき，不信を抱くようになる。オフシェ（Ofshe, 1989）は，このタイプの虚偽自白をする人には，①権威者に対する信頼，②自信の欠如，③高い被暗示性という3つの人格特性があると記している。グッドジョンソン（Gudjonsson, 1997）によれば，「強制－内面化型虚偽自白のケースにおける虚偽信念や虚偽記憶は，一般的には操作的な尋問技法の結果として現れる」（p. 298）という。

　前節では，大人の記憶がいかに変わりうるものであり，在りもしない幼少期の出来事に関する虚偽記憶をまるごと受け入れる可能性すらあることが明らかにされた。しかしながら，自分自身の行為に関する出来事の記憶が変化することもありうるのだろうか。カッシンとキッセル（Kassin & Kiechel, 1996）は，コンピュータが壊れ，すべての研究データが失われてしまうので，実験中はコンピュータのキーに触らないよう65人の学生に対し警告した。この架空実験に入って60秒後，そのコンピュータが本当に壊れ（実験者により意図的に準備されていた），被験者はこのため非難された（全員無実でありキーには触れていなかった）。最初のうちは全員が責任を否定していたが，サクラが被験者がキーに触るのを見たと言うと，69％が用紙に自白したとサインし，28％がこの"行為"に対する罪の意識を内面化し，さらに，9％は自らの虚偽信念を支持する細部項目を作話した。この実験は，実際の尋問状況と完全に等しいわけではないが，こうした比較的親密な環境のもとでさえ，賢明な大人でさえ虚偽自白を行なうことが明らかになった。

● **尋問被暗示性モデル**

　尋問被暗示性（interrogative suggestiblity: IS）に関するグッドジョンソンとクラーク（Gudjonsson & Clark, 1986）の理論モデルは，社会－認知的視点に由来する。このモデルによれば，尋問被暗示性は尋問状況の"不確定性"や"期待"に直面した際に人々が用いるコーピング方略［訳注：ストレスのある場面で，そのストレスを低下させようとするさまざまな対処法で，人によりそのやり方が異

なっている］に依存する。尋問被暗示性は，「閉じた社会的やりとりのなかで，一定の質問形式を用いて伝達されるメッセージを受け入れるようになる程度」と定義され，「結果的にその後の反応が影響を受けることになる」(Gudjonsson & Clark, 1986, p. 83)。また，尋問被暗示性の概念には，はっきりと区別できる2種類の影響されやすさ（susceptibility）がある。一つは，誘導尋問になびいてしまうことであり，証言の信用性に関連しており，記憶過程と深く関わっている。もう一つは，「負のフィードバック」に反応して初期の答えを転換してしまう影響のされやすさである。この種の影響のされやすさはコーピング過程に関連しており，とくにある種の人格特徴（たとえば不安や自尊心）や経験（たとえば以前の有罪判決）に影響される（Gudjonsson, 1984a, 1988, 1992）。こうした影響のされやすさを客観的に測定するため，グッドジョンソン被暗示性尺度（Gudjonsson Suggestibility Scale: GSS）が開発された（GSS 1, Gudjonsson, 1984b および GSS 2, Gudjonsson, 1987a）。この尺度の高得点者は，記憶はかなり悪く，不安水準は高く，自尊心の低さや主張の欠如を示す傾向があることが知られている（Gudjonsson, 1992）。

　さらに，平均的な知的能力をもった人と比べると，認知機能が平均以下の人は，記憶が貧弱で，誘導尋問と負のフィードバックの両者に影響されやすいこともわかっている（Clare & Gudjonsson, 1993; Everington & Folero, 1996; Gudjonsson, 1986, 1987b; Gudjonsson & Clare, 1995; Tully & Cahill, 1984）。これは，認知能力が低い人が警察の面接で行なった自白の信用性全般の問題とも関わっている（Torpy, 1994）。しかしながら，学習障害者が負のフィードバック機能をもつ暗示に影響されやすいという事実を，クレアとグッドジョンソン（Clare & Gudjonsson, 1993）やカルドーンとデント（Cardone & Dent, 1996），ミルンら（Milne, Clare & Bull, 1999）は見いだせなかった（学習障害者の面接については，第7章を参照のこと）。

　グッドジョンソン（Gudjonsson, 1991）は，虚偽自白者のほうがGSSの被暗示性と追従の得点が高かった事実を，虚偽自白ではない自白者（もしくは抵抗者）と虚偽自白者をGSSが明確に弁別できる証拠として報告した。これに加え，シガードソンとグッドジョンソン（Sigurdsson & Gudjonsson, 1996a）は，強制−内面化型虚偽自白を行なった者はGSSの被暗示性と作話の両者の

値が高いことを見いだした。彼らは，被暗示性と"記憶不信症候群（memory distrust syndrome)"が強制 - 内面化型虚偽自白者にとって重要な要因であると結論づけた。シガードソンとグッドジョンソン（1996b）によって行なわれたもう一つの研究では，グッドジョンソン自白質問紙（Gudjonsson Confession Questionnaire）の修正版を用い，多数の要因が異なるさまざまなタイプの虚偽自白を弁別できることを見いだした。他者を守るため自白したと主張する虚偽自白者は，外的圧力要因の得点が有意に低く，後悔の報告が少なかったが，薬物中毒要因の得点が高かった（薬物依存者の自白証拠に対し関心をもつ研究もある。たとえば，Davison & Forshaw, 1993）。強制 - 内面化型虚偽自白者は，内的圧力要因で高得点を示したが，それは，彼らが面接中に徐々に自分が犯罪を犯したと信じるようになるということを意味しているかもしれない。また，この群は，強制 - 追従型群より薬物に依存しており，このことから，内面化された信念が生じる理由について部分的に説明できるかもしれない。とはいえ，被疑者の気分は暗示への影響されやすさに影響を及ぼし，かつ，面接時の気分はGSSを終えたときの気分とは異なっている可能性があるということについてはとくに指摘しておかなければならない（Vrij, 1995）。犯罪の虚偽自白を行なうのにはさまざまな理由があり，外的要因も内的要因も関わっている。

　GSS尺度に対してはいくつか批判がある（Baxter, 1990; Cardone & Dent, 1996）。とりわけ出来事の性質について批判が多い（つまり，実際の犯罪事件と言語的に提示されたストーリーは対等に取り扱うことができず，生態学的に妥当でないという批判）。そのうえ，（視覚と聴覚といった）複数のモダリティを通した情報は，（GSS尺度のように）言語モードのみで提示された情報より，想起はより完全で正確であり，従順得点も低くなるはずだと考えられる（これについては，Kosslyn & Koenig, 1992を参照のこと）。しかしながら変遷［訳注：最初の回答と2度目の回答がくい違うこと］は，不安やコーピングメカニズムに密接に関連すると考えられるから，この尺度には表象モダリティの数は何ら関係しないことが予想される（Sharrock & Gudjonsson, 1993）。カルドーンとデント（Cardone & Dent, 1996）は，これらの仮説を検証した。GSSの出来事を視覚的および言語的に提示すると，想起は完全で正確になり，従順得点は

小さくなり，変遷得点には影響しないことを見いだした。しかしながら，質問のタイプは期待されたようには従順得点に影響を及ぼすことはなかった。これは記憶と従順得点の間に想定される関係について一様の結果が得られなかった諸研究と類似している（たとえば，Clare & Gudjonsson, 1993; Gudjonsson, 1983, 1984b; Sharrock & Gudjonsson, 1993）。さらに，"主張性" "自尊心" "不安" と従順得点・変遷得点の両者の間に連関を見いだした研究もある（Gudjonsson, 1988; Singh & Gudjonsson, 1984）。たとえば，主張性と自尊心が低く，不安が高い被面接者は，誤誘導質問に弱いことが見いだされた。こうした社会的要因は相互に作用しつつ被暗示性を形成することが考えられる（Cardone & Dent, 1996）。

　虚偽自白は本質的に多面性をもち，被暗示性は，「状況要因と尋問要因の組み合わせに依存していることは疑いないが，他方において被疑者の精神状態や動機づけ，人格，コーピング能力に依存していることも疑問の余地はない」（Gudjonsson, 1992, p. 157）。相互作用的に，虚偽自白の発生を増大させる多くの要因がある。被疑者の心理的特徴や精神状態は，犯行の重大性や，犯罪の性質や状況，勾留期間や面接のタイプ・性質といった要因と相互作用している（Gudjonsson, 1994）。グッドジョンソン（Gudsonsson, 1992, p.121）は，「不確実さ，人と人との信頼，強い期待といった必要条件がそろえば，たいていの人は暗示にかかってしまうだろう」という。

　内的要因によって虚偽自白に陥ることはあるが，外的要因のほうがおそらくより重要である。目撃者，被害者，被疑者を含め，あらゆる被面接者の説明にバイアスをかけないことが面接者の義務である。この義務が果たされたときに初めて，われわれは，報告されたことは正確で信頼できるものと確信することができる。イングランドとウェールズの法律（たとえば，警察および刑事証拠法（McKenzie, 1994を参照のこと）は，虚偽自白の原因となる要因を最小化することを保証する道を開いた（たとえば，被疑者面接のテープ録音は，ある種の操作的行動を制御する）。しかし，こうした録音は目撃者や被害者の面接にまで拡張する必要があるし，他の国々にも拡げる必要がある。

参考文献

Bedau, H. & Radelet, M. (1989) Miscarriages of justice in potentially capital cases. *Stanford Law Review*, **40**, 21-179.

Ceci, S. J. & Bruck, M. (1993) Suggestibility of the child witness: A his-torical review and synthesis. *Psychological Bulletin*, **113**, 403-439.

Conway, M. A. (1997) *Recovered memories and false memories*. Oxford: Oxford University Press.

Gudjonsson, G. (1992) *The psychology of interrogations*. confessions and testimony. Chichester: Wiley.

Gudjonsson, G. (1999) Police interviewing and disputed confessions. In A. Memon & R. Bull (Eds), *Handbook of the psychology of interviewing*. Chichester: Wiley.

Kassin, S. M. (1997) The psychology of confession evidence. *American Psychologist*, **52**, 221-233.

第7章

面接に困難のある人々への面接

　本書の著者の一人であるレイ・ブル（Ray Bull）は，1990年にポーツマス大学に赴任するまえに，グラスゴー大学に3年ほど勤務していた。そこで彼はスコットランド精神障害者協会から学習障害（Learning disability）をもつ人々が刑事裁判において証言することを禁じるべきか否かという問題について意見を求められた。協会はブルが目撃証言に関する研究を長年にわたって行なってきたものの，学習障害をもつ人々は対象としてこなかったことを承知していた。しかし協会は，彼が有用な貢献をしてくれると考えていた。心理学者であるブルは学習障害であることが，まったく想起が困難であるとか，目撃した出来事をめぐるコミュニケーションがまったくできないといったことと必ずしも結びつくものでないことを理解していた。スコットランド精神障害者協会はまた学習障害に造詣の深い別の心理学者にもアプローチしていた。それは当時セント・アンドリュース大学にいたクリス・カレン（Chris Cullen）教授だった。

1 検察官のための指針

　スコットランド省で行なわれた会議では，学習障害をもった目撃者の問題について検察官（Procurators Fiscal）［訳注：スコットランドの検察官のことで，スコットランド省はこうした問題に責任をもつ行政部門である］に有用な指針を提供でき

るかどうか検討された。カレンとブルはそうした指針を提供することができるという意見だったので，検察官に配布するための小冊子を作成するよう依頼を受けた（Bull & Cullen, 1992, 1993）。この小冊子には学習障害に関する情報と，その時点でわかっていた面接に関する情報が載せられていた。そのなかには不慣れな状況がこの障害をもつ人々の証言に与えるであろう悪影響に関するものもあった。

　しかしながら，当時はこの問題に関する研究は非常に少なく，専門家もほとんどいなかった。カレンとブルは学習障害者が場合によっては有効な証言をしうるという見解で一致していたが，この問題に関する研究はほとんど報告されていなかった。コミュニケーションに障害をもっている人ほど虐待の危険にさらされやすい（たとえば，Turk & Brown, 1992。こうしたことが起こる理由については，Milne, 1999; Westcott & Cross, 1996 を参照のこと）ということが繰り返し指摘されていることを考えると，この状況は驚きである。バンクーバーのソブシィとバーンヘーゲン（Sobsey & Varnhagen, 1991）は「性的虐待の被害者となった子どものおよそ7人に1人は一定程度以上の障害をもっていると推測される」（p.206）と述べている。ここで彼らのいう障害とは発達障害（Developmental disability）をさしている。また被疑者取調べのために警察に留置される者のなかに学習障害者が目立つのは，おそらく，彼らが犯罪を犯したと疑われてしまうからである（Gudjonsson, Clare, Rutter & Pearse, 1993）。

2
司法へのアクセス

　エリクソンら（Ericson, Perlman & Isaacs, 1994）によれば「発達障害者はとくに性的虐待をうけやすい」（p.101）という。この忌まわしい犯罪の加害者たちは，発達障害者が虐待をうけても報告することが少なく，また報告しても信用されないことが多いと考えているとエリクソンらは指摘している。「司法関係者の多くはいまだに発達障害をもった人の証言能力に関して懐疑的な立場をとっている」（p.102）と彼らは述べている。サンダーズら（Sanders, Creaton, Bird & Weber, 1997）は，学習障害をもった被害者が刑事訴訟を通じ

て正義を実現する際に直面する諸問題に関する報告書を提出している。彼らによればイングランドとウェールズの警察，および社会福祉機関の多くがこの問題についての指針を作成しておらず，またこうした人が被害者となる事件が裁判にかけられることもほとんどなく，有罪となるのはほんの数％にすぎないという。同様の状況は他の多くの国でもみられる。しかしこのような懐疑主義と司法判断をあおぐことをしないのは，障害をもつ被面接者の能力に関する誤った仮定によるものである。とくに，近年"学習障害"と呼ばれるようになったものについてはことさらである。学習障害は"精神的なハンディキャップ (mental handicap)"あるいは"精神遅滞 (mental retardation)"といった用語に代わって用いられるようになった。これには多種多様な障害が含まれており (Hooper & Willis, 1989; Milne, 1999)，単純に定義できるものではない。"知的障害 (Intellectual disability)"という用語が用いられていたこともある。学習障害者に関する近年の研究が重視するのは，障害が個人の属性であり，それによって彼らが有能に振る舞うことが妨げられているととらえることではなく，こうした人々が有能に振る舞い，困難を乗り越えていくためには，どのように援助していくかということである。

　2人の言語学者マーク・ブレナンとロスリン・ブレナン (Mark Brennan & Roslin Brennan, 1994) は，とくに警察官が「知的障害をもつ人々のコミュニケーション上のニーズに応える」(p.vi) ことに役立つ報告書をオーストラリアで作成した。このプロジェクトは犯罪学研究協議会 (Criminology Research Council) から多くの資金援助をうけたものだった。彼らが強調したのは以下のことである。「すべての人が自分の理解できる言語で語り，また応答される権利をもつ。われわれはこの権利を知的障害者も等しく現実のものとすることをめざさなければならない」。彼らはまた次のように指摘している。

> 「人々の権利を奪う方法はいくつもある。その一つが彼らの言語と会話の権利を否定することである。知的障害者は基本的なコミュニケーション技能に習熟していないため，法とそれに基づく諸制度に言語を用いて関わっていく途を閉ざされている。彼らは司法関係者とうまくコミュニケーションすることができないのである」(p.9)。

さらに彼らは辛らつに指摘する。

「刑事司法制度のなかでうまくやっていくためには，被害者あるいは加害者として事件をじょうずに描き出さなければならない。コミュニケーションこそが刑事司法制度において最も重要な通貨なのだ。巧妙なコミュニケーションと知的障害者の理解を無視した専門的能力を必要とする技術は，いたずらに彼らに混乱と落胆をもたらすだけである。『真実』の探求をめざすことが当然の要請である刑事司法制度は，すべての人が高度なコミュニケーション能力を発揮することを強要している。これは複雑で徹底した警察での面接にはじまり，法廷で繰り広げられる錯綜した論争に終わる。正義は制度によってもたらされるというよりも，人々が自分をいかに描き出したかということに比例して実現される。この社会秩序が知的障害者に冷淡な判決をもたらすことになる」(pp.14-15)。

ブレナン夫妻がプロジェクトのなかで行なった有益な作業の一つは，学習障害者と面接することのある人々の意見を実際に聞いたことである。報告書に記されたコメントの多くは警察官からのものであったが，これらはあきらかに他の多くの職務の者にもあてはまる。ブレナン夫妻は次のように述べている。「警察官は，もっと探索的かつ人間的に質問しなければならないと感じることが多い。しかし刑事司法制度の制約があり，法廷でもちこたえることのできるような応答を得なければならないこともわかっている」(p.60)。

3
警察官の見解

警察官のコメントをいくつかみてみよう。

「彼らの言うことを信用する必要があるし，話してもらうためには彼らの言うことを信じていると見せなければならない。しかし同時に怪しいところは確認しないとね。彼らが本当に問題を抱えているのか，ただ恥ずかしがっているだけなのか見きわめるような質問をしなければならないからね……彼らを傷つけないようにやるのは本当に難しいし，ややこしいよ。答えをクロスチェックすることは普通はしないね。だってふつう誰かから供述をとるときは，相手の言うとおりにとるわけだし，そいつが混乱してるかどうかを決めるために法廷にも

っていくんだ。それは向こうの仕事だよ。われわれの仕事は人の相手をすること，被害者やら加害者やらの供述をとって，反対尋問してもらうために法廷にもっていく。彼らの言ったことを記録するだけで，まあ怪しいなと思うこともあるけど，記録に影響するような形で表に出してはいけないんだ。だってそれが彼らの供述なわけだし，それが彼らの言いたいことだからだよ。われわれが彼らに言ってほしいことじゃないんだ。それからなるべく簡単な形で，彼らがわかるようなやり方で質問する必要があることは確かだ。犯罪でもなんでもそれを証明するような情報が必要で，その意味がわかればいいんだけれど，でも彼らがそれとわかるようなやり方で聞かないといけないということだよ」。

ブレナン夫妻はこう述べている。「知的障害者への質問と法廷の要求との関係は，一部の警察官には質問のタイプを無意味に制約するものと受けとめられている」（p.60）。

別の警察官はこうコメントしている。

「証拠法では誘導尋問はできないことになっているが，知的障害のある人たちはとても迎合的だ。知的障害をもつ人たちにある質問をして，あとになって同じような質問をすると，ぜんぜん違う答えになる。一致しないんだよ」。

警察官やニューサウスウェールズ司法改革委員会でこの問題に関する協議にあたっている人々が，学習障害者の場合，「はい」という応答が多くなる傾向があると指摘していると，ブレナン夫妻は記している（面接において"はい－いいえ"型の質問を用いることについてはあとで意見を述べる）。もちろん「はい」と応答するというのは，目撃者や被害者への面接だけではなく，被疑者への面接やこれらの人々が警察から与えられた注意事項を理解したかどうかを確認する質問の場合もある。ある警察官がブレナン夫妻に対して，被疑者取調べの場合，学習障害者は不本意であっても質問に同意してしまうとコメントしている。「長い間，自分が何をすべきかを他人に言われ続けてきた人，長い間ものがわからなくて馬鹿にされてきた人を相手にしているわけだよ。彼らはわからないとまごついて……それで同意してしまうんだ」（p.63）。

面接の時間的な長さに目を向けてみよう。ブレナン夫妻は次のように語っている。

「知的障害者に対する質問にどの程度の時間を費やすべきかということについての態度はさまざまある。一部の警察官は，手順を遵守してできる限りすみやかに面接を完了させなければならないと感じていた。質の悪い応答や無応答が生み出される責任は杓子定規に考えれば聞き手の技量の問題ではなく答える側の問題である。……だが多くの警察官は時間をとって忍耐強く質問することが重要であると考えている。……こうした態度は司法改革委員会の審議の際に出された提言によっても支持されている。それは次のようなものである。会話のペースを少し落とし，応答に熱心に耳を傾け，質問を組織立てて行なうことで警察は質問の過程が威圧的にならないようにすることができる」(p.64)。

4
被面接者の見解

ブレナン夫妻はまた「知的障害者からのひとこと」も報告書に載せている (p.143)。それらは以下のようなものである。

「早口で話さないで」。
「法律の人は……難しい言葉を使わない（ようにすべきだ）」。
「（知的障害者の）言うことを聞いて，時間をとって，障害があってあまり早く話せないということを警察官にはわかってもらいたい」。
「警察はもっとわかりやすくやってほしい」。
「わかって『はい』と言えるまで，警察官に質問を繰り返してもらうわけにはいかないか」。

1993年，オーストラリア首都準州（the Australian Capital Territory）の主席治安判事（Chief Magistrate）は，司法手続きに関わることになった学習障害者のコミュニケーション問題について勧告を行なった。ブレナン夫妻はそこでの「問題」の一覧が次のようなものであったと指摘している (p.142)。

- 語彙の制約
- 短い注意スパン
- 質問を理解することの困難
- 質問への不適切な，あるいは一貫しない応答

- 記憶の困難
- 抽象的思考と推論の困難
- 面接者が期待すると思われる形での質問への応答

　この勧告は役に立つものであるかもしれないが，残念なことに面接の困難さを学習障害者のせいにしてしまっている。これに対してわれわれは効果的な面接を実施するためにできる限りのことをするのは面接者の責任であるという立場をとっている。

　ブレナン夫妻は学習障害者に面接をする者は，質問がきわめて相互作用的なものであるというモデルを身に付けていなければならないと主張している。正確な情報を得るためには，面接者により多くの責任を担わせる必要がある。彼らは面接の要求水準と質問形式を被面接者のコミュニケーション能力に応じたものにしていく必要性を強調している。面接者はできるだけ適切な情報を収集すべくそのスタイルを変化させていかなければならないのである。

5 訓　練

　しかし，適切な面接を行ないたいと望んでいる面接者が得ることのできるアドバイスにはどのようなものがあるのだろうか。ある警察官はブレナン夫妻にこう語っている。「知的障害をもつ人たちにどう対応すればいいのかということについて，われわれはまったく何の訓練もうけていない」(p.97)。

　最近の報告のなかで，ブレナン夫妻は以下の2点を強調している (p.190)。①「面接に関するイギリスの『実務規範』には面接の構造についてのアドバイスがあり」(すなわち, the Memorandum of good practice, Home Office & Department of Health, 1992)，②「被面接者から良い応答を得ることについて認知面接法には優れた実績がある」。彼らはまた面接者は自分が面接にどのように貢献しているのかということを常にモニターできている必要があることを強調している。

　ブレナン夫妻は「知的障害をもった成人に対する性的暴行への対応手順」と

いうタイトルがつけられたニューサウスウェールズの公文書が以下のような有益な面接指針を提供していると記している。

「知的障害者が落ち着いて気持ちよく話すことができるようにするには，その人を理解するために十分な時間を使う必要がある」。
「知的障害者は注意のスパンが短いことがあるので，規則正しく何度も休憩をとる必要がある」。
「質問は単純で具体的なものでなければならない。抽象的な概念は使うべきではない」。
「彼らが質問を理解したか確認するために，彼らが語ったことを彼らなりの言葉で繰り返さなければならない」。

6
新しい法制度

カナダでは1992年に「カナダ司法省へのテクニカルレポート（Technical Report to the Canadian Department of Justice）」が公刊された（Endicott, 1992）。このレポートは1988年に制定された修正条項C-15によるカナダ刑法とカナダ証拠法に注目している。この法改正による改定のなかには，面接に困難のある証人の場合，ビデオ録画を用いることができるようにすることも含まれていた。またこの法改正によって証人はまず宣誓ないしは正式な無宣誓確約（solemn affirmation）［訳注：何らかの理由で宣誓できない証人などが，自分の証言が真正であることを確約すること］の能力があることを示すよう求められることがなくなった。エンディコット（Endicott）は「このことがコミュニケーションに障害のある人々に門戸を開き，重要証人が証言することを許されなかったために以前なら法廷に持ち込まれることのなかった数多くの事件が起訴されるようになった」（p.iv）と述べている。オーストラリアのビクトリア州では類似の立法がみられるものの，多くの国ではこのような先駆的な立法はまだ行なわれていない。本書を執筆している時点ではイギリス政府がこの問題について諮問している。

エンディコットはコミュニケーション障害ということを社会はあまりよく理

解していないと指摘している。

> 「ハンディキャップのある人をしっかりと保護するようなそぶりをみせながら，伝統的に法はしばしばその他の人々の便宜と安全のために，障害をもつ人が"できない"ことを形式的に確定することに心血をそそいできた。"あることができない"という観察が，法手続きによって"何もできない"ということの発見として解釈されることが非常によくある。社会のなかで裁判を含めて，人としてあたりまえの諸活動に参加することができるように，特殊なニーズを受け入れていく方法を模索しなければならないのだが，法はいまだそれを行なう能力を示していない。
> 　修正条項 C-15 は部分的ではあるものの議会に受け入れられた。市民に特別なコミュニケーション上のニーズがある場合，まずもって法がすべきことは特別な制約や排除を押し付けるのではなく，どのような特殊ニーズがあるのか，どのようにすればそれを満たすことができるのかを理解しようと努めることである」。

エンディコットは「コミュニケーションに障害をもつ証人を受け入れる際の本質的な障壁とギャップは，このようにきわめて専門性の高い職務について適切な訓練をうけた十分な数の人員がいないことの結果である」(p.55) と述べている。

7
警察の取調べの分析

学習障害をもった被面接者から得られた供述の質は面接者の技能に決定的に依存することが多いだろう。この問題の専門家が，知的障害をもつ人は警察や司法システムに関わりをもつ際に不利な立場にあるということを認めているにもかかわらず（たとえば，Cockram, 1996），捜査場面におけるこのような人々への実際の面接に関する研究はきわめて少数である。犯罪捜査において従うべきイングランドおよびウェールズの警察実務規範は 1984 年の『警察および刑事証拠法』のもとで公布され改正されてきた。これらは「精神的なハンディキャップをもつ」あるいは「精神を病んでいる」被疑者に警察官が面接する

場合，特別な配慮が必要となることを強調している。1988年，デイビッド・カーヒル（David Cahill）と同僚たちは，彼らが「精神的な弱者（mentally vulnerable）」と呼ぶ重要事件の証人と被疑者に対する警察の面接に数多く立ち会った。彼らは，警察がこの問題に関して訓練不足であることをはっきり認めていることを見いだした。また警察はしばしば有害な質問を行なっており，またそうした質問は排除しうるものであると結論している。彼らは次のような有害な質問を観察している（Cahill, Grebler, Baker & Tully, 1988）。

- 期待される応答を示唆する誘導尋問に証人が従ってしまう。
- 証人を作話に導いてしまう過度の圧力（たとえば，目撃していない出来事を埋め込んでしまう）。
- 自分の言葉をみつけることのできない証人に面接者が使えそうな記述を提案する。たとえば，「その上着が暗い色でも明るい色でもないとすると，黄褐色と言えばいいかな」。
- 面接者が限られた選択肢を証人に提示する。たとえば，「その男が持っていたのはナイフですか，こん棒ですか」。
- 何が起こったのかということに関する面接者の仮説に合致しない情報を証人が提示した場合，とくに面接が終結に向かっている時点では，それを無視してしまう。
- 証人が言おうとしたことを面接者が誤解する。
- 面接者が証人を理解できたかどうか，適切な方法を用いてチェックすることに失敗する。
- 特定の点について繰り返し質問することによって，証人が当て推量をしたり，最初の応答からずれていってしまう（繰り返し質問することで，被面接者は「正しい」応答ではないと考えてしまう）。

8
質問法

　シーゲルマンら（Sigelman, Budd, Spanhel & Schoenrock, 1981）は，すぐれた質問法に関する彼らの研究にふれながら，次のように述べている。「ハンディをもった人々の権利を重視する最近の動向と，彼らに何らかの影響を与える意思決定には彼ら自身が関与することを求める最近の法律によって，精神遅滞者にも自分の言葉で語る機会が与えられることに注目されている」。そして次のように指摘する。「……精神遅滞者による応答の信頼性と妥当性を確かなものとするということには，実際のところまったく注意が向けられてこなかった」。彼らの研究は，「面接における精神遅滞児や精神遅滞者」の応答の妥当性と信頼性を評価するためにデザインされたものであったが，彼らが「はい-いいえ型の質問に対する『はい』応答（yeasaying）」と呼ぶ，被面接者が不本意ながら行なう応答の有害な影響は疑う余地のないものとされている（p.348）。彼らは次のように議論をまとめている。「精神遅滞者は，質問の構造と用語法に影響されてバイアスのかかった応答をする傾向がとくに強いようである」（Sigelman et al., 1981, p.348）。

　シーゲルマンと同僚たちは，被面接者が「はい-いいえ型の質問に対して『はい』と応答してしまうこと」を面接者が避けるのは難しいのではないかと考えている。学習障害者の多くは出来事を自分の言葉で想起するように求められると，実際に出来事を目撃しているにもかかわらず，ほんの短い説明しかしなかったり，場合によってはまったくの無応答になりがちであると彼らは指摘している。しかし"はい-いいえ"型の質問を用いないようにすることには相応の理由があり，シーゲルマンらは質問をどのような言い回しで行なうかということについて検討している。

　彼らの研究目的の一つは，"これか-あれか"型の質問が"はい-いいえ"型質問の代わりになりうるかを評価することであった。彼らは学習障害をもった大人に彼らの日常生活についての質問（その正確さがチェックできるようなもの）を与え，"はい-いいえ"型の質問の場合と"これか-あれか"型の質

問の場合の応答の正確さを比較した。いくつかの質問を組み合わせることで，それらすべてに「はい」と答えた場合，その応答の正確さに一貫性がないことがわかるようになっていた（たとえば，「あなたは普段は楽しいですか」と「あなたは普段は悲しいですか」）。彼らは"これか－あれか"型の質問に対する応答のほうが"はい－いいえ"型の質問に対するよりも応答の一貫性が高いことを見いだした。"はい－いいえ"型の質問の場合，応答者のほぼ半分が反対の意味をもつ語が用いられている2つの質問の両方に「はい」と応答したのに対して，"これか－あれか"型の質問では，反対の意味をもつ語が2番目の選択肢にある2つの質問で，ともに2番目の選択肢を選んだ者は12％，最初の選択肢の場合は2％であった。

9 代名詞

カナダのエリクソンら（Ericson, Perlman & Isaacs, 1994）は，発達障害者が彼，彼女といった人称代名詞を理解したり用いたりすることに困難があることを指摘した。これはとくに"面接者"が長く複雑な文を用いるときの困難と複合して現れる。一つ以上の質問を含む面接者の発話はあらゆる被面接者に困難をもたらすが，とくに発達障害者の場合に顕著である。エリクソンらはまた，発達障害者は与えられた質問を理解できない場合，それでもなお応答しようとするため，自分が理解できるように質問を再解釈・再表現して，その"改変された"質問に答えてしまうことがあると指摘している。さらに発達障害者は時間に関する質問や何の断りもなく新しい話題にうつることなどにも困難を経験する。これに関連してエリクソンと同僚たちは，面接者が「これから違うことを聞きたいと思います」と告げるべきであると正しい提案をしている。

10
面接の技術

　デント（Dent, 1986）は学習障害をもった子どもへの面接技術に関する初期の研究の一つを行なった。彼女によれば，このような子どもたちは他の子どもたちよりも自由再生が少ない場合がある一方で，不適切な質問に影響されることが多い。彼女は次のように指摘している。「問題は袋小路に入り込んでしまっている。一方では精神的なハンディキャップをもつ人々には記憶にアクセスするためのうながしが必要である。しかし他方ではそうして用いられるうながしの特性によって彼らの想起は好ましからざる影響を受けることになる」（p.14）。子どもの証人に関する被暗示性についてきわめて広範囲にレビューを行なったシシとブルック（Ceci & Bruck, 1993）は，学習障害をもつ子どもや他の問題を抱える子どもについてはほとんど言及していない。

　デントは学習障害のある子どもに実演（Staged Event）を見せ，それについての自由再生，一般的な質問，具体的な質問の効果を検討した。この結果，具体的な質問を与えられた子どもが最も多くの情報を生成し，自由再生を求められた子どもの情報生成が一番少なかった。しかしながら，具体的な質問に対する応答が最も不正確で，一般的な質問に対する応答が最も正確であることも明らかになった。デントはこの結果が「中程度の精神的なハンディをもつ子どもには，一般的で，オープンな質問が最適である」（p.17）ことを示すものであると強く主張している。しかし彼女が用いた具体的な質問のいくつかは，あまりよくできたものではなかったので，子どもは不正確な応答へと誤って導かれた可能性もある。

　カルドーンとデント（Cardone & Dent, 1996）は，学習障害をもつ大人はスライドに投影された一連の出来事について具体的で誘導のない質問を与えられると，一般的な質問を与えられた場合よりも多くの情報を生成し，その情報はより正確であることを見いだした。出来事について質問された者はまた，出来事の自由再生を求められた者よりも正確な情報を生成した。彼らはこのことから，こうした被面接者には具体的な質問が最も有用であると結論した。しかし，

デントの 1986 年の研究では具体的な質問は応答の正確さを損なうことが発見されている。ここで注意しなければならないのは，カルドーンとデントの具体的な質問はよくできており，2 つの選択肢ですべての可能性をカバーした"これか－あれか"型であったことである（上述の Sigelman et al., 1981 も参照のこと）。具体的な質問が想起の補助となるかどうかは，質問の質に依存している。このことはデントの 1986 年の研究で，なぜ具体的な質問が一般的な質問よりも劣っていたのかということを説明してくれるかもしれない。もし具体的な質問が暗示的であったり，不正確な応答に（誤った方向に）誘導してしまうようなものであったとするならば，学習障害者はそれを受け入れてしまうかもしれない。彼らは権威ある人物（すなわち，面接者）が自分たちよりもより妥当な知識をもっていると信じている可能性があるからである。つまり彼らが暗示的な質問に屈してしまうことにもそれなりの理由がある。これに加えて，学習障害者（とくに子ども）が普通の人よりもソース・モニタリングで劣っているとするならば，彼らは自分がもっている出来事についての真の記憶と質問が暗示する記憶の区別をきちんとしようとしていない可能性がある。ロールスバックとエウィング（Lorsbach & Ewing, 1995）は，学習障害児がソース・モニタリング（つまり，想起された情報がもともとどこからやってきたのか，現実の出来事からなのか，その出来事について以前質問されたことからなのか，ということを想起できる能力）が劣っていることを見いだしている。

パールマンら（Perlman, Ericson, Esses & Isaacs, 1994）の研究は，「知的障害の境界線上にある（I.Q.55 ～ 80）青年」も対象としたものであった。パールマンらは「歴史的にみて発達上のハンディをもつ者は，幼児と同じように，信用できない証人であるとみなされてきた。彼らの記憶システムが生得的に欠陥を抱えていると信じられていたからである」（p.171）と述べている。しかし，彼らが次のように指摘しているのは正しい。「性的虐待として報告されたケースに極端に多くの発達上のハンディをもつ人々が含まれていることをふまえるならば，彼らの証言能力を過小評価できないことを示す研究を行なうことは火急の課題である」（p.171）。パールマンらは，発達的なハンディをもつ人々を虐待に巻き込まれやすくしている重要な要因を，次のように指摘している。

「彼らが虐待を報告できず,報復されることもないだろうと加害者が考えているということである。……発達上のハンディをもつ人々が性的虐待の被害を受けやすいことをふまえるならば,これらの人々を信頼できる証人とみなしうるか,もしみなしうるとするならば,どのような条件下においてなのか,ということをはっきりさせなければならない」(p.172)。

パールマンと同僚たちは次の3つの重要な問いを提起している。

- 学習障害者は,出来事を報告することのできる正確で適切な機能的記憶能力をもっているのか。
- こうした人々は暗示を受けやすいのか。
- 彼らによる出来事の報告を促進することのできる質問様式を考案することは可能か。

彼らは「発達障害者が暗示を受けやすいのは,多くの人が彼らとの関係において権威者の位置にあり,通常は協力的で素直な行為が期待され,それが報酬の対象となっているからである」(p.171)と指摘している。だが彼らはまた,次のようにも言う。

「出来事を報告する能力が多面的に決定されるものであるとするならば,報告者としての適格性は個人に起源をもつ能力によるものとのみとらえられるべきものではないことになる。質問の特殊な言いまわしが証言の正確さに影響することがありえる。専門家は発達上のハンディをもつ人々の面接に最適な形式を決定し,それを用いなければならない」(p.171)。

パールマンらの研究は映画について質問をする場合に,質問のタイプの違いが健常の大人と学習障害をもつ大人に与える影響を検討するものであった。彼らは自由再生と一般的な質問を用いた場合,健常な大人は発達障害をもつ大人に比べて正確な情報を2倍以上報告することを見いだした。しかしながら,不正確な情報の量や正確な情報の比率(平均で80％であった)には両群で有意な差はみられなかった。短答問題(正確な応答に誘導する質問も,不正確な応答に誘導する質問もあった)では,後者の質問だけが学習障害をもつ被験者に

有害な効果をもたらした。パールマンらには，彼らの研究に参加した発達障害者が「権威ある人物が望んでいることに自分をあわせたいという欲求」をもっているように思われた（p.185）と述べている。彼らは健常な大人よりも誘導的な暗示に追従していた。パールマンらには，彼らが質問におかしなところがあることに気づいているように見えるときでさえそうしていた。ラッセル（Russell, 1993）が指摘しているように，「他者に依存する必要性が高い人は，幼少期から人を喜ばせ，従順であるよう学習していることがある」（p.105）のである。

イザックスら（Isaacs, Schuller & Turtle, 1998）は，発達障害をもつ大人が発達障害のない大人に比べて，ビデオに記録された財布泥棒について報告することが有意に少ないという研究を発表した。

これまでの一連の研究と同様に，自由再生の正確さについては群間で違いはなかった。一般的な質問と具体的な質問に対する彼らの応答は正確さに欠けていた。写真を用いた同一性識別課題では発達障害群はわずかだがより多くの正しい識別を行なったものの，識別の誤りは健常群の2倍であり，「はっきりとはわからない」という応答は半分しかみられなかった。この研究では，面接に困難をもつ被面接者は自由再生量が少ない一方で，自由再生されたものは正確である点に関心を引く理由があるわけではないということを強調している。そうではなく，注意すべきは質問と同一性識別課題に対する彼らの応答の正確さは，「知らない」と応答してもかまわないということと，当て推量で応答してはいけないということが彼らにはっきりわからないために損なわれているのかもしれない点にある。ミルンとブル（Milne & Bull, 1998a）は同様に，自由再生の正確さは学習障害をもつ子どもでも，そうでない子どもに劣ることはないが，誤誘導情報に対する応答は不正確であることを見いだしている。

この研究でイザックスらは，認知面接法（CI, 第3章を参照のこと）を用いている。われわれはこのCI固有の技法を含まない類似の質の高い面接手順に比較して，この手順による援助が学習障害者により多くの出来事の想起をもたらすことを見いだした。大人に対しても（Milne, Clare & Bull, 1999），子どもの場合でも（Milne & Bull, 1996; Price, 1997），学習障害者も含めて，CI技法は有意に役立つものであった。さらに，われわれは誘導的でも威圧的でも

ない形で面接が行なわれる場合，学習障害者の報告は健常者と同程度に正確であるということも発見した。これらは非常に重要な発見である。なぜなら，この研究は適切な訓練をうけた面接者であれば面接に困難のある証人の想起を高めることができるということを強調しているからである。

11
面接に困難のある人と自白

　本書の第6章では自白の問題を扱っている。ここでは面接に困難のある被面接者と自白の問題に注目してみたい。

　虚偽自白で得をする者は誰もいない。自白に関するグッドジョンソンの研究（たとえば，Gudjonsson, 1992）は，知能が平均よりも低い場合，（いつもそうであるとは限らないが）取調べにおける従順さの程度が高くなる場合があることを示唆している。グッドジョンソン（1989）によれば，実際の刑事司法手続きにおいて一度自白をして，その後それを撤回した者はグッドジョンソンの質問紙を用いて得られる従順さのレベルが高い。この研究は平均以下の知能と質問によって伝達されるメッセージに従い，それを受け入れるようになる程度との間に（複雑なものではあるが）一つの関係性が存在するということを示唆するものである。シシとブルック（Ceci & Bruck, 1993）は，とりわけ，暗示的な質問の効果には社会的な構成因と認知的な構成因があるということを強調している。

　自分自身の能力や知能を個人がどうみているのかということと被暗示性との間に相関があることも確認されてきた（Gudjonsson, 1991b; Singh & Gudjonsson, 1984）。つまり，被面接者が自分の能力を低くみていると（あるいはこのことが被面接者に伝わると），彼らは不適切で，暗示的な質問に影響されるかもしれないということである。同じようにグッドジョンソンとリスター（Gudjonsson & Lister, 1984）は，自分が無能で面接をコントロールすることができていないと思っている人や，面接者が強く権力があると判断した人は，尋問に対してより強い被暗示性を示すことを見いだしている。

　クレアとグッドジョンソン（Clare & Gudjonsson, 1995）は，知的障害をも

つ被疑者の警察段階での取調べにおける問題に関する論文を公刊した。イングランドとウェールズでは，1984年の「警察および刑事証拠法」に従い，「精神的なハンディをもった」被疑者への取調べには適切な成人（appropriate adult）が立ち会わなければならない（この問題については，Pearse & Gudjonsson, 1996aを参照のこと）。こうした措置がとられる最大の理由は，このような被面接者が，状況によって，不適切なあるいは信頼できない情報を生成しやすくなる可能性があるからである（Home Office, 1995）。クレアとグッドジョンソンは知的障害者は被疑者として警察の取調べをうけることが極端に多いが，警察による事前の注意と自分の法的権利を理解することが健常者に比べて大変に難しい場合があると指摘している。彼らはまた不本意な同意（上記を参照のこと）と迎合が，被暗示性と同様に警察による質問において重要な問題であると指摘している。しかしながら，われわれは面接に困難のある人々がより迎合的で不本意な同意をしがちであるにしても，面接においてみられる彼らの被暗示性は被面接者自身の要因によるものよりも（迎合や不本意な同意を生み出してしまうような）不適切な聞き取りによる場合が多いと考えている。グッドジョンソン被暗示性尺度は誤誘導的な質問に対する個人の弱さを量的に示すものであるが，被暗示性は人々が"身につけ持ち歩いている"何かというだけではなく，彼らの受けた面接の善し悪しの関数でもある。同様の見方は，どんなにうまく面接をしても子どもは暗示をうけてしまうという誤った信念にも適用可能である。

　クレアとグッドジョンソンは，知的障害をもつ大人と平均的な知能をもった大人に，男性の被疑者（俳優）が警察の取調べをうけている映画を見せた。前者のグループは自白が後に撤回されたならば自白したことはもはや何の影響もなく，また（殺人を）自白すれば（裁判までの間）被疑者は家に帰ることを許されるだろうと信じていることがわかった。被疑者にどのようなことが起きるのかということに関する彼らの理解において最も重要なことは，被疑者が自白したかどうかということではなく，実際に罪を犯していることである。彼らは被疑者が真犯人であるということが他人にとっても何らかの形で明白になると信じている。したがって彼が自白しようがしまいが関係ないのである。また，知的障害者は，誤って逮捕された被疑者に法的なアドバイスが必要であるとい

うことを説明してもほとんど納得しない。

　ペアスら（Pearse, Gudjonssonn, Clare & Rutter, 1998）は，面接に困難のある被疑者の多くが，そうではない被疑者よりも警察の取調べで実際に自白しやすいかどうかを検討した。160人の成人の被疑者が，警察署で取調べを待つ間に研究に参加することに同意した（拒絶したものは少数だった）。それぞれの参加者に対して心理テストと"臨床面接"が行なわれた。調査者は警察の取調べの録音テープも利用することができた。これらの被面接者のうち調査者によって面接に困難があると判断されたのは18％であった。自白にいたったかという点については面接に困難がある被疑者とそうでない者の間に有意な差はみられなかった（50％と60％）。自白は取調べの初期になされるのが典型的であった。自白にいたった被疑者の多くは盗みや空き巣や窃盗など，比較的軽微な犯罪の被疑者として取調べられていた。ペアスらはこれらの取調べにおいては通常，取調官と被疑者の関わりは薄く，被面接者の弱さが影響力をもつ機会は限られたものになると述べている。

　これは警察署での取調べにおいて被疑者が示すであろう心理的な脆弱さを幅広く検討した先駆的な研究であった。より重大な犯罪におけるもっとダイナミックで，より長期にわたる取調べについても同様の研究が行なわれる必要がある。しかしながらこのような実際の場面では，（ペアスらの研究で定義されたものとしての）脆弱な被疑者には適切な成人が立ち会うことになるが，脆弱でない被疑者には必要とされていない。適切な成人の立ち会いはこうして脆弱さと結びつけられている（つまり脆弱群と非脆弱群では面接に影響を与えうる適切な成人の立ち会いという点で違いがある）。もし適切な成人の立ち会いが望ましい効果をもつならば，このことによって非脆弱群よりも脆弱群のほうが虚偽自白の割合が高くなることを防ぐことができるだろう。しかし，適切な成人の有効性については論争がある（Pearse & Gudjonsson, 1996b を参照のこと）。ペアスらの研究においてもう一つ混合していることは，脆弱な被疑者の取調べには弁護士が立ち会うことが多く（54％に対して77％），こうした立ち会いは160人の被面接者全般にわたって，自白をしないということと有意に関係しているということである。被面接者と警察の取調べの関係に関する研究は火急の課題である。とくに，①現実の取調べのあり方と，②知的障害のように脆弱

さの永続的な側面のみならず，個人内で変化するような脆弱さの諸側面についても研究をすすめていく必要がある（たとえば，「被面接者としての適格性」については，Norfolk, 1997a, 1997b を参照のこと）。

12
障害児

ルース・マーチャントとマーカス・ペイジ（Ruth Marchant & Marcus Page, 1997）は「意見書と障害児」の第 1 章を執筆した。彼らはほぼ 10 年間，「良き実践のための意見書」（Home Office & Department of Health, 1992）に準拠して面接を実施することが多い児童保護手続きを通じて障害をもつ子どもたちと関わってきた。彼らは追加訓練をうけることが，障害をもつ子どもへの面接に取り組もうとしている者の利益になると述べている（「意見書」の詳細については次章を参照のこと）。

彼らの経験によれば「意見書の制限内で作業をすすめることで，非常に多くの障害児が証拠としても適切な方法で経験を明瞭に説明できるようになる」(p.78)。彼らは次のように述べている。

> 「当初は刑事訴追が困難に思えるような場合であっても，証拠としてできる限り有効となるような面接を子どもたちに提供できるという点で価値がある。子ども自身の説明は保護計画作成に役立つし，民事訴訟や訓練的な活動においても有効である。また，心理療法や個人の安全確保スキルの教育にも資することができる」(p.77)。

「意見書」において提唱されている面接の主要なステップについて彼らは次のように述べている。「障害児に関するわれわれの経験によれば，信頼関係構築の段階に 30 分ないし 40 分を費やすことは珍しくはない」(p.72)。なぜこのことが問題になるかといえば，所要時間に関する意見書の指示は面接全体で「1 時間」となっているからである。彼らが次のように指摘しているのは正しい。信頼関係構築の主要な意味は，面接者が被面接者について，とくにその能力（障害についてではない）について知ることなのである。「障害児は知的能

力が低いものとして扱われることにかなり慣れてしまっていることもあるが，自分はできるということを示す機会は喜んで受け入れる」(p.73)。マーチャントとペイジはまた，「障害児は休憩を要請するための相当はっきりとした許可が必要であり，そのために非常に単純なサイン，身振り，あるいは言葉が必要だ」(p.74) と述べている。

自由供述段階に関して彼らは，子どもはこの段階では部分的な説明をすることが多いと指摘している。彼らは「もっとたくさん話せないかな」「もっとわかりやすく話してくれるかな」といった，発話内容を制約しないうながしを用いることを勧めている。

質問段階については，次のことが指摘されている。意見書では4種類の質問形式が用いられているが，開始時においてはオープン質問を用いることになっている。これは子どもが説明する主要な部分で用いられるべきである。「意見書が誘導質問を完全に否定しているというのはよくあるまちがいである」ということも，また指摘されている。実際に意見書で述べられているのは，

「幼児や学習障害者から証言証拠を得ることの難しさを法廷が理解するようになるに従い，誘導質問の必要性についても理解が示されることになるだろう」。

ということであり，また，

「誘導質問が子どもの自発的な情報提供をうながすことに成功していれば，通常それは受け入れられる」。

"はい－いいえ"型の質問を用いた場合，期待される答えがいつも「はい」であるとは限らないということ，また同じ陳述が一度は「はい」という応答が期待される形式で，そして後になって，応答を一貫させるならば「いいえ」で応答しなければならないといった「反対の」形式で与えられなければならないことを推奨している。また，（同じ事柄に対して）2つの質問を行なうといったあまりないタイプの質問に関するアドバイスは，最初に置かれなくてはならないことを付け加えている（上述の，Sigelman et al., 1981 も参照のこと）。

マーチャントとペイジは次のように議論を締めくくっている。

「障害児に対するリスクを永続させるような数多くの神話があり，……障害児は有能な証人になりえないとみられている。もし障害児に他の子どもと同じような保護の権利を提供しようとするなら，こうした神話に対してはここ数年のうちに繰り返し，確信をもって異議申し立てを行なう必要がある」(p.77)。

しかし彼らはこのようにも指摘する。

「証拠として通用する方法を用いて，あるいはわれわれ自身の疑念をはらすようなやり方でコミュニケーションをとるためには，どうしたらよいのかまだわからない子どもたちの存在を認めることは重要である。現段階では重度の，深刻な学習障害をもつ子どもや自閉症児などがこれに含まれる」(p.77)。

13 新しい指針

1996年，警察の国家犯罪協会（National Crime Faculty）［訳注：1995年に捜査と犯罪の撲滅を目的として設立された。そのルーツは「ヨークシャーの切り裂き魔」事件に関するLawrence Byford卿による勧告にある。彼はとくに連続犯罪の捜査において適切な実務と斬新な発想に基づいた捜査の必要性を訴えた。これを受けて，警察官協会が国家犯罪協会を設立した。1998年には巡査長会の承認を得て，第一線の捜査を支援する専門的な知識と技能を提供してきた。2001年12月に戦略協会と統合し，現在は国家犯罪および戦略協会（the National Crime and Operations Faculty）となっている。おもな事業は，警察官の教育訓練，戦術支援，連続犯罪分析，犯罪の撲滅などである。］はイングランドとウェールズで現在，すべての警察官に対する取調べ訓練のベースとなっている実務ガイドを公刊した。この文書は次のように述べている(p.18)。

「面接に困難があるということで取調べを免除される，あるいは取調べを受ける資格がないと自動的に判断しないということを認識するのは重要である。ここで面接に困難があるというのは，自分をきちんと表現することや，自分の利益を守ることのできない人々のことを指している。たとえば，

・学習障害者
・精神的な障害やハンディ，身体的な障害やハンディ，あるいはその両方をもつ者
・幼児
・その他，特定の配慮が必要と考えられる者」。

　われわれは本章が，こうした面接がよりよく実施されることに向けられたものとなることを願っている。責任は被面接者から面接者へと置き換えなければならない。イングランドでは近年，多くの機関でこのことが実行されはじめた。ある警察機関は最近になって，施設で性的・身体的な虐待をうけた可能性のある学習障害をもった成人に面接を行なう警察官に対して，少人数のワークショップを行なうようわれわれに依頼してきた。ワークショップの後，警察ではこうした人々への面接を行なった場合はいつも，その面接をビデオで記録して，われわれがそれを分析し（24時間以内に）面接者のすぐれた部分と弱点についてフィードバックを行なうようになった。次の面接は，われわれのフィードバックが面接者によって詳細に検討された後に行なわれた。さらに，われわれは次の面接に対してもフィードバックを行なう，という具合に面接は進行した。面接を重ねるたびに面接者のスキルが高まっていくことにわれわれはおおいに満足した。研究者としてみたとき，目にみえる進歩はわれわれのフィードバックによるものではなく，単に経験を積んだことによるのだと気づいた。しかしわれわれは満足であった。悲しいことに，裁判が開始される前に，上記のケースでは中心的な被告が自殺してしまった。だが彼の妻は有罪となったのである。

14
まとめ

　ラッセル（Russell, 1993, pp.110-111）は，次のような重要な指摘をしている。

　「障害をもつ子ども（とくに複数の障害をもっている子どもや学習障害の子ども）が法廷で信頼しうる証人として行為する能力をもっているのかということにつ

いては，相当の疑念が示されてきた。われわれはこうした子どもたちが証言できるようどのように援助しうるのかということをさらに探求していかなければならない。望ましい評決を得ることに対する不安から起訴を取りやめることが適切な場合もあるだろう。しかし，事件をもみ消して法廷活動を行なわないことによって潜在的な虐待者に障害児は安全な犠牲者だと思わせてしまうならば，障害児のリスクはよりいっそう高くなるのである」。

新しい世紀を迎えるにあたり，面接に困難のある人への事情聴取，取調べの問題がさらなる研究に値するということはまちがいないように思われる。本章ではこの問題について近年明らかになったことを概観した。残念なことにそうした知見は他の領域に比べて少ない。中程度の学習障害者に関する質の高い研究はそこそこある。しかし他の面接に困難のある人（たとえば，まったく話せない人，重篤なショック状態にある人，重度の学習障害をもつ人，精神を病んでいる人など）が，われわれのサポートを必要としているにもかかわらず，彼らに対してどのように面接を行なうかということに関してしっかりとした方法論に基づいた研究は皆無である。何とかしなければならない。

参考文献

Clare, I. C. H. & Gudjonsson, G. (1993) Interrogative suggestibility, confabulations, and acquiescence in people with mild learning disabilities (mental handicap): Implications for reliability during police interrogations. *British Journal of Clinical Psychology*, **32**, 295-301.

Pearse, J., Gudjonsson, G., Clare, I. C. H. & Rutter, S. (1998) Police interviewing and psychological vulnerabilities: Predicting the likelihood of a confession. *Journal of Community & Applied Social Psychology*, **8,** 1-21.

Perlman, N., Ericson, K., Esses, V. & Isaacs, B. (1994) The developmentally handicapped witness: Competency as a function of question format. *Law & Human Behavior,* **18**, 171-187.

第**8**章

子どもの面接

　1994年の夏，子どもが証人として関わった，イギリスで最も長い刑事裁判の一つが終わった。終結に際し，新聞は以下のように報道している。

> 「800万ポンド訴訟：子どもに性的暴力をふるった集団が有罪に」(デイリーテレグラフ，1994年6月13日付)。

> 「人里離れた納屋や倉庫に連れ込まれ，計画的な性的虐待を受け，どれほど恐ろしい体験をしたか，陪審員は子どもたちが受けた行為を詳しく聞いた。被害を受けた子どもたちはナイフやピストルで口止めされていたが，ソーシャルワーカーらが面接を行ない，非行集団が彼らを輪姦し辱めたという悲劇的な情景が明らかになったのだ」(タイムズ，1994年6月13日付)。

　裁判は8か月におよび，最終的には5人の男性が有罪となった。この判決が出るまでに，陪審員は5日間にわたる詳細な審議を行なった。弁護側は子どもによる申し立てを激しく否定し，ある弁護士はこう主張した。子どもたちが語る恐ろしい物語は「純粋なファンタジーなのだ」と。10人の子どもがライブのビデオ回路を使って証言し，初期に録画された面接のビデオ録画も放映された。ある11歳の子どもは「6日間にわたる反対尋問を受け，泣き出すこともたびたびあった」という(デイリーテレグラフ，1994年6月13日付)。社会福祉課と警察は「模範となるような調査」を行なったと主張し，社会福祉課長は後に「この事件により，子どもたちが虐待について開示できること，そして

それを信じてもらえることが明らかになった」と語った（デイリーテレグラフ，1994年6月13日付）。

1 ガイドライン

子どもたちに捜査面接を行なった人々が用いたガイドラインのなかに，「良き実践のための意見書——刑事手続きのための，子どもの目撃者に対するビデオ録画面接」（Home Office Department of Health, 1992）と「面接ガイド」（CPTU, 1992a）がある。「面接ガイド」のほうは「PEACE」面接訓練パッケージ関連の警察面接の一部である。第9章で述べるが，この冊子は目撃者，被害者，被疑者（大人であれ子どもであれ）の面接について書かれており，イングランドとウェールズでは，全警察官127,000人に配付されている。しかし，本章では「良き実践のための意見書」について述べることにする。

2 新しい法律

刑事法廷において子どもの証言を認めようという法律が，近年，多くの地方で提案されている。たとえば1988年，イングランドとウェールズ地方は，子どもが刑事法廷で，裁判所の別室に設けられた「ライブのビデオ回路」を通して証言できる法律を導入した。また，宣誓していない子どもによる補強証拠のない証言に基づいて人を有罪にしてはならない，という法律を廃止した。それに伴い，陪審員に対し，子どもの証言を受け入れる危険性について警告する義務も廃止されている。

同じ年，内務省はピゴット裁判官を委員長とする委員会を設立した。この委員会の報告を受けて，多くの改革案が出された。その一つに，刑事事件における子どもの証言を公判前にビデオ録画するよう慣例化する，というものがある。1991年の刑事裁判法（the 1991 Criminal Justice Act）は，このような証言を主要な証拠とすることを認めたが，公判ではライブで反対尋問を行なわなくて

はならないとした（子どもは裁判所の別室から「ライブのビデオ回路」を通じて証言することができる）。ただし 1991 年の法律は，面接が適切に行なわれていないと裁判官がみなした場合には，ビデオ録画面接の一部（またはすべて）を却下してもよいという自由裁量権を裁判官に与えている。なお，イングランドとウェールズでは，少なくとも 6 歳に達していなければ，刑事訴訟における子どもの証言能力は認められなかったが，その前提事項も廃止された。

3 良き実践のための意見書

ビデオ録画面接では，面接官の技能の善し悪しが白日のもとにさらされる。そこで 1991 年，内務大臣は下院において，内務省は面接官の助けとなるようなビデオ録画面接のための実務規範を作成すると宣言した。心理学者（本書の著者レイ・ブル（Ray Bull））と弁護士ディ・バーチ（Di Birch）が内務省の依頼を受けて，1991 年の夏までに実務規範の最初の草稿を作成することになった。また内務省は，関連ある多くの組織（たとえば，刑事司法弁護士連合会，法学会，警察官協会，国立子どもを虐待から守る会，社会福祉局長連合会，チャイルドライン，王立精神科医協会，国立子ども局，イギリス心理学会等）の代表からなる，方針決定のための運営委員会を設立した。内務省はわれわれが作成した規範の元草稿を修正し，各委員に配付してコメントを求めた（各委員は，さらに彼らの同僚に照会した）。それから委員会（ブルやバーチを交えて）を開き，この「第 1 修正版」について議論し，改良案を提示した。同様の経過を経て内務省が「第 2 修正版」を作成し，「第 3 修正版」も同様の手続きで作成された。そして 1992 年 1 月，「第 4 修正版」が作成され，「内務省宛にご意見をお寄せ下さい」との表示とともに広く配付された。それから「第 5 修正版」が作成され，1992 年 8 月，「良き実践のための意見書」と改題された最終版が発行されたのである。

「意見書」は，体験を報告する意志のある子どもに捜査面接を行なうために起案された。主たる節は面接の実施に関するものだが，その最初の草稿を書く仕事がブルに回ってきた。この仕事を遂行するため，ブルは関連する専門家や

文献に広く当たった。

4
先行資料

ロンドンに，世界的に有名な「大オーモンド通り小児病院」がある。この病院では 1980 年代に，精神科医アーノン・ベントヴィム博士（Dr Arnon Bentovim）とその研究チームが，治療の目的で，不快な体験をした可能性のある子どもの面接法を開発していた。このチームは果敢にも面接を録音しており［訳注：はっきりとした証拠が残る録音を行なうのは，当時，勇気のいることだった］，そのなかには裁判手続きのため，罰則付召喚令状を受けたものもあった。だが，その面接法は，証拠を得る規則に適合していないと非難された。「大オーモンド通り」研究チームの面接は，もともと法手続きを目的としたものではなかったが，彼らは法曹から批判されない面接手続きを編み出そうと努力した。チームの精神科医の一人，アイリーン・ヴィザード博士（Dr Eileen Vizard）は，1991 年に刊行された書物の一部に，この手続きのことを記している。

1988 年，王立精神科医協会も，精神科医による子どもへの面接を支援する目的で，ガイドラインを発行した（Jones & McQuiston, 1988）。この冊子は特定の段階を経た後に次の段階に進むといった（p.25），段階的な手続きを推奨している。同年，アメリカ合衆国でもボートとエバーソン（Boat & Everson, 1988）やカレン・セイウィッツ（Karen Saywitz, 1988）が，子どもの面接は段階を追って進めるのがよいと提唱した。

1991 年，ブルは内務省の「良き実践のための意見書 1992 年版」の一節を書く一方で，イングランドとウェールズの各地をめぐり，犯罪の被害を受けたか，または犯罪を目撃した可能性のある子どもに面接を行なった経験のある，十数人の専門家を訪問した（こうして訪ねた人々のなかには精神科医アイリーン・ヴィザード博士やデイビッド・ジョーンズ博士（Dr David Jones）も含まれていた）。これらの訪問先には，内部資料として（つまり公刊されていない資料として），子どもに捜査面接を行なうためのガイドラインを開発した人々（警察官，ソーシャルワーカー）もたくさんいた。彼らはガイドラインの質に自信

がもてないでいることも多かったが，たいていの場合，それを快く見せてくれた。「内部資料」の文書を見て感銘を受けたことは，その多くが原則において互いに類似しているだけでなく，ジョーンズとマックイストン（Jones & McQuiston, 1988）やヴィザード（Vizard, 1991）らが公刊したガイドラインにもよく似ていることであった。内部資料の製作者たちは，当時はまだ，これらの刊行物のことを知らないはずであったにもかかわらず，である。

1981年，ストックホルムで目撃証言心理学に関する最初の国際会議の一つが，アーン・トランケル教授（Arne Trankell）によって開かれた（Trankell, 1982を参照のこと）。その会議でウド・ウンドゥイッチ教授（Udo Undeutsch）は，英語では初めて，ある講演を行なった。それはドイツの法廷から指名された心理学者が用いる，性的虐待を受けた子どもの報告の信頼性を決定する方法に関するものであった。この方法は，おもに，子どもの報告を書き起こしたものを「基準に基づく内容分析（criteria based content analysis: CBCA）」によって検討するというものである（この分析法については，Memon, Vrij & Bull, 1998を参照のこと）。これを行なうには，子どもを対象とした質の高い面接が必要不可欠である。ウンドゥイッチは講演で，質の高い面接の原則を声高に主張した。内務省のための文書を作成するにあたって，著者レイ・ブルは1981年の会議でウンドゥイッチが述べたことや，1988年イタリアで開かれた信頼性の査定に関するNATO基金による会議（Yuille, 1989を参照のこと）で，ドイツの他の心理学者が語ったことを思い出した。また，著者は当時の同僚であったガンター・コーンケン博士（Dr Gunter Köhnken）と，ドイツの面接手続きについて話し合った。ドイツの面接法について著者が感銘を受けたことは，それがジョーンズとマックイストン（Jones & McQuiston, 1988）やヴィザード（Vizard, 1991）によって提唱された段階法と大変よく似ているということであった。（イギリスの）著者たちも，これまた当時は，ドイツの手続きについては知らなかったはずである。

カナダでは，バンクーバーの心理学者ジョン・ユーイ（John Yuille）が，子どもの報告を得るためにドイツで用いられている実務的な面接法を苦労して調べていた。ドイツ人は，その面接法で得られた書き起こし資料が一定の基準に達しているかどうかを検討するのである。1988年，ユーイは子どもの証言を

得る方法に関する，萌芽的で包括的な論文を発表した。彼は「子どものための組織的な捜査面接法が必要だと宣言するために」，ドイツの心理学者マックス・ステラー（Max Stller）やアメリカのデビッド・ラスキン（David Raskin）と「協力し，努力した」（p.255）と書いている。また「この共同作業から生まれた手続きを，供述の妥当性分析（Statement Validity Analysis）と名づける。これは西ドイツからの研究者の協力なしにはできなかった」（p.255）とも書いている。ユーイが提唱した面接法は，最初の段階，自由再生段階，特殊な質問段階，および被暗示性のチェックからなる。

著者は多くの外国人研究者から，草稿を書く参考になりそうな未発表文献を送ってもらったが，ジョン・ユーイもその一人であった。1991年，彼は「ステップワイズ法」と彼自身が名づけた面接法に関する未発表の論文を送ってくれた（この面接法は，Yuille, Hunter, Joffe & Zaparniuk, 1993として公刊されている）。おおざっぱに言えば，この面接法が提唱していることは，ジョーンズとマックイストン（Jones & McQuiston, 1988）やヴィザード（Vizard, 1991），上述したイングランドとウェールズの内部資料で扱われている方法など，イギリスの面接法が提唱していることと類似していた。ただし，質問段階で用いられるさまざまなタイプの質問に関しては，ユーイの1991年の文書よりもブルが内務省に送った文書のほうが詳しい内容となっている。ブルが作成した文書のこの箇所は，アメリカ児童虐待専門学会による1990年の文献にも一部紹介されている。

5
「意見書」による提唱事項

それでは「意見書」がどのようなことを提唱しているかみることにしよう。「意見書」は多くの節からなる。証拠に関する規則，面接前になすべきこと，面接後になすべきことなどの節があるが，最も主要な節は「面接の実施」という題で，以下のような段階面接法を提唱している。

   1. ラポール

2. 自由ナラティブ
3. 以下に示す質問
    (a) オープン質問
    (b) 特殊な，しかし誘導のない質問
    (c) クローズ質問
    (d) 誘導質問
4. 終結．

　読者は今後，「意見書」について頻繁に見聞きされることになるだろう。だから，ここではあまり詳しくは説明しないことにする。「意見書」の詳細はブルの研究（Bull, 1992, 1995a, 1995b, 1996）や，当然のことながら「意見書」そのものをみていただきたい（「意見書」は政府出版局から安価な値段で販売されている。電話は 00-44-171-873-9090，ファックスは 00-44-171-873-8200 である）［訳注：日本語では，仲真紀子　2001　「対話行動の理解」　井上毅・佐藤浩一（編著）『日常認知の心理学』　北大路書房　pp.147-167 に紹介がある］。「意見書」が提唱している面接法が，現在，他の多くの国で用いられているガイドラインと似通っていることに気づかれる読者も多いことだろう。「意見書」のガイドラインは，また，本書を通じて与えられるアドバイスとも符合している。

　子どもの面接に携わる多くの人々が，「意見書」のアドバイスに従っている。だが，今や「意見書」が作られてから 6 年が経過した。出来事を想起する意志のある子どもを支援するための技法は，この数年間のうちに研究が進み，われわれは今，これらの新しい技法についても検討を行なっているところである。しかし，語る意志のない子ども，トラウマをもつ子ども，脅迫を受けた子どもの面接にアドバイスを与えてくれるような実証的研究はほとんどない。以下に紹介する実験研究も，当然のことではあるが，虐待的な出来事を想起する子どもについてのものではない［訳注：倫理的にもこのような実験は許されない］。こういった「意見書」の限界についてはウエストコットとジョーンズの研究（Westcott & Jones, 1997）をみていただきたい。

6
子どもに質問を行なうこと

　大人と同様，子どもも質問の影響を受ける。「意見書」は質問の種々のタイプについて，またそれらを行なう順序について，面接官に指針を与えている。すでに本書の第2章で，質問のおもなタイプを概観し，どのタイプの質問が被面接者の答えを歪ませにくいかを指摘した。そのため，本章では同じ基礎的事項を繰り返すことはせず，第一にオープン質問を行ない，次にクローズ質問に移り，誘導質問はその後に行なうべきである（ただし，誘導質問の使用は厳しく制限されねばならない）ということを繰り返すだけにとどめよう。

　多くの研究が，「オープン質問によって得た情報は，焦点化した手がかり[訳注：クローズ質問など]を用いて得た情報よりも正確である」ことを示している（Hershkowitz, lamb, Sternberg & Esplin, 1997, p.170）。しかし，これらの研究のほとんどは，当然のことながら，実際に体験した被害や目撃について面接を受けた子どもに関するものではない。最近，ハーシュコビッツら（Hershkowitz et al., 1997）は，実際に虐待を受けた可能性のある子どもの捜査面接において，オープン質問の有効性を検討した。ラムら（Lamb, Hershkowitz, Sternberg, Esplin, Hovav, Manor & Yudilevitch, 1996）やスタンバーグら（Sternberg, Lamb, Hershkowitz, Esplin, Redlich & Sunshine, 1996）と同様，彼らもまた，オープン質問を用いれば，より長く豊かな応答を子どもから引き出せることを見いだしている。そればかりか，他のタイプの質問によって引き出された応答には，「基準に基づく内容分析（CBCA）」で用いられる情報タイプ——これは子どもが真に体験した出来事を語っているかどうかを決定するのに用いられる——があまり含まれていないことが明らかになった。なお，この面接を行なった面接官は経験豊富であったが，残念ながら，オープン質問をあまり用いていない。実際，彼らの発話の37％は誘導的，11％は暗示的であり，オープン質問はわずか6％であった。デービスら（Davies, Wilson, Mitchell & Milsom, 1995）やウォーレンら（Warren, Woodall, Hunt & Perry, 1996）も，訓練を受けた専門家が行なった実際の捜査面接を検討して，多くの

クローズ質問や誘導質問が含まれていることを指摘している。ブルとチェリーマンの研究（Bull & Cherryman, 1996）も同様の結果であった。

　捜査面接官はオープン質問をできるだけ多く用いるよう努力すべきである。スタンバーグら（Sternberg, Lamb, Hershkowitz, Yudilevitch, Orbach, Esplin & Hovav, 1997）は，実際に性的虐待を受けた子どもへの面接において，面接官がオープン発話を増やすスクリプト（台本）に従いつつ，ラポールを築くことができることを見いだしている。面接官がそれを実行すると，子どもは後に続く面接の主要段階で，有意に多くの情報を報告した。つまり，ラポール段階でオープン質問に答えることに慣れさせておけば，子どもはより情報豊かな応答をするようになるのである。スタンバーグら（1997）によれば，子どもは大人同様，面接官がどのような回答を望んでいるのか（短い答えがよいのか，長い答えがよいのか等）をすぐに見抜いてしまう。しかし大人とは異なり，子どもは，尋ねられている事柄について面接官が何かを知っているのに違いない，と考えがちである。そのため，質問を自由回答式（open ended）にしておかないと，子どもには詳細な応答が求められていることが伝わらないのである。だが残念なことに，スタンバーグら（1997）の研究に参加した経験豊富な面接官たちは，ラポール段階が終わるとすぐにオープン質問をやめてしまった！

　オープン質問は，必ずしも常に子どもから質の高い情報を引き出すとは限らない。スタンバーグら（Sternberg et al., 1997）が述べているように，質の高い情報を引き出せるか否かは，どう答えるのが最適かという子どもたちの信念に依存している可能性がある。ハッチソンら（Hutcheson, Baxter, Telfer & Warden, 1995）によれば，「一般的な質問は特化した質問ほどには情報を引き出しえない」（p.631）ことを示す研究は多い。しかし，こういった先行研究の結果は，一般的な質問やオープン質問にどう答えればよいのかについて子どもたちが適切な説明を受けなかったことによるのかもしれない。また，面接官の技能が高くなかったことによるのかもしれない。ハッチソンらの研究では，警察官やソーシャルワーカーなど，適格な専門家が面接官を務めた。子どもたちは学校で実演された出来事について面接を受け，面接官は"いつも通りに"面接するよう教示を受けた（p.639）。その結果，確かに一般的な質問の数と子どもの報告の量には相関がなく，年長の子ども（8〜9歳）では，特化した質問

と報告の量に相関があった。一般的な質問の多くは何ら情報を引き出しえなかったが，後に続く，同じトピックに関する特化した質問は情報を引き出すことができたのである。しかしながら，年少の子ども（5～6歳）にとっては，特化した質問の数が多いほど，その報告は不正確になった。

ハッチソンらは，子どもが一般的な質問や特化した質問にどう答えるかは，年齢と関係があると述べている。不完全な質問を行なうと，年少の子どもほど反応が不正確になる。年少児に対しては，一般的な質問やオープン質問にどう答えるべきか，指導が必要であろう。指導すれば，よりよい情報が期待できるかもしれない。しかし，以下にみるように，年少の子どもでは質問の繰り返しによる影響のほうが大きいかもしれない。

7
質問を繰り返さないようにする

質問を繰り返す場合，面接官は注意深くなくてはならない。子どもが質問にうまく答えられなくても，それは，質問が理解できなかったからかもしれない。そうだとすれば，同じ形式の質問を繰り返しても効果はないだろう。質問に答えるようにという圧力が子どもにかかるだけである。「知らない」とか「わからない」と答えてもよいばかりでなく，そう答えることが望ましいこともある，ということを子どもがはっきりと理解していない場合，子どもは追従して勝手に答えを作り出しかねない。しかし，わかりやすい表現に言い換えて質問すれば，実りは多いと思われる。

質問に答えていたのに，後でまた同じ質問を繰り返されると，子どもは最初の答えは面接官が望んでいた答えではないのだと思うかもしれない（Ricci, Beal & Dekle, 1996）。そして繰り返された質問に対し，前とは異なることを答えてしまうかもしれない。1回の面接内でクローズ質問を繰り返すことは，負の影響を及ぼすことが知られている（Memon & Vartoukin, 1996）。しかし，オープン質問の繰り返しはそうでもないようだ。オープン質問ならば，子どもたちは前の答えと矛盾することなく，より精緻化された情報を報告できるかもしれない。

1回の面接で同じ質問を繰り返すことと,面接それ自体を複数回行なうこととを混同してはならない。面接官の技能が優れているならば,後者,すなわち面接を繰り返すことは必ずしも悪いことではない。もちろん,技能のない面接官が,子どもが自分の望むように答えなかったからといって,繰り返し面接を行なうのはよくない。だが面接を複数回うまく行なえた場合には,子どもも大人と同様,後の面接で新たに正しい情報を報告することができるかもしれない(Martin & Thomson, 1994; Poole & White, 1995)。ただし,2回以上面接を行なう場合には,子どもにその理由をはっきりと伝えるべきである。また,先行する面接でバイアスのかかった暗示を与えると,後の面接で,子どもはそれをあたかも自分の記憶であるかのように再生するかもしれないので,注意が必要である(Ceci & Bruck, 1993, 1995; Powell & Thomson, 1997)。

8
認知面接によって子どもに面接を行なう

多くの研究が示しているように,自由再生を求めた場合,年少の子どもは年長の子どもや大人に比べ,情報をあまり報告できない。このような知見や専門家による類似の所見により,子どもは記憶のなかに少ししか情報を貯えられず,したがって証人としての能力は低いのではないかと考えられてきた。しかし1980年代後半から1990年代に行なわれた研究の蓄積により,面接官が適切な技法を用いさえすれば,年少の子どもであっても,支援を受けつつ多くの情報を報告できることが明らかになっている。

子どもからできるだけ多くの情報を報告させることに役立ちそうな方法,その一つに認知面接法(CI)がある。CIとその技法の開発過程については第3章で述べた。CIはもともと大人の面接のために開発されたものだが,近年ではCIを子どもに用いる場合の有効性も研究されている。子どもにCIを用いた最初の論文は,1988年に発表された。この論文はエド・ガイゼルマン(技法の開発者の一人である)とペディラ(Geiselman & Padilla, 1988)によるものである。CIを用いた子どもたちは,用いなかった場合に比べ,正しい情報を21%多く再生した。1992年,ガイゼルマンらはこのテーマで2番目の論文

を発表した。セイウィッツらとの研究（Saywitz, Geiselman & Bornstein, 1992）で，研究1では7歳から9歳の子どもたちにCIを用いると，正再生が26％上昇することを見いだしている。また研究2では，8歳から12歳の子どもで，32％上昇した。彼らは研究2において，認知面接法の練習をすれば出来事の主要部分の再生がよくなるかどうかも調べている。というのは，子どもたちは認知面接法に慣れておらず，練習が必要だと思われたからである。認知面接法を自発的に用いるような子どもには，わざわざ面接官が手続きを説明してやる必要はないかもしれない。だが子ども，とくに年少の子どもは，メタ記憶の技能が不十分である。そのため彼らは記憶の作用について，自らを顧みて学ぶということがない。大人や年長の子どもとは異なり，体験をより多くより正確に報告する助けとなる方法を，自発的に用いることがないのである。この研究（Saywitz, Geiselman & Bornstein, 1992）によれば，認知面接の練習を行なった場合，正確な再生はさらに25％上昇した。この研究では，CIにより不正確な情報の再生が増加することはなかった。

　しかし，これらの先駆的な研究にもいくつかの欠陥がある。たとえば，CIを用いる条件の面接官はCIの訓練を受ける（当然である）。一方，CIを用いない条件の面接官は，最善を尽くして面接するようにと告げられるだけで，研究のなかでは特別の訓練を受けない。そのためCIを用いる条件の面接官は，用いない条件の面接官よりも，動機づけが高い可能性がある。CIで面接を受けた子どもがより多く再生したのは，動機づけの違いによるのかもしれない。以下に説明するように，われわれの研究では，この交絡の可能性を統制しようと試みた。もう一つ，セイウィッツら（Saywitz et al., 1992）の研究には重要な問題がある。それは，学生がCI面接官を務めた場合，彼らは正しくCI面接を行なえたが，同じCI訓練を受けた警察官が面接を行なった場合，彼らはCIをそれほどうまく実践することができなかったということである。大人の面接で警察官を用いたわれわれの研究（Memon, Bull & Smith, 1995）や他の研究（George, 1991）でも，警察官はCI訓練を必ずしもうまく実践に移せなかった。古い面接法が非生産的だとわかっていても，彼らには，これまで用いてきた古い面接法を改めるのは困難なのだろう（第3章，第9章を参照のこと）。

第8章　子どもの面接

　1992年，子どもにCIを用いる有効性を示す，別の研究が発表された。この研究を行なったのは，CIのもう一人の開発者ロン・フィッシャー（Ron Fisher）とその共同研究者である。この研究においても，またマッコリーとフィッシャーの研究（McCauley & Fisher, 1995）においても，CIで面接した子ども（7歳）はCIを用いずに面接した子どもに比べ，正しい情報をより多く再生した。研究2で，マッコリーとフィッシャーは，子どもに面接するソーシャルワーカーらが開発した面接法とCIとを比較し，CIではエラーが増加しないことを示している。

　子どもにCIを用いる有効性を示す第3の報告も，同じく1992年に発表された。この論文の著者にはCIの開発者は含まれておらず，研究はアメリカではなくドイツで行なわれた。この研究では，CIを用いない条件の面接官も面接法の訓練を受けた。つまり，2つの面接官グループの違いは，一方のグループの受けた教示や練習がCIだということだけであった。この研究においても，CIを用いた子ども（9歳から10歳）の正再生は有意に高かった（Köhnken, Finger, Nitschke, Höfer & Ascherman, 1992）。しかしCIを用いた場合，作話（つまり実際に目撃した出来事には存在しなかったことの報告）は，比較的少なかったものの，統計的に有意に上昇した。

　1992年，われわれも子どもにCIを用いた最初の研究成果を報告した。われわれはとくに年少の子ども（6歳から7歳）を対象とした。年少の子どもは年長の子どもに比べ，一般に再生量が少ない。したがって，CI手続きは年少の子どもへの恩恵が大きいだろうと考えたのである。しかし，大人では効果があるCIを子どもに用いてみたところ，再生の増加は見いだせなかった。理由としては，CIの各技法を組み合わせて用いなかったことが考えられる。フィッシャーとガイゼルマン（Fisher & Geselman, 1992）は，CIの技法を組み合わせて用いるよう勧めているが，われわれは個々の技法を別々に用い（つまり，組み合わせることなく用い），それを「もっとがんばって」という教示と比較したのであった。「もっとがんばって」という教示は，先に述べた動機づけの問題を回避するために用意したのである。またCIの効果が見いだされなかった別の原因としては，大人ならよく理解できるCIの教示が，子どもには理解されにくかったということが考えられる（より詳しくは，Memon, Cronin,

Eaves & Bull, 1996 を参照のこと）。この 1992 年の研究結果に基づき，われわれは年少の子どもにも合うように，CI 手続きを修正することにした。とくに「視点を変える」という教示は省くことにした。1992 年の研究では，年少の子どもはこの教示をよく理解できず，うまく使えなかったからである。もっともこのことは驚くには値しない。発達心理学者は以前から，年少の子どもは他者が異なる視点をもっている可能性に気づかず，たとえ気がついたとしても，他者の視点に立つのが苦手であることを知っている。ただし，著者ミルンによる最近の研究（Milne, 1997）によれば，適切に説明しさえすれば，5歳，6歳の子どもであっても，視点を変える教示を理解することができるという。

　その後われわれは，アミナ・メモン（Amina Memon）やガンター・コーンケン（Gunter Köhnken）といくつかの研究を行ない，他の適切な面接条件と比較しても，CI は正再生を増加させることを見いだした。これらの研究では，CI 条件と比較される条件の面接官は，CI 以外の条件では同一の訓練を受ける（訓練の詳細については，Memon, Wark, Bull & Köhnken, 1997; Memon, Wark, Holley, Bull & Köhnken, 1996; Milen, 1997 を参照のこと）。面接官の各グループ（つまり，認知面接を行なう面接官か，それと比較される面接官。後者が受ける面接法をわれわれは構造面接法 SI と呼んでいる）は，1 日 1 回 4 時間の訓練セッションを 2 回受けた。CI グループも SI グループも，まず（別々に），情報収集における面接の重要性について入門的な講義を受ける。そして，あなたがたは子どもの証人から正確な情報の再生をできるだけ多く引き出す新しい技法の訓練を受けるのだと告げられる。われわれは最初の時点から面接官の役割を強調し，訓練，技法の練習，適切な運用の重要性を伝えた。筆記による練習を行ない（たとえば，どのように挨拶しラポールを築くか，また面接の目的をどのように説明するかなどを書かせる），面接における非言語的な行動についてのガイドライン（座る位置，アイコンタクト，話す速度など）も与えた。また，十分に間をとり，話をさえぎらないことが重要だと強調した。手続きに関しては，まず全体像を示し，それから各段階について教示の例をあげつつ細かく説明した。各段階においてロールプレイの見本を例示し（訓練を受けた面接官が子どもに CI または SI 面接を行なう），その後，実際にロールプレイで練習を行なった（出来事を選び，子どもまたは面接官の役割をロール

プレイした)。また，練習を録画し，各人へのフィードバックも与えた。最後は十分なディスカッションと質問の時間を設けた。またロールプレイだけでなく，面接の各段階を心のなかでリハーサルするよう求めた。どちらのグループにおいても，面接は「意見書」で述べられている各段階と一致するよう分割されていた。以下の4つの段落は訓練の全体像を示すものである。これらは第3章と第9章で述べたCI訓練に基づいている。

ラポール　面接の大事な第1段階は，子どもとラポールをつけることである。子どもが慣れ親しんだ事柄，たとえば大好きなゲーム等について尋ねるのがよい。「それは面白そうね。どうやるのかお話しして」といった反応はラポールを高め，子どもが詳しい応答をするきっかけとなる。CIグループもSIグループもこのような方法を用い，ラポールをつける練習を行なった (Saywitz, Geiselman & Bornstein, 1992 を参照のこと)。ラポールをつける過程で重要なのは，面接官から子どもに発話の主導権を移すことである（主導権の委譲には，話を妨げず，積極的に耳を傾けることや効果的な間の使用も含まれる)。面接官は主導権を移すなかで，自分は出来事についての情報をもっていないこと，情報をもっているのは子どもであることを明確にする。この手続きはCIの典型的な構成要素だが，他の面接ガイドラインにおいても取り入れられている (Bull, 1992, 1996; Home Office & Department of Health, 1992)。そこで，SIグループもCIグループと同様，この手続きの訓練を行なった。

自由報告　どちらの面接官にも，自由報告を引き出す過程や，自由再生を用いて（後の質問段階で調べるのに役立ちそうな）情報を得る方法について教示した。また自由報告の最中，簡単なノートを取るよう求め，子どもの語った自由報告に基づいて後の質問を組み立てるよう指示した。さらにCI面接官には（CI面接官のみ)，証人が自由再生をする際，文脈の心的再現を行なうようにとうながす訓練も行なった。CI面接官はこの段階では，できるだけ詳しく，たくさん報告するようにと子どもに教示する（この教示については第3章を見ていただきたい)。なお，どちらのグループの面接官にも，子どもの自由報告においては，より多くの情報を求める仕方で応答するよう教示した（たとえば，目撃したことについてもっとお話

ししてくれる？　と尋ねるなどである）。どちらの条件の子どもにも，作り話をせず，覚えていることだけを報告するように求めた。

質問段階　この段階では，どちらの面接官にも，証人が自由再生段階で話した情報を用いてフォローアップの質問を行なうよう求める。CI 面接官にも SI 面接官にも，適切なタイプの質問を用いるようにと教示した。つまりオープン質問で始め，次にクローズ質問を行なうのである。また当該の出来事において，どんな人物が何をしたかを知るには，一般に，自由再生を用いるのがよいと教示した。子どもが人物に言及したら，面接官は衣服等について詳しい情報を引き出すよう指示された。彼らはまた，とくに誘導質問，誤誘導質問，強制選択質問を避けるようにと教示を受けた。これらに加えて CI 面接官には，出来事のさまざまな部分について，子どものイメージを活性化し，それについて尋ねる訓練も行なった（つまり，文脈再現である）。また，そのためには証人の状態に合った質問を行なうことが重要だと強調した（第 3 章を参照のこと）。

2 度目の検索段階　この段階の目的は，重ねて教示すると新たな情報が再生されるかどうかを調べることである。この段階は CI グループと SI グループで異なる。CI 面接官は CI に含まれる"逆向"想起の教示を「(この出来事) の一番最後のことを思い出してお話しして。そしてその前に起きたこと，その前に起きたことというようにして，あなたが覚えている一番最初のところまで戻ってみてください」のように行なう。新たに得られた情報が，出来事のどの部分についてのことかわかるように，この手続きは面接の後のほうで行なう。一方 SI グループも，出来事をもう一度最初から思い出し，できれば新しい情報を思い出すようにと子どもに求め，追加情報を引き出すよう試みる。SI 面接官は，重ねて尋ねるのは話を記録したノートをチェックし，新しい情報を思い出してもらえるようにするためだと告げ，子どもの動機づけを失わせないようにした。

どちらのグループの面接官も，受けた訓練に合った理論的背景のまとめと，学習すべき訓練事項が詳しく書かれたパンフレットを手渡された。また両グループとも，自分たちが「実験条件」であると信じ込まされた。

われわれは上のように修正したCIの効果についていくつもの研究を行なったが，その一つ（Milne, Bull, Köhnken & Memon, 1994, 1995）では，CIで面接した8歳，9歳の子どもたちは有意に多くの情報を報告し（23％），不正確な情報はCIとSIで差がなかった（不正確な情報とは，作話，すなわち出来事にはなかった事柄を報告したり，エラー，すなわち出来事にあった事柄を不正確に報告することである）。さらに仮説通り，CIで面接を受けた子どもたちは，後の誤誘導質問への抵抗力が強いことが示された。この最後の発見はたいへん重要である。というのは，子どもの面接のガイドライン（たとえば，Home Office & Department of Health, 1992）は，誘導質問の使用はできるだけ避けるべきだが，もしもそのような質問を行なうのならば，それは面接の終盤で行なわねばならない，と記しているからである。CIを用いれば，その後誤誘導質問を受けたとしても望ましくない効果を与えることを低減できるかもしれない。

　別の研究（Memon, Holley, Wark, Bull & Köhnken, 1996）では，CIによる再生の増加と，SIによる再生の増加に有意差はなかった。だが，CIで面接した子どものほうが，SIで面接した子どもよりも誘導質問の悪影響が少ないという重要な結果は再現された。この研究における面接は，出来事の目撃から12日後に行なわれたものであった。

　われわれは別の研究（Memon, Wark, Bull & Köhnken, 1997）でも，出来事の目撃から12日経過した後では，CIによる再生量は，数値的にはSIよりも多いが，統計的に有意ではないという結果を得た。しかし，出来事の2日後に想起を求めた場合は，CIとSIの正再生の差は有意だった。2日後では，エラーはCIのほうが多かったが，その（数値的）差異（CIは10，SIは7）は，正再生における実質的な差異（CIは102，SIは82）に比べれば小さなものだった。

　12日間の遅延を設けた2つの研究では，CIとSIの差は有意でなかったわけだが，この結果は，CIが出来事から比較的短時間のうちに用いられた場合に限って有効であることを示唆している。事実，われわれは最近55件のCI研究を対象にメタ分析を行なったが（Köhnken, Milne, Memon & Bull, 1999），正しく報告された詳細情報に見られるCIとSIの差は，出来事から面接まで

の期間が長くなるほど小さくなった。これは十分予想されることである。時間が経つと文脈手がかりを想起しにくくなり、そのため効果的な心的文脈再現が難しくなるのかもしれない。

(1) 学習障害

認知面接に関する節の冒頭で、年少の子どもは特別の面接技法による援助がなければ、覚えていることすべてを自由再生で報告することは難しいと述べた。学習障害をもつ子どもについても同様のことがいえる。彼らは通常、自由再生で細部について語ることはない。第7章では学習障害者の面接に関する研究に焦点を当てたが、ここでは学習障害児へのCIの使用についてみてみることにしよう。現在までのところ、この問題については、われわれの研究（Milne & Bull, 1996）以外には研究が見当たらない。この研究には7歳から10歳の、中程度の学習障害をもつ児童が通う特殊学校の児童75人が参加した。子どもたちの半分はわれわれの修正版CIによって面接を受け、もう半分はSI、つまり特定のCI手続き以外はCIと同一の面接手続きであり、また「意見書」の面接にもよく似ている面接法によって面接を受けた。マジックショーのビデオを見せた後の正再生は、CIで面接した子どものほうがSIで面接した子どもよりも30％多く、作話や不正確な再生の全体量に有意差はなかった。正しい（つまり正確な）再生が占める割合は、CIでは79％、SIでは76％であった。この研究により、学習障害児であっても、援助があればより詳細な再生を行なうことができること、そればかりか彼らの再生の正確さ（または信頼性）は健常児と同じくらい高いことが示されたわけである。学習障害があるからといって、能力がないと見なすべきではないといえよう。このような子どもたちが虐待の被害者になりやすいことを考えれば、これはとても重要なことである。

この研究では、SIに比べCIのほうが、後の誤誘導質問による負の影響が少ないかどうかを再度検討した。その結果、上述した2つの先行研究と同様のことが確認された。つまり、CIで面接を受けた子どもは後続の誤誘導質問の32％に正しく抵抗できたが、SIの場合は23％であった（なお、CIまたはSIで面接を受ける前に誤誘導質問を受けた場合、抵抗できたのはそれぞれ9％と10％だった）。ただし上の数値、32％と23％には統計的な有意差はなかった。

(2) CI に関する結論

子どもに CI を用いた研究からいえることは，それがとても有望な手続きだ，ということだろう。公刊されている研究のほとんどが，CI は再生を強化するという結果を示している。12 日間の遅延を設けて行なったわれわれの 2 つの研究では効果がなかったが，こういった遅延の影響や，CI においてわずかながらエラーが増加する理由については，さらなる研究が必要である。われわれのメタ分析では（第 3 章を参照のこと），子ども用 CI でのエラーに一貫したパターンは見いだせなかった。いずれにせよ，CI が子どもの再生を低下させるという研究報告は一つもなく，また，われわれの修正版 CI を実施することは，子どもの捜査面接について公刊されているガイドライン（たとえば，「意見書」や Bull, 1996 など）にも適合しているのであるから，CI を用いることはぜひ推奨したい。

9 現場に行くこと

先に述べた認知面接の構成要素の一つに，思い出そうとする出来事を取り巻く身体的，情動的な文脈を心のなかで再現させる，というものがある。心のなかで文脈再現をさせる一つの理由は，通常，思い出そうとする出来事の現場に子どもを連れて行くことが困難か，不可能であることが多いからである。しかし，被面接者を現場に連れて行った効果を検討した研究がいくつかある。

1988 年，ウィルキンソン（Wilkinson, 1988）が初めてこのような研究を報告した。彼女の研究では，出来事の翌日，4 歳児の一部を現場に連れ戻し，起きた出来事を話すよう求めた。現場を訪れた子どもたちは，適切な面接を受けた別の子どもたち（心的な文脈再現を含まない）に比べ，より多くの情報を正確に思い出すことができた。ただし，彼らは文字どおり現場において思い出したわけではなかった。パイプら（Pipe, Gee & Wilson, 1993）は，年少の子どもの記憶は文脈ととくに強く結びついている可能性があり，そのために文脈再現の効果が特別大きいのではないかと指摘している。彼らはまた，関連する心理学理論に基づいて，妥当な説明を提案している（Malpass, 1996; Memon,

Wark, Holley, Bull & Köhnken, 1997を参照のこと)。パイプらの研究では，教室で子どもに出来事を見せた後，面接を行なった。ある条件の子どもには同じ教室で面接を行ない，別の条件の子どもには違う部屋で面接を行なった。その結果，目撃した出来事と関連のある事物が部屋にある場合に限って，同じ教室で面接を受けることの効果があったという。また，プライスとゴッドマン (Price & Goodman, 1990) は，幼児（3歳から5歳）に体験した出来事を再演させた場合，同じ文脈でのほうが異なる文脈でよりも，再演がうまくできることを示している。

　しかし以上の研究は，現実に（申し立てられた）犯罪の目撃者や被害者が，現場を訪れることによってどのような影響を受けるかを調べたわけではない。だがハーシュコビッツら（Hershkowitz, Orbach, lamb, Sternberg, Horowitz & Hovav, 印刷中）は，最近，まさにそのような研究を行なった。まず，経験を積んだ子ども対象の捜査官が，性的虐待の被害者である4歳から13歳の子どもに，虐待現場ではなく，面接室において通常の面接を行なう。ハーシュコビッツらは，これらの捜査官が用いた面接手続きを詳しく示しているが，よい面接が行なわれているようにみえる。面接後，捜査官は子どもに出来事が起きた現場に同行するよう求め（拒否した子どもはいなかった），そこで再度面接を行なった。面接室での面接では，子どもたちは平均234個の情報を報告したが，出来事の現場では，彼らはさらに平均70個の追加情報を報告した。当然のことだが，この現実場面における研究は，必ずしも現場に戻ればより多くのことを再生できるということを示しているわけではない。面接を繰り返し行なったというだけの理由で，子どもは追加情報を報告したのかもしれないのである。だが興味深いことに，現場に戻る効果が最も大きかったのは年少の子どもたちであった。また文脈の再現は，記憶から情報をうまく検索できない子どもたちに有効であろうと考えられていたが，予想とは異なり，最初の面接で多くの情報を提供できた子どもたちが，現場でも多くの追加情報を思い出した。ただし，ハーシュコビッツらは，心的な文脈再現（認知面接技法の一つ）が現場に戻るのと同じ効果をもつのかどうかについては調べていない。

　心的な場面再現は，おそらく，被面接者がリラックスしているとき（Fisher & Geiselman, 1992)，よいラポールが築かれているとき，そして面接官が威圧

的でなく，あまり権威的でない場合に，最もよく達成されるのだろう。

10
面接官の権威

「良き実践のための意見書」(1992) は次のようにすすめている。「面接官は……面接を通して，子どもに対する自分の権威を強調しすぎないように注意しなければならない」(p.16)。この忠告は心理学や専門的観点からは妥当なものだが，当時，子どもに対する面接官の権威について書かれたものはほとんどなかった。過度に権威ある態度を取らないようにすることは，子どもを緊張させないためにも，また面接官が意図的または非意図的につくり出す暗示に子どもが引っかかる可能性を減ずるためにも大切である。子どもは通常，大人は信頼できる存在であり，大人の言うことは正しいと信じている。しかし捜査面接では，情報をもっているのは大人ではなく，子どもなのである。子どもが面接官の権威を大きいと判断するほど，質の悪い面接による負の影響は大きくなるだろう。

メイヤーとジェシロウ (Meyer & Jesilow, 1996) は，権威への追従が被面接者に及ぼす影響について，子どもの証言研究はほとんど何も述べていないと指摘した。しかし，子どもの被暗示性が高いといわれる原因の一つは，子ども，とくに年少の子どもが権威に追従してしまうためかもしれない。ミルグラム (Milgram, 1974) は大人について，権威の威力を調べるための方法を開発したが，シャナブとヤーヤ (Shanab & Yahya, 1977) も同様の手続きを用い，子どもが他者にすすんで電気ショックを与えることを見いだした。メイヤーとジェシロウは，子どもにとっては従順でありたいと願う気持ちのほうが，覚えていることだけを話そうとする気持ちよりも強いのかもしれないと述べている。そして「忘れてしまった箇所を"埋める"ことによって生じる問題よりも，尋問官の役に立ちたいという気持ちを優先させているのだ」(p.92) とも述べている。彼らは，「面接における権威を低減することで，子どもに真実度の高い報告をさせることができるかもしれない」(p.93) と提案している。

面接官の権威が子どもに影響を及ぼすかどうかを検討した研究が，最近いく

つか行なわれた。1997年，ワシントンの学会で発表されたリッチら（Ricci, Pacifico & Katz）の研究によれば，面接官が「専門家風の格好をして面接室で権威的かつ専門的な雰囲気で」5歳児に面接を行なった場合と，面接官が「普段着を着て，子どもに適した状況で……うちとけた雰囲気で形式ばらない面接を行なった」場合とでは，前者において質問が繰り返された際，子どもは回答を変えてしまうことが多かったという。ただし，質問が繰り返される前の再生については，権威の効果はみられなかった。同じ学会で，テンプルトンとハント（Templeton & Hunt, 1997）は，「権威を誇示する面接官よりも，あまり権威的でない面接官が面接したほうが，3歳から6歳児はより正確に応答した」と報告している。ただしこの研究では，あまり権威的でない面接者として，人形が用いられている。彼らは人形が大人の面接官の代わりになると示唆しているわけではないだろう。この研究が示しているのは，面接官の権威が重要な問題となりうる，ということである。

　リッチら（Ricci, Beal & Delke, 1996）は，面接官の権威が及ぼしうる影響について，別方向から研究を進めた。彼らは5歳児の出来事の記憶について，見慣れない大人が面接する場合と，親が面接する場合とを比較した。その結果，両者にはほとんど差がなかった。だがそのような結果が得られたのは，子どもは親といるときにはよりリラックスできるが，一方で，親にはより追従してしまうためかもしれない。権威に関する研究を行なう際は，こういった2つの要因が交絡しないよう気をつけねばならない。たとえば，親は一般に「わからない」という答えを望まないものである。そのため，子どもたちは「わからない」と言いたがらなかったのかもしれない。

　子どもは面接者のことを，必ずと言っていいほど権威者だとみなしてしまうが，このような負の影響を低減する方法の一つは，面接者が子どもに，わからないときには「わからない」と言うのが大切だと強調することである。以下，この件について行なわれた数少ない研究についてみることにする。だがその前に，大人ではなく子どもが質問した場合の効果に関する研究を紹介しよう。もちろん，われわれは子どもへの面接は子どもが行なうのがよいといいたいわけではない。そうではなく，数は少ないが，この問題に関する研究が権威について示唆するところを伝えたいのである。シシら（Ceci, Ross & Toglia, 1987）

は，大人が誤誘導質問を行なうよりも子どもが誤誘導質問を行なった場合に，4歳児の被暗示性が低くなることを見いだした。しかし，年長の子ども（8歳から17歳）に関するウエストコットとデービス（Westcott & Davies, 1996）の研究では，同じ学校の同年齢の子どもが面接するか，大人が面接するかではほとんど違いがなかった。ただし，この研究での大人は学校で働いている人々（たとえば給仕係など）であり，そのため権威的な役割を演じる見知らぬ大人ではなかったという可能性がある。もしも面接を行なったのが見知らぬ権威者であったなら，子どもは誤誘導質問に対し「わからない」とは答えにくかったかもしれない。

11
「わからない」ということ

　面接者は被面接者に，「わからない」と答えることは決して悪いことではないということを理解させねばならない。面接のガイドラインはその重要性を強調すべきであろう。事実，「意見書」は次のように示している。「『忘れた』や『わからない』と答えてもまったくかまわないのだということを，常に子どもに明確にしておかなければならない」（p.18）。
　1996年，マルダーとブリ（Mulder & Vrij）は，「人は（大人も子どもも）答えを知っているか知らないかにかかわらず，すべての質問に答えなければならないと考えている。そのために不正確な答えが生じる可能性がある」（p.625）と述べ，「わからない」と答えてもよいと告げられた大人は，識別の誤りが少なかったというオーニックとサンダース（Warninck & Sanders, 1980）の研究を引用している。だがモストン（Moston, 1987）やブリとウィンケル（Vrij & Winkel, 1992）の研究では，子どもにこのような情報を与えても，不正確な答えは減少しなかった。このことについて，マルダーとブリは，上の2つの研究では，子どもが教示を十分理解していなかったからかもしれないと示唆している。そして彼ら自身の研究では，子どもに対し，「わからない」という反応について（大人にとっては）おおげさと言えるほどの，たいへんゆきわたった説明を行なった。また「わからない」と言うのは（たとえば，誤誘導に抵抗する

ためには）適切なことなのだとも説明した。彼らの教示には「わからない」と答えるのが不適切な場合（たとえば，子どもが答えを知っているときなど。これについては，Saywitz, Nathanson, Snyder & Lamphear, 1993 を参照のこと）には「わからない」とは言わないようにという内容も含まれていた。この研究では，まず4歳から10歳の子どもたちが学校で出来事を見る。その後，子どもたちに出来事に関する質問を4つ尋ねるが，そのうち3つは誤誘導質問であり，「わからない」と答えるのが適切な質問であった。その結果，「わからない」についての教示を受けた子どもは，誤誘導質問に対し不正確な答えをする頻度が低かった（46％に比べ21％）。ただし，この教示は誤誘導質問においては望ましい効果をもたらしたが，非誘導的な質問には効果がなかった。

　このことに加えマルダーとブリは，面接官が，自分は出来事を目撃しておらず何があったか知らないのだと子どもにはっきり告げると（これはCIにおける「主導権の委譲」に似ている。第3章を参照のこと），「わからない」の説明による望ましい効果が強まることを示している。この教示を行なうと，誤誘導質問に追従しない頻度が増加した。上のどちらの教示も与えられなかった子どもの場合，誤誘導質問への答えは50％が不正確であったが，両方の教示が与えられた子どもでは，それが19％であった。「意見書」にも「……面接官は簡潔に，何があったのか私は知らないのだと伝えなくてはならない」(p.18) とある。

　メモンら（Memon, Wark, Holley, Bull & Köhnken, 1996）は，出来事に関する誤誘導質問に「わからない」と応答しない子どもほど，後の面接でエラーが多いことを示している。「わからない」の教示効果を調べた研究はあまりないが，捜査面接で子どもにこのような教示を行なうことは重要である。識別パレード等に参加するよう求められた子どもについても，同様の教示が大切であろう。子どもは大人に比べ，ラインアップから人を正確に選べないというわけではない。しかし，大人に比べはるかに，犯人が存在しないラインアップから人を選んでしまいやすいことを，多くの研究が示している（たとえば，Gross & Hayne, 1996）。推測したり，大人が望んでいる（と子どもが信じてしまった）ことに追従することのないよう，子どもたちを支援してやらねばならない。とくに子どもが一人で，権威ある見知らぬ大人から面接を受ける場合はそうであ

る。

　なお，面接に際して学校の友だち（仲間）が同席すると，子どもは面接者による誤った暗示に追従しにくくなる可能性があるという。だからといって，そのようなことを実践すべきだというつもりはない。われわれは，こういった研究が，捜査面接の社会的ダイナミクスについて明らかにしてくれる事柄に関心があるのである。モストンとエンゲルバーグ（Moston & Engelberg, 1992）によれば，仲間と面接を受けた子どもは，一人で面接を受けた子どもよりも，出来事についてより多く自由再生した。だがエイムズ（Eames, 1997）の研究では，仲間が同席していても，「わからない」という反応の頻度には影響がなかった。しかし，面接官があまり権威的でなければ，子どもはより多く適切に「わからない」という反応をするだろう。「意見書」もわれわれが行なった面接訓練も，主導権を被面接者に移すことを強調している。面接に対する責任は面接官にあるが，情報をもっているのは子どもなのである（実際に用いられている主導権の委譲について，Horowitz, 1992 がわかりやすい説明を提供している）。

　本章ではこれまでのところ，おもに面接官が子どもの再生をうながすために発する言語的情報に焦点を当ててきた。次に非言語的な技法について簡単にみてみることにしよう。

12
非言語的な援助

(1) 小道具
　子どもが正確な情報をより多く思い出せるよう用いる事物のことを，ここでは小道具と呼ぶ。現実の事物，ミニチュア（おもちゃ等），人形などがそうである。

　人形については，いくつか異なる機能があることに注意しなければならない。これらの機能には，子どもから正確な情報を引き出すうえで役に立つものもあるが，そうでないものもある。過去においては，人形は，①子どもが身体の部位を指し示す助けとして，②子どもがどのような行為があったかを指し示す助

けとして，③診断テストとして用いられてきた。子どもが思い出したことを言語的に表現するための語彙を習得していない場合，最初の２つは効果があるかもしれない。子どもは身体の部分を示すために人形を用いることができるし，子どもに身体の部位を直接指させるのが問題であるような場合には，とくにそうである。また，行なわれた行為を表示するために人形を用いるというのも，場合によっては適切なことかもしれない。しかし，大人は表示されたことから何が起きたのかを推測してはならない［訳注：たとえば，子どもが人形を扱う仕方から，虐待があったか否かを推測してはならないということ］。子どもに，表示していることを説明させるべきである。「意見書」によれば，質問に対する自由報告が終了し，また「子どもが述べた証拠の本質が全体的に明確である」場合に，面接の補助物としてのみ人形を用いるのが望ましい。

人形，とくに解剖学的に詳細な人形［訳注：性器なども備えた人形のこと］についてのわれわれの考えはこうである。虐待を受けた子どもはそうでない子どもとは異なる仕方で人形を扱うという仮説に基づいて，人形を診断テストとして用いるようなことがあってはならない（解剖学的に詳細な人形のことを，友人はかつて「解剖学的に楽観的」と言っていた！）。

子どもの想起を助けるために，出来事に関わる現実の事物を用いるのは有効かもしれない。事物はそれ自体が再生手がかりとなるだけでなく，文脈を再現する助けともなりうるだろう（第３章を参照のこと）。パイプら（Pipe, Gee & Wilson）は1993年の論文で，関連文献のレビューを行ない，出来事に関わる事物は確かに再生を助けると結論している。しかしながら，面接官は，実際にどの事物が現場にあったのか，確信がもてないことが多いだろう。現場になかった事物を面接で提示することは妨害となるし誤誘導にもなる。最近の研究は，現実の事物のみならず，その模型（ミニチュアとかおもちゃ等）を用いることですら，必ずしも有効ではないことも示唆している。模型とそれが表象する事物との関係を理解していない年少の子どもの場合は，とくにそうである（この件や人形の使用については，De Loach, 1995を参照のこと）。サルモンら（Salmon, Bidrose & Pipe, 1995; Salmon & Pipe, 1997）によれば，おもちゃは正しい再生を増加させるが，誤った再生も増加させるという。模型の使用についてはさらなる研究が必要である。

（2）描　画

　ブルとルベナ・ウィルヘルミー（Ruvena Wilhelmy）は，最近，描画が子どもの想起の助けになるかもしれないという報告を行なった（Wilhelmy & Bull, 1998）。1995年，ニュージーランドの研究者がこの件についての最初の実験論文を発表している（Butler, Gross & Hayne, 1995）。年長の子どものほうが年少の子どもよりも出来事についてより多く報告できる，というのはよく知られたことである。先にも述べたように，このことは年少の子どもの記憶力が悪い証拠だと解釈されてきた。しかし今では，年少の子どもは報告できる以上のことを記憶している可能性があると心理学者は考えている。年少の子どもは，出来事の符号化（第2章を参照のこと）はできるが，メタ記憶の技能が不十分なのかもしれない。そのため，記憶検索を助ける特別の手続き（想起手がかりなど）が必要かもしれないが，現実には，多くの手がかり（質問，おもちゃ，人形等）それぞれに批判がある。

　しかし，描画行為は面接官から押し付けられるものではないので，他の手続きが受けている批判からは免れている。出来事を描くよう求めた場合，描画から得られる助けは，子どもからのものである。また描かれたものは，さらなる再生手がかりとなるかもしれない。そしてまた，描くことにより，子どもは記憶をより深く効果的に検索する必要に迫られるだろう。描画は，言語的・意味的な記憶と関わる脳の部位よりも，絵画的な記憶と関わる脳の部位に関わりがあると考えられている。そのような関わりがあるとすれば，それだけ，描画はより正確な情報，とくに意味的に貯蔵されていない情報の検索を可能にするかもしれない。描画もまた，文脈を再現する手段になるといえるだろう。

バトラーら（Butler, Gross & Hayne, 1995）は，実験1で，出来事を描いた子ども（5，6歳児）のほうが，1日前に訪ねた消防署での体験をよく思い出せることを見いだした。この実験では，すべての子どもに出来事について尋ねたが，うち半分の子どもには，描画が想起の助けになるかどうかを調べるため，同時に絵を描くよう求めた。面接ではラポールの形成，自由再生，直接想起（direct recall），写真による再生が，この順序で行なわれた。絵を描いた子どもたちは，4つの質問がなされた直接再生においてのみであったが正確な情報をより多く想起した（4つの質問とは，どこに行ったか，どうやって行ったか，

誰と行ったか，そこで何を見たのか描いて／お話しして，というものである）。不正確な再生はほとんどなかった。「描いて」と求められた子どもの直接再生における正再生量は，「お話しして」と求められた子どもの2倍であった。またどちらのグループも，自由再生や写真再生に比べ，直接再生において正再生が高かった。ただし，当然のことながら，描画を含む面接は時間が長くかかった（子どもたちは大きな画用紙を与えられたのだ）。なお，表現の質が高いと大人が評定した絵を描いた子どもたちは再生量も多かった。描画グループの子どもたちは，絵を描きながら出来事について自発的に話すことが多かったが，要求しなければそうしない子どももいた。

　実験2において，バトラーらは出来事と再生の期間を1か月にし，上の実験を繰り返した。実験1と同様，絵を描くよう求められた5,6歳児は，直接再生の段階でのみだが，正確な情報をより多く報告した。一方，絵を描くよう求められた3,4歳児は，ただお話しするよう求められた子どもたちと同じ程度にしか想起できなかった。遅延期間はずっと長かったわけだが，5,6歳児については，実験1と大変よく似た結果が得られたといえよう。3,4歳児が描いた絵は「おもになぐりがきによって構成」されており，表象的な性質はほとんどなかった（p.604）。

　この問題についてわれわれが知っている，公刊された実証的研究は上の研究ただ一つである。しかし，描くことが表象的性質をもつとすれば，それは子どもたちの想起に役立つことだろう。われわれは現在この問題について研究しているところである。

13
結　論

　本章では，子どもの想起を助ける方法に焦点を当てた。とくに強調したのは，被暗示性は子どもの特性ではなく，面接（と関連する事柄）の特性であるという見方である。シシとブルック（Ceci & Bruck）による1993年のすばらしい展望論文は，「子どもの証人の被暗示性」という題目がついてはいるが，子どもの説明を歪ませる社会的および認知的な問題を検討している。彼らの1995

年の著書もそうである。シシらの研究は，質の悪い捜査面接（たとえば，誤誘導質問など）を行なうと，子ども，とくに年少の子どもの報告は確実に無効になることを示している（たとえば，Pezdek & Roe, 1997; Poole & Lindsay, 1998; Thompson, Clarke-Stewart & Lepore, 1997）。しかし優れた面接は，子どもたちが公正を享受するのを——それが子どもの権利である——助けてくれるだろう。

参考文献

Ceci, S. & Bruck, M. (1995) *Jeopardy in the courtroom: A scientific analysis of children's testimony*. Washington, DC: American Psychological Association.

Poole, D. & Lamb, M. (1998) *Investigative interviews of children: A guide for helping professionals*. Washington, DC: American Psychological Association.

Zaragoza, M., Graham, J., Hall, G., Hirschman, R. & Ben-Porath, Y. (Eds) (1995) *Memory and testimony in the child witness*. Thousand Oaks: Sage.

第9章

訓　練

1 はじめに

　捜査面接の重要性は，警察関係者も含め，すでに数多くの著者たちによって指摘されているが，この分野での警察での教育と訓練は，世界のどこでも比較的に最低限のものしかなく，そのような訓練は，他の職業でもこれまでほとんどなかったのである。

　サンダース（Sanders, 1986）は，研究対象にしたアメリカ合衆国の警察官のうち，どんな形であっても，証人面接に関する訓練を受けた経験があるのはたったの2％であったと報告している。1992年以前は，イギリスでもまったく同様であり，それ以前にあった公式の訓練は証人面接の"機械的な側面"に焦点をあてる傾向があった。つまり，誰が，何を，どこで，いつ，なぜ，といった質問である。そのような訓練でも，警察官に報告を記録する能力をつけるかもしれないが，情報を収集する者に必要な基礎的能力までは無理である（Stewart, 1985）。ジョージ（George, 1991）は，イギリスの警察管区で，捜査面接に関する訓練を行なっていたとすれば，どのような教育法だったのかを，明らかにする目的の調査を実施した。警察管区の70％程度から回答があったが，証人面接に関する訓練内容については，管区によって，かなりの違いがあることが判明した。回答した警察管区のうち，6か所はまったくそのような訓

練は行なっていなかったし，教育と訓練のコースをもつ管区のうち10か所は，期間が1日未満であった。

　被疑者面接に関しても，過去には同じように最低限の訓練しかなかった。部分的には，これが最近大きく報道されたいくつかの誤審問題（たとえば，バーミンガム6人事件，ギルフォード4人事件，カーディフ3人事件［訳注：これらに関しては，Gudjonsson, 1992を参照のこと］）の原因になっていた。これらの裁判のそれぞれで，被告人が無罪になった理由は，被疑者に対する警察の面接がどのように行なわれたかが中心であった。

　しかし，**すべての捜査官**に，面接をどのように行なうべきかという訓練の機会を与えるよう検討することが必要なのだろうか。報道機関に注目されたような不適切な面接を行なうのは，一部の警察官だけではないのだろうか。大多数の面接者は，勘に基づき，あるいは同僚のやり方を観察することで，適切な面接の仕方を身につけるのではないか。この最後の質問に対する答えは「ノー」である（この点の詳細に関しては，第1章と第5章を参照のこと）。捜査面接というのは，ほとんどの警察官の主たる職務において，最も基本的なものである。それは，適切な量と質の訓練を必要とする，高度に複雑な技能なのである。捜査面接の訓練に関しては，世界中をみまわしても，ほとんど論文・著作が存在しない。実際，専門誌を幅広く検索したところ，警察／警察官職務と，心理学というキーワードを題目か要約に含む論文が1,000以上，過去5年の間に発表されていることがわかったが，そのなかには捜査面接に関するものはほとんど存在しない。本章では，イングランドとウェールズにおける訓練の開発に焦点をあてることにする。なぜなら，世界的にみて，これらが最も実体のある展開になっているからである。

2
観察による訓練法

　過去において，世界中の警察は観察学習だけで，警察官に面接法を訓練しようと試みてきた。面接の技能は教室ではなく，現実社会でのみ習得できるという伝統的な信念が，部分的にその理由になっていた。シェパード（Shepherd,

1986)は，ほとんどコストがかからず，信じられぬほど対費用効果が高いものの，この訓練法には一連の重要な欠陥があることを指摘している。この論文が出されたころには，"学習者"が観察した役割モデルは，効果的で適切に行なわれる捜査面接に必要な技能を，必ずしも実演できるわけではなかったのである。経験の長さも，必ずしも有能であることを保証しない（Shepherd & Kite, 1988)。さらに，大多数の"訓練者"は，どのように訓練すべきかについての情報を与えられずに，訓練者の役割を演じていた。有能な訓練者は，"上級の面接者"であるだけでなく，訓練するための技能をもっていなければならない。たとえば，目標とする技能を得るため，訓練生が試行錯誤したり，自己行動をモニターしたり，新しいことを始め，練習したりできるよう，訓練者は面接行動を分析し，面接技能を解説し，建設的かつ適切なフィードバックを与えられることが必要である。さらに，"訓練者"は自分のいつもの仕事量をこなす圧力と時間制限の下で，このようなことが期待されている。以上の理由から，多くの"訓練生"たちが，適切に面接を行なうのに必要な，少なからぬ技能を自分で工夫して，身につける努力をしていたことは，さほど驚くべきことではない（Shepherd, 1986)。

この"職場内訓練"を受ける訓練生は少なくなかったから，訓練過程の評価と監督を適切に行なうことも難しかった。結果として，面接の結果が悪い場合には，ここで述べたような不十分な訓練法しか提供しない警察機関が責められるよりも，面接者が責められることになる可能性が高かった。このような訓練風土はまた，訓練生自身が訓練を軽視し，訓練中に同僚と助け合おうとしない傾向を生み出していた。もし，実地経験と反復回数が専門能力の代わりとして便宜的に認められるなら，そしてもし，良くても悪くても経験から信憑性が生じるのなら，専門能力の議論が持ち出されるとき，それに抵抗する傾向が出現する可能性が高いのである（Memon, Bull & Smith, 1995)。

3
テープ録音された面接の始まり

1980年にスコットランドで，被疑者面接が初めてテープ録音されることに

なった。しかしながら，そのような実験的試みの結果は，とても満足できるものではなかった。録音された面接が初めて法廷に出された事件では，裁判官であったジャンシィ卿は，質問の仕方が不公正であると判断して，面接証拠の許容性を否定してしまった（Shepherd, 1986）。

それにもかかわらず，「警察および刑事証拠法」（PACE, 1984）が発効すると，被疑者の面接をテープ録音することは，イングランドとウェールズでの標準的な手続きとなった。1991年刑事裁判法は，刑事裁判において，子どもの証人をビデオ録画したものを主たる証拠（evidence-in-chief）として法廷に出すことも許している（第8章を参照）。その結果，捜査官の面接行動が，法廷の内外で，公にチェックされるものになった。PACEが制定された後でも，しかしながら，大多数の面接者は公式な訓練を受けていなかった。これが部分的に，なぜある種の面接行動が許容できないと裁判官たちが判断したかを説明する。この例としては，すでに述べた，広く報道された誤審事件である。いくつかの面接にみられた過酷な取り調べは，国民の信頼を失わせ，面接技能の深刻な欠落という問題を警察につきつけることになった（Williamson, 1994）。アービングとヒルゲンドルフ（Irving & Hilgendorf, 1980）は，「刑事手続きに関する王立委員会」（RCCP, 1981）への報告書のなかで，警察機関が警察官の面接技能を訓練する必要性を強調した。実際，この王立委員会自体が，殺人放火事件における少年被疑者から得られた虚偽自白の結果として作られたものである（Fisher, 1977）。この王立委員会（1981）は次のように結論した。

> 「……再訓練と態度の変革が警察全体に求められる……同様に重要なのは，新規訓練中の刑事に対し，勾留と尋問の心理に関する，より明敏な理解と，面接に関する基本的な分析法と技能とを伝達することである」（p.195の段落10.14）。

後に警察職務技能（Policing Skills）として知られるようになった，首都圏警察本部の人間性意識訓練プログラム（HAT）の創設（1982）は，会話技法と基本的な捜査面接（"目的をもった出合い"，Shepherd, 1988）の導入によって，イギリスにおける面接訓練に変革をもたらした。HATの目的には3側面があって，互いに関連するトピックの，①会話技能や目的をもった出合い技能といった，対人関係的技能，②自己意識・自己知識，そして，③人種意識・文

化意識といった，コミュニティ関係への注目である（Bull, 1985; Bull & Horncastle, 1994)。これらは，役割演技，ビデオテープを使ったフィードバック，実践的技能の練習などを用いる技能訓練モデルへ，訓練方略を大幅に転換することによって可能になった（Hollin, 1989)。イギリスにおいては，このモデルから一連の地域主導の捜査面接改善運動が始まったが，部分的にはこれらのいくつかはアメリカ合衆国で出版された著作（たとえば，Inbau, Reid & Buckley, 1986) の影響を受けており，それは説得的手法や欺計を用いた取り調べ方法を助長するようなものだった。現在では，これらの手法を用いると，得られた自白が信頼性を欠くであろうことがわかっている（Memon, Vrij & Bull, 1998)。

全国的にみれば，訓練の実情はバラバラである。イングランドとウェールズの面接訓練を概観して，「犯罪捜査訓練責任者ワーキング・グループ」（1983年）は，面接訓練にかける時間の長さと，行なわれる教習の種類において，個別の訓練が著しく異なっていると結論している。実際，同報告書は，この不可欠な警察職務に対して，時間も注意も十分に費やされていないこと，そして，どのような標準的で，整合的に配置されたアプローチも存在しないことを指摘している。RCCP (1981) による面接訓練に関する勧告は，これまでは無視されてきたことになる。ウィリアムソン（Williamson, 1993, p.92) が指摘するように，

> 「……改善された面接法を開発しようとした王立委員会の目的を実現することに関しては，10年近くもほとんど何もなされていない」（イングランドとウェールズで捜査面接パッケージが開発されたときについては後述を参照のこと）。

どのような形の面接訓練であっても，それが効果的になるためには，警察全体に存在する，ある種の文化的・組織的な"ものの見方と慣習"といったものに対し，警察部門が対処する必要がある（Shepherd, 1993b; Stockdale, 1993)。警察文化というものは，多くの互いに連関した価値観，信念，行動によって形づくられており，そのことにより，個々の警察官が常に階級を意識し（つまり，上司と部下の関係)，勝ち負けの枠組み（たとえば，自白が取れないのは，面接合戦での負け）で，話し，考え，行動すること以外の活動を困難にしている。

警察官には，警察管区の目標，目標達成や使命に関する公的声明があり，それは評価可能な形で，実際の成績に翻訳される必要がある（Shepherd, 1993b）。それにマス・メディアと政治からの圧力が加わり，警察は「何かが達成されている」ことを示すよう強いられる。しかし，これは警察職務に関しては難しい。努力はどのように測定されるべきか。警察職務の効果ということになれば，さまざまな犯罪領域における検挙のような成績指標を用いざるをえない。このことにより，個々の警察官が質ではなく量によって勤務評定される結果になる（Stockdale, 1993）。目標値が眼前にちらつく管理者や監督者は，事件をさっさと片づけるようプレッシャーをかけ，その結果として，捜査の全体よりも被疑者面接（それがどんなにまずく行なわれるにしても）がさらに重要なものになってしまう（Plimmer, 1997; Stockdale, 1993）。このようなことから，警察幹部は，新しい改革と進展の妨げになるような組織的機構と手続きを維持していることに関して責任を取らなくてはならない（Stockdale, 1993）。

　管理者と監督者はまた，知識と訓練を欠くことから，イングランドとウェールズで1992年に導入された，新しいスタイルの捜査面接（後に記述するものを参照のこと）を理解したり経験したりしようとしない守旧派になってしまう可能性が高い。とくに，警察部門自体が新人の訓練として適切な面接技能を与えることを建て前とする場合，若く，経験の少ない警察官は，結果として，板ばさみ状態におかれてしまう。だから，管理者と監督者は，面接技能とともに，いかに監視し監督するかという面においても，訓練を受ける必要がある。ショー（Shaw, 1996）によって指摘されたように，そのようなやり方は，捜査面接訓練コースによって学ばれた技能が使い物になるための必須の条件である。結果として，良い役割モデルたちが警察のなかに出現し，新人の警察官が指導者と仰ぎ，見習い，まねができるようにならなければならない（Shepherd, 1993b; Stockdale, 1993）。新たな革新的方法（たとえば，"面接技法を身につける"。CPTU, 1994）がいくつか，このことを実現するためにイギリスで取り入れられたが，それらの効果はあらためて，きちんと評価される必要がある。助けを求めることを無力のあらわれであるかのように見なすのではなく，批判的でない雰囲気が作られなければならない。警察官が，もっと気楽に，警察職務のこの分野において，助けを必要としているということを言い出せるようにす

べきである。ストックデール（Stockdale, 1993）が結論するように，

> 「……多くの警察官は，自分や同僚がこの分野において，問題があることを認識しているが，現在優勢な文化では，このことを公に認めることができないようになっている」。

しかしながら，面接訓練は，単に部分的な解決策でしかない。なぜなら，過去の（そしてこれからも）欠陥は，根深い捜査哲学と組織運営上の慣習とを反映するものだからである（McConville & Hodgson, 1993）。したがって，これを改善するためには，警察部門内部のすべてのレベルにおいて，文化的，制度的，そして組織的な変化を起こすことが必要になる（Stockdale, 1993）。

4 イングランドとウェールズでの面接における最近の進展

1992年に，イギリスの内務省（HO）と警察官協会（ACPO）が，被疑者面接をビデオ録画することの実現可能性についての研究を主唱した（Baldwin, 1992a）。その研究によって，警察官たちの面接へのアプローチに，深刻な問題があることが判明した。見つかった主要な欠点は，いくつかをあげれば，一般的な不適切さ，準備不足，まずい技法，そして有罪の推定であった（第5章を参照のこと）。この研究と，いくつかの有名な事件において警察官が行なった面接に対する裁判官の批判をうけて，全国的規模での捜査面接の見直し作業が，ACPOとHOの主導のもとで開始された。この見直しによって，捜査面接の理念と，PEACE訓練アプローチとが開発されることになった。

1992年のPEACE訓練パッケージの出現まで，イングランドとウェールズ全域の捜査面接訓練における標準化は起こらなかったのである。"尋問"という用語は捨て去られ，捜査面接という用語が徐々に出現した。PEACEというのは，これまでの"自白文化"への異議申し立てであり，警察官に，伝統的な訴追者ではなく，中立的な調査者の役割を演じることを求めている（Williamson, 1994）（1985年犯罪訴追法に従って，イングランドとウェールズに公訴局が設立され，警察は訴追者の役割を免除されることになった）。現在

の警察官の第一の役割は,"証拠を集め,情報を得る"（NCF, 1996, p.17）ことである。「ACPO と HO の捜査面接研究運営委員会（内務省通達, 2/1992）」は,以下の7つの「捜査面接における原則」を承認し,これがすべての面接に適用されるとされた。これらの原則は,訓練,研究,開発の統合されたアプローチ（内務省通達, 2/1992; NCF, 1996）に基づく新しい面接文化（つまり,被疑者,証人,被害者すべての面接）を例証するものである。捜査面接における7つの原則とは,以下の通りである。

①捜査面接の役割は,警察が捜査している問題に関して,真実を発見するため,正確かつ信頼のおける情報を被疑者,証人,あるいは被害者から得ることである。
②捜査面接は,思い込みにとらわれない態度で,取り組まれるべきである。面接を受ける人から得られた情報は,面接を行なう警察官がすでに知っている事実や,合理的に明らかにされうることを用いて,必ず検証されなければならない。
③誰に質問するのであっても,警察官はそれぞれの個別事例が置かれた事情を考慮して,公正に振る舞わなくてはならない。
④警察の面接者は,最初に出された答えを受け入れるよう拘束されない。繰り返し質問したとしても,それだけで不公正な質問法とはいえない。
⑤被疑者によって黙秘権が行使されたときでも,警察官は続けて質問することができる。
⑥面接では,真実を知るために警察官は自由に質問することができる。刑事裁判での証拠として使われる予定の,性的あるいは暴力的虐待の被害児の面接を例外として,警察官は法廷での弁護士に適用される規則によって制約されるわけではない。
⑦被害者,証人,あるいは被疑者にかかわらず,精神的に傷つきやすい人については,いかなるときも,特別に配慮して扱わなくてはならない。
　（NCF, 1996, p.17）

5
PEACE 訓練アプローチ

　1992年に2冊の冊子がイングランドとウェールズの警察官全員に配布された。すなわち、「面接ガイド」（CPTU, 1992a）と「面接者の規則集」（CPTU, 1992b）であり、警察官協会のプロジェクト・チームによって開発され、内務省通達によって是認されたものである。これらの冊子には、捜査面接における5段階モデルと、1984年PACEなどの関連部分とに関する情報が記載されていた。このモデルにおける段階は、PEACEという頭文字によって、面接の構造を明らかにしている。つまり、P（計画して、準備し）、E（面接に引き込み、説明し）、A（弁明を聞き）、C（終わらせて）、E（結果を評価する）である。これらの冊子に記載されたのは、必要最低限の事項ではなく、最善と考えられるやり方である。これらの冊子を使って、大がかりな訓練運動が行なわれた。5日間にわたるPEACE課程が開発され、最初は6年から10年の経験をもつ警察官が対象になった。見習い期間中（つまり、警察部門に入って2年間）の警察官における訓練がすぐ後に続き、さらに、職務についているすべての警察官のための"追いつき"作戦が実施された。この課程は、すべての面接対象（被害者、目撃者、被疑者）を誠実かつ合法的に面接するのに、この面接モデルを適用することに必要な基本的な面接技能を確実に身につけさせることを目的にしている（Shaw, 1996）。

　最近のイギリスの立法（たとえば、1994年刑事司法・公的秩序法）から派生した考え方が、第二のプロジェクト・チームの指導のもと、「捜査面接の実践的ガイド」（NCF, 1996）として改訂されたものに、取り入れられることになった。この解説書は13章からなり、4部構成に分かれている。すなわち、①捜査面接の原則、②面接技能、③PEACEモデル、④面接に関連する法と手続きである。監督、テープ録音する面接の遠隔モニタリング、1994年刑事司法および公的秩序法のそれぞれに関する付録もつけられている（この1996年版解説書の改訂版が、「捜査面接への実践的ガイド」（NCF, 1998）として、ちょうど発行されたところである）。

PEACEを構成する各段階について，ここでは簡単に記述することにする。この多くのトピックがすでに第3章と第4章で扱われたからである（より完全な記述については，NCF, 1996, 1998を参照のこと）。

(1) P：計画 (Planning) と準備 (Preparation)

　計画とは「面接準備のための心理的な過程」であり，準備とは「面接前に準備しておくべきことのすべてを検討することで，場所，環境，実施に関することなどを含む」(CPTU, 1992a, p.1)。

　面接者は，面接が実施される前にとるべき，一連の計画段階について助言されている。これらの段階は次のようなものである。

①**面接目的の理解**　どのような面接であっても，特定の出来事に関する事実関係をはっきりさせるためのものとしてみられるべきである。被疑者の面接は，事件関与を否定する（つまり，被疑者は無実である）か証明するかの証拠を得ることや，証拠を確認するために，そして被疑者に弁明の機会を与えるために行なわれるのである。

②**面接のねらいと到達点の明確化**　証明すべき論点と，弁護側反論の可能性をもとに，どのような範囲まで扱うかの輪郭をあきらかにすることが面接者に求められる。

③**手持ちの証拠の分析**　これは，すでに手持ちの証拠のすべてを集め照合することと，それを証明すべき論点との関係で対照することを伴う。またこれは，被疑者にとって有利な証拠が無視されるべきでないことを強調する。すなわち，「思い込みにとらわれず，疑問をもつ態度をとることが義務の一部である」(p.3)。しかしながら，研究 (Mortimer, 1994a, 1994b) によれば，犯罪記録ファイルに問題を見つけると（たとえば，逮捕理由が不十分），面接している警察官は，意識的にか無意識的にか，その問題を防衛的に回避するという。この行動は，重要な論点を見逃すこと，被疑者が有罪であることを示す証拠に注目すること，証拠における不整合と欠落に気づかないことと関連する（このことに関して，詳細は第4章を参照のこと）。

④他の種類の証拠の分析と評価の必要性　被疑者の面接が行なわれる前に，すべての情報源（つまり，証人や犯行現場）があますところなく，検討されるべきである。

⑤1984年PACEと，関連した実務規範および最近の法令に関する知識の実地練習　たとえば，1994年刑事司法・公的秩序法に関連して，特別の警告を与えなければならない事実などの復習。

　しかしながら，面接者はしばしば限られた時間内に仕事をしなくてはならないことや，多くの事件をかかえていることから，このアドバイスは批判を浴びてきた。管理者と監督者は，事件をすばやく"片づける"ことを求める。仕事のプレッシャーのために，十分に面接を計画し準備するには，限られた時間しかないことが多い（Shepherd, 1995）。実際，ボルドウィン（Baldwin, 1992a）は，3分の1近くの警察官が，自分が行なう面接を準備するのに十分な時間がないと述べたと報告している。自分たちが行なう面接の質に影響を与える重要な要因として，時間不足が警察官たちによってしばしば言及されている（Bull & Cherryman, 1995; Kebbell, Milne & Wagstaff, 1999）。しかし，改訂版ガイドは「これらの段階に，必ず時間をかける」（NCF, 1996, p.23, 計画と準備）よう指示している。ブルとチェリーマン（Bull & Cherryman, 1995）は，彼らの研究で調査した警察官は，準備と計画は大変に重要なものであると認識していること，そして研究者らが検討した専門家捜査面接において，計画と準備の重要性に関する証拠は明白であったことを報告している（同様の知見に関しては，McGurk, Carr & McGurk, 1993も参照のこと）。

　面接の計画と準備がより綿密に行なわれれば行なわれるほど，その面接が効果的かつ効率的になるだろうというのは常識に合致するが，実際に計画と準備が面接の質に直接的に与える影響については，限られた研究しかない（Bull & Cherryman, 1995）。コーンケン（Köhnken, 1995）は，適切な計画により面接者の認知的負荷を減らすことができ，そのことが，面接自体のなかでの情報を処理するため，より多くの認知的容量を利用可能にする可能性を示唆している。

● 開 示

　面接者によって事件の詳細が開示されてしまうことにより，面接に同席する弁護士が，被疑者と協力して弁護の争点を作り上げ，アリバイ作りをすることなどが可能になると，多くの人が疑っている。基本的にこの考え方では，弁護士とは警察が真実を発見することを妨げようとする者である（Zander, 1994）。しかし PEACE は，警察官がそのような開示をためらわないように，弁護士の立場に立つよう求める。たとえば，弁護士にすべての情報を提供することは，依頼人に対し，黙秘権を行使するように助言する可能性を低減させるかもしれない（RCCJ, 1993。第3章も参照のこと）。不必要に情報を知らせないやり方は，黙秘することが逆に不利に作用すると解釈する権利を危うくするかもしれない（NCF, 1996）。「面接者の規則集」と改訂版の捜査面接ガイド（NCF, 1996, p.37）は，時間，場所，逮捕理由と容疑事実は，いずれにしても，拘置記録に書かれているとおりに告知されるべきであると指示している。刑事手続きに関する王立委員会の勧告事項63は，この点における変更を求めた。すなわち，「規則Cは，少なくとも被疑者に対する被疑事実の一般的な性質と，被疑者と疑うに足る証拠を，被疑者の弁護士に対して知らせるよう，警察を奨励するように変えるべき」である。しかし，この改正の提案は完全には法制化されなかった。その結果として，警察は面接以前にどの程度の情報を開示するか決定する権限を保持できることになった（このことに関しての詳細は，NCF, 1996, 1998を参照のこと）。

(2) E：引き込み（Engage）と説明（Explain）

　多くの国々においては，被疑者面接の始めに，弁護士による無料助言の提供や自白に関する警告など，いくつかの法的に必要な事項がある。過去において，イングランドとウェールズでは，25％の被疑者が弁護士の助言を求め，約20％が実際に受けていることがわかっている（Sanders, Bridges, Mulvaney & Crozier, 1989）。弁護士の助けを求めたが受けられなかった5％については，弁護士がいなかった／間に合わなかったか，あるいは，"警察の説得"によるものらしい（McConville, Hodgson, Bridges & Pavlovie, 1994）。

　"引き込み"の基本的な要素は，面接の状況にふさわしい導入である。面接

者と被面接者の間に適切な関係が形成される必要がある（McGurk, Carr & McGurk, 1993）。ラポールは面接成功のための重要な要因で（Köhnken, 1995），数多くの警察管区の捜査面接訓練コースにおいて奨励されている（Bull & Cherryman, 1995）。マガークら（McGurk, Carr & McGurk, 1993）は，警察官たちがラポールを面接技能のなかで4番目に重要なものとして順位づけをしたことを報告している。しかしながら，研究によれば面接者は，面接におけるこの重要な段階をしばしば省略してしまう（Moston & Engelberg, 1993; Bull & Cherryman, 1995）。1984年 PACE 以降，弁護士がそのような"おしゃべり"の適切性に疑問をさしはさむことが増え，面接者はラポールをつけることがより難しくなっているのかもしれない。この点に関する弁護士の質問に対し，ラポールをつけることの理由づけを示せることが警察官には必要である。

　この引き込みの段階の次に説明の段階がきて，そこでは面接の理由と輪郭・範囲を提示すべきである（第3章と第4章を参照のこと）。そして，ここで基本的ルールが示される（たとえば，この面接は真実の追求である）。捜査面接パッケージ（NCF, 1996, pp.45-47; 1998, pp.54-58）が認知面接法について述べ始め，会話管理を援用するのはこの時点である。たとえば，省略することなくすべてを報告すべきであると，面接対象は明示的に指示（認知面接法における，"何でも話す"という悉皆報告教示）されるべきであることが提案されている。

(3) A：弁明（Account）

　弁明については，最初の冊子2つ（CPTU, 1992a）と，新しい解説書（NCF, 1996, 1998）では違っている。古いほうの2冊子では，面接に対する2つのアプローチが解説されている。認知的アプローチ（つまり，認知面接法（CI）。第3章を参照のこと）と，会話管理法（CM。第4章を参照のこと）である。改訂された解説書（NCF, 1996, 1998）は，これら2つの面接技法のそれぞれについて，同じ節で記述している（たとえば，"文脈再現"。NCF, 1996, p.50）が，その名前を明示的に言及していないし，CIとCMを区別していない。そうしている理由については不明である。最初の2冊子は，認知的アプローチが証人と被害者だけに使われ，会話管理法が被疑者の面接だけに使うものとは考えないよう警告していたが，そうしてしまう傾向は，過去5年くらいの間に明

らかになってきた。この2分法的思考をやめさせる試みとして，新しい解説書が役割（つまり，被疑者，証人，被害者）の違いにかかわらず，すべての人を面接対象と呼び，全部の技法をすべての面接対象に使える道具として概説しているのかもしれない。しかしながら，認知的アプローチと会話管理法は，名前がなくなったにしても，実質的にまだ残っているのである。

面接におけるこの段階こそ，適切な質問法が必要不可欠である（第2章を参照のこと）。しかし，研究によれば，多くの面接者が依然として誘導的な質問を使っている（Bull & Cherryman, 1995）。マクリーン（McLean, 1992）は，証人に出された質問の半数近くが"反生産的"（おもに，誘導質問）であり，だいたい5分の1が，彼が"危険"（はい－いいえ型の質問）と呼ぶものであったと報告している。逆に被疑者の面接は，彼によれば，相対的に質が良く，質問の4分の1だけが逆効果的であり，同じく4分の1が"危険"であった（子どもの面接の分析については，第8章を参照のこと）。

ボルドウィン（Baldwin, 1992a）は，ある地方の捜査面接訓練コースは，細工が多すぎるようであり，"嘘の指標"というような，訓練者自身もあまりよくわからない，心理学に基づくとされる技法を取り入れていることを指摘している。最近の捜査面接パッケージはこのトピックを扱っていないが，特定の地域ではまだ訓練の一部になっている（Hodges, 1995）。実際問題として，非言語的行動を嘘を見破るために使うことの危険性については，訓練において解説する必要がある（Memon, Vrij & Bull, 1998を参照のこと）。それに加え，非言語的行動の文化差も，とくに多重文化地域において，重要である（Hodges, 1995。第4章も参照のこと）。これは将来，訓練において注目されるべきトピックの一つである。

● **黙秘権と特別警告**

黙秘権については，めんどうな問題がつきまとっている。刑事手続きに関する王立委員会（RCCJ, 1991）は，権利を制限することは，被疑者に不当な圧力をかけ，虚偽自白や冤罪の可能性を増加させるから，被疑者の黙秘権は堅持すべきであると勧告した。しかしながら，当時の内務大臣マイケル・ハワードは保守党の1993年大会で次のように演説した（Morgan & Stephenson, 1994）。

「……過去 30 年の間に，刑事司法制度は犯罪者にとって都合よく，国民大衆を保護できない方向に傾きすぎてしまった。これを正すべきときが来ている」(p.3)。

　RCCJ の 1991 年勧告は無視され，被疑者の黙秘権は弱められてしまった。一部には，このことは黙秘権の行使にそれほど影響を及ぼさないとする意見もある。なぜなら，もともと黙秘権を行使しようとする被疑者はほとんどいないからである（Zander, 1993）。実際，この変化の後に行なわれた研究では，黙秘権の使用頻度はほとんど下がっていない（Wilkinson & Milne, 1996）。黙秘権の詳細に関してはモーガンとステファンソン（Morgan & Stephenson, 1994）を参照されたい。

　イングランドとウェールズでは，被疑者に対する警察官の警告は，1994 年刑事司法・公的秩序法によって改訂され，質問に答えないことについて，裁判所が不利に推論することが許されるようになった。このことは，黙秘権が廃止されたことを意味しない。なぜなら，被疑者は今でも自身の責任を認めるよう強制されないし，自分の言いたくないことは何も言わなくても，また答えなくてもよいのである（つまり，被疑者には何も言わない権利がある）。もし被疑者が捜査面接において黙秘するなら，警察は現在，"特別警告"と呼ばれるものを与えなくてはならない。この特別警告は，もし逮捕された被疑者がある種の質問に黙っているとき，あるいは答えることを拒否したとき，あるいは正式な警告の後で満足な答えを言わなかったとき，公判廷において，その事実に言及する可能性があるというものである。ガイドラインのなかには，被疑者が答えなくてはならない，あるいは答えないことが有罪を示す，などの印象を面接者が与えないように注意するよう（NCF, 1996, p.86）書かれている。このように，被疑者は今でも質問に答えない権利はあるが，現在ではそのような黙秘を，裁判所が不利に推論することが許されている。特別警告を使うか，もし使うなら，いつにするかに関する決定がなされなければならないのであるから，計画と準備が非常に重要になる（このことについての詳細は，NCF, 1996 を参照のこと）。たとえば，精神的に傷つきやすい被疑者は特別に配慮されるべきであると，ガイドラインは提唱する。面接における弁明段階の詳細（たとえば，抵抗の管理）については，第 4 章を参照されたい。

(4) C：終結 (Closure)

　面接には効果的かつ十分な終結手続きが重要である。捜査面接ガイド (NCF, 1996, p.57) は，3つのおもな分野を扱うべきであると提示している。①これからどうなるかを説明する，②被面接者がもつようなどんな質問にも答える，③その後のために準備することである。

(5) E：評価 (Evaluation)

　PEACE モデルの面接法によれば (CPTU, 1992a; NCF, 1996)，評価には3部ある。①面接によって得られた情報，②面接によって得られた情報に照らしての徹底した捜査，そして③面接者自身の面接中の課題遂行を評価することである。評価の第3部分については，自己評価の形をとるが，可能な場合には，同僚や監督者を使う (CPTU, 1992a, p.38; NCF, 1996, p.62) ことを提案している。警察官は妥当性をもって自分たちを評価できるのだろうか？　ストックデール (Stockdale, 1993) は，多くの警察官が標準的な捜査面接には改善の余地があることには同意するが，自分自身の課題遂行に関しては問題がないと考えがちであることを報告している。ブルとチェリーマン (Bull & Cherryman, 1995) は，93人の警察官で，誰も自分が"劣る"という評価をせず，16％は「とくに優れている」と評価し，77％が「優れている」と評価したと報告している。ボルドウィン (Baldwin, 1992a) は，彼が行なった研究のなかで最も劣った面接者が，自分の面接能力を自慢していたことを指摘している。現在の警察文化は，警察官がこの職務の側面において，自分が能力不足であると認めることを許さないのである。自己を評価することは価値のある学習過程であるが，正しい環境において行なわれなければならない。

　多くの国において，被疑者面接の記録は，面接の全部の速記記録（典型的に重罪事件の場合）か，面接の関連部分の要約記録が必要となる。検察側も弁護側も，実際のテープ録音を法廷の内外で再生することを喜ばないから，面接の要約を書いたものが事件の基礎的資料になることが指摘されている。ボルドウィンとベドワード (Baldwin & Bedward, 1991) は，面接のテープ録音200を聴いて，関連する要約記録とテープに残された情報を比較した。要約記録の3分の1は紛らわしいか，歪められたものを含んでいた。面接要約が許容できる

ような水準にいたるには，さらなる努力が必要であり，同時に内部の監督者によるチェックと，訓練が必要であると結論された。ハースト（Hirst, 1993）もまた，彼女が評価した要約記録の半数は，必要な情報が欠けていて，誤解を招くようなものだったと報告している。多くのケースにおいて，要約記録は「何が起きたかに関する，あてにならない，不十分な記述」でしかないのである（Baldwin & Bedward, 1991, pp.672-673; 同様の知見に関しては，Baldwin, 1992b と Evans, 1993 を参照のこと）。

6
PEACE 訓練に効果はあるのか

PEACE 訓練そのものの評価は，数少ない研究者によってのみ行なわれており，PEACE 導入以後の小規模な証人面接（McLean, 1992）と，模擬証人面接（McGurk, Carr & McGurk, 1993）の研究を除いて，評価研究は被疑者に対する面接をおもに扱っている。このように，以下の議論は，PEACE 以後の面接を検討した研究を含めているが，それらはとくに PEACE パッケージを評価するためのものではなかった。

マガークら（McGurk, Carr & McGurk, 1993）は，イングランドとウェールズに PEACE 訓練が導入される以前に行なわれた4つの実験的先行コースの評価を行なっている。この研究者たちは，面接者の技能・能力について，知識を調べるテスト，被疑者と証人の模擬面接の評価，そして被疑者との実際の面接を検討して調査している。これらの測度はそれぞれ，訓練前，直後，6か月後に測定された。全体的な結果として，面接知識と技能成績は訓練の後で向上し，6か月後の追跡調査でも維持されていることがわかった。しかし，現実の面接における"終結手続き"に関しては，訓練の前も後も，相対的に成績が低かった（子どもの証人の面接に関する，同様の知見に関しては，Davies, Wilson, Mitchell & Milsom, 1995 を参照のこと）。

マガークら（McGurk, Carr & McGurk, 1993）は，以下のように結論づけた。

「経験に基づく訓練法は，その訓練コースで使われる印刷資料と一緒に用いられ

ることで，効果的に捜査学習結果を作り出すことができる。その成果がもし使われるなら，実務規範の範囲で，証人，告訴人，被疑者，被害者を安全かつ公正に面接できるようになるはずである」(p.27)。

ブルとチェリーマン（Bull & Cherryman, 1995）は，（幼児虐待のような特別な性質の犯罪に関わるものか，面接対象の精神的に傷つきやすいような特別な性質に配慮するための技能を必要とするものなど）専門家による被疑者の捜査面接をテープ録音したもの69を検討した。その結果，質問の多くがクローズ質問であり，多くの誘導質問がオープン質問として出されていたことがわかった。ここで見つかった能力における欠落は，間（ま）や沈黙，ラポール，共感，そして柔軟性の欠如に関係するものだった。

ペアスとグッドジョンソン（Pearse & Gudjonsson, 1996c）は，被疑者面接161を分析して，面接が相対的に短い傾向にあり，礼儀正しく話し好きな人たちの会話であったと報告している。オープン質問の使用が大変に多かった。しかし，誘導質問も同じように使われていた。研究者たちは，もし警察の訓練に法令の変更や研究の知見を考慮できるだけの十分な柔軟性があるなら，結果はもっと倫理的で，さまざまなアプローチを取り入れた形での面接になると結論づけた。

ウィリアムソン（Williamson, 1993）によれば，証人と被害者の面接は，しだいにより重要なものとして考えられるようになった。しかしながら，知られている唯一の研究で証人面接が検討されたのは，PEACE導入以後にマクリーン（McLean, 1992）によって行なわれたものである。この分野での研究の欠如については，標準的な手続きとして，証人や被害者の面接はテープ録音されていないという事実が重要である（第2章を参照のこと）。マクリーン（McLean, 1992）の研究はわずか16の面接という，小さなサンプル数であるが，この種の面接でどのようなことが起こるのか知るうえで，有用なものになっている。残念ながら，あまり望みがもてそうな結果にはなっていない。面接者の質問は圧倒的に誘導的か，はい－いいえ型の質問であり（65.8%），"まずい"質問形式を用いていた。実際，マクリーン（McLean, 1992）は，「証人の取り扱いについては（被疑者のそれよりも）ずっと悪かった」(p.48) と結論している。

第9章 訓 練

　ここに概説した研究の最大の欠点は，PEACE モデルの価値に関しては，マガークら（McGurk, Carr & McGurk, 1993）以外は，警察面接のなかで，それぞれ PEACE モデルにない側面の評価を取り上げていることである。たとえば，ブルとチェリーマン（Bull & Cherryman, 1995）は専門家による捜査面接を取り上げているし，ペアスとグッドジョンソン（Pearse & Gudjonsson, 1996c）は，PEACE そのものの評価でなく，個別のアプローチに関したものである。しかしながら，現在，著者ミルンによって，首都圏警察部門のコリン・クラーク（Colin Clarke）氏との連携により，イングランドとウェールズの警察現場における，PEACE 面接技能の導入を検討するための研究が実施されつつある。その研究では，証人，被害者，被疑者の面接が検討されることになっている。

　ウィリアムソン（Williamson, 1994）は，新しい面接アプローチを作り出すために立案された面接の原則を，警察部門がこれまで十分に理解してこなかったと指摘している。

> 「警察の質問法には，これまでにかなりの進歩が認められる。しかし，標準的な警察実務に捜査面接の原則が反映されるまでには，まだまだ時間がかかるということを否定する者はいないだろう」(p.98)。

　このことの理由として部分的には，捜査面接の効果的な品質管理を確実に実行できるような監督者と管理者を訓練する必要性があげられよう（Stockdale, 1993）。警察監察局（Her Majesty's Inspectorate of Constabularies）が出した報告書もまた，イギリスの特定の警察管区が訓練目標を達成していないことを批判する際に，捜査面接の重要性を指摘している。その報告書は，PEACE プログラムが，中間から上部の管理者からは最小の支持と参加しか得られていないようであることを強調している（Gibbons, 1996b）。このことはまたしても，面接のための適切な訓練の重要性を，警察組織の全体が認識する必要性を示している。

　PEACE に関する，もう一つの問題は，訓練者の多くが，教育法をキャスケード訓練法で受けているということである。最初に PEACE が始まったとき，一定数の訓練者たちが中央の訓練コースに出席して，その訓練結果を同僚に伝える形をとった。しかし，最初のコースに実際に参加した訓練者たちの多くは，

今では他の職務に移ってしまい，現在の訓練の中心は5世代か6世代目かの訓練者になっている。これらの訓練者たちは，結果として，自分たちがPEACEコースを1回受講しただけで，自分たちでPEACE訓練を行なうよう期待されている。このキャスケード訓練法では，残念ながら，大幅な内容希薄化が避けられず，捜査面接モデルの理解に大幅な不統一をもたらしている (Hodges, 1995)。しかしながら，専門的な捜査面接訓練者養成コースがいくつかあることも事実である (Graham, 1995)。

　すべての人が十分に訓練されることが可能だろうか？　何人かの人たちが，他の人たちに比べ，訓練によってより多くの恩恵を受けることになることはありうる。全員でなく，一部の人たちだけが，必要とされる柔軟で適応的な対人技能をもつ (Baldwin, 1992a)。さらに，上級面接訓練コースを始める前，当人に適切な能力をもつことを前提として，上級面接者の訓練（後述の上級訓練コースの節を参照のこと）が必要であるということも議論されている (Baldwin, 1992a; Cherryman & Bull, 1996)。

7
認知面接法の訓練

　認知面接法（CI）に関する研究（第3章を参照のこと）では，多種多様な訓練手続きを用いてきた。初期のCI研究は大学生を面接者として，訓練はきわめて短期のものであった。普通は15分から数時間程度であり，ガイゼルマンら (Geiselman, Fisher, MacKinnon & Holland, 1985) は前者で，フィッシャーら (Fisher, Geiselman & Amador, 1989) は後者であったが，ガイゼルマンら (Geiselman et al., 1984) では訓練と言えるようなものは何も行なわなかった。CIの技法は，面接かあるいは書面での教示の形で与えられていた。これらの研究では，CIが優れていることを見いだしているものの，警察官がどのようにCIを採用し利用するのかということについては，ほとんど何も教えてくれない。面接の経験が豊富な警察官は，これらの研究で参加報酬として謝礼金か授業の単位のどちらかをもらえる経験のない学生の面接者に比べ，それまでに慣れたスタイルの面接法をCIのスタイルに取り替えるのが難しいと考

えるかもしれない。そうなる可能性が高いのだが，CI 訓練がまた，警察官が身につけてしまった良くない癖を捨て去るように求めるなら，これはとくに難しくなる。また，学生面接者は訓練を受け，面接を実施することに関心をもつであろうと想像するが，研究論文は，彼らの動機づけや期待について，ほとんど何もふれていない。ガイゼルマンら（1985）の CI 研究では，最初，警察官を面接者として用いており，彼らは慎重に選ばれ，研究の 3 週間前に面接技法についての書面による教示だけを受けた。これらの技法は，再生のとき，被面接者に対して逐語的に読み上げられた。このような限られた量での訓練であっても，CI は記憶の再生を助けることがわかった。この研究は，面接者が効果が現れるよう CI 技法を習得するのに，最小限の訓練しか必要としないことを示している。しかしながら，経験を積んだ警察官が CI を効果的に用いるのに，どのくらいの量の訓練が必要になるのかに関する情報は，今後の現場研究がもたらしてくれるだろう。

　フィッシャーら（Fisher, Geiselman & Amador, 1989）は，現場での本物の証人と被害者を対象として，強化型 CI（ECI）の効果を最初に確かめた研究を行なっている。マイアミのメトロ・デイド警察の強盗担当部門の 13 人の経験を積んだ警察官が研究に参加した。全員が最初に，標準的な面接手続き（つまり，通常，どのように面接するか）での面接をいくつか提供し，それが訓練前のベースラインとなった。ECI の訓練は，1 時間のものを 4 回行ない，さまざまな面接手続きの要素に関するものと，面接技法のうまいものとまずいものの実演を含んでいた。4 つのセッションはそれぞれ，①全体の概観と認知の原理，②記憶を強化する技法，③意思の疎通法，④面接の構造を扱った。この訓練の後で，それぞれの面接者は現場での面接をサンプルとしてテープ録音し，この面接の質について個別にフィードバックを受けた。そして，訓練後の面接を研究のために提出してもらった。

　全体として，訓練前と後の面接者の課題遂行ぶりを比較することで，この ECI 群においては，情報量の増加として 47 ％が報告された。この訓練を受けた群と，訓練前には同等であった訓練を受けない群の比較では，訓練の後で得られた全情報量において，ECI 面接者のほうが平均して 63 ％多いという違いがみられた。訓練前と後の面接を比較すると，面接の実施にかけた時間に大幅

な違いがあるわけではない。現場研究の本質的な問題は，情報が正確かどうかであり，裏づけが必要である。この研究では，面接中に対象が報告したことのほとんどに裏づけ情報があった。裏づけ率（つまり正確性）は，訓練前と後でほぼ同じであり（前が93％，後が95％），このことは，ECIによって引き出された追加的な情報が，誤った情報だけが追加されたことによって増量したのではないことを示している。興味深いことは，裏づけ率は実験室研究の正答率に比べ，大幅に高いことであり，これはユーイとカットシャル（Yuille & Cutshall, 1986）によって行なわれた研究と類似した結果である。この研究は，相対的に少ない面接訓練であっても，現場におけるECIに効果があることを強く示唆するものであった。

ジョージ（George, 1991）もまた，犯罪の証人と被害者の面接の3つの方法について，現場研究による評価を行なっている。3つの方法とは，強化型CI（ECI）と，標準的面接（SI，通常に行なうような面接［訳注：第8章8を参照のこと］），そして会話管理法（CM，第4章を参照のこと）である。第4章においてわれわれは，CMというのは面接のプロセスに必要な社会的・コミュニケーション的技能を面接者に授けることを目的にした面接手続きであり，犯罪の被疑者と証人の両方を対象とするが，前者を強調するものであることを述べた（Shepherd, 1988, 1991）。CMの考え方は，面接に関する警察官の専門的能力とイメージの両方を改善することである。その訓練は，役割演技の練習と質的な面でのフィードバックを与えることで，訓練生に練習と，対人相互作用的技能の発展の機会を与えるものである。CMはだから，コミュニケーションについての心理学に基づいており，会話のメカニズム，言語的行動・非言語的行動，そして質問形式のようなトピックを扱う。ECIとCMの違いと言えば，ECIには記憶術的な要素が含まれていることが主たる違いである。

28人の警察官がランダムに4つの訓練条件に割り当てられた。① SI，② ECI，③ CM，④ ECIとCMの両方（ECI/CM）である。ベースラインとして使われる，本物の証人への面接を3つ，テープ録音して提出した後，面接者たちはSI群を除いて何らかの面接訓練を受けた。ECI群はまるまる2日間の訓練を受けたが，これはフィッシャーら（Fisher, Geiselman & Amador, 1989）の研究で面接者が受けたものよりずっと長かった。CM群の面接者たちは7日

間の訓練を受けたが，そのうち5日間はCM手続きであり，他の2日間は証人面接に関する内容だった。ECI/CM群は2日間のECI訓練と5日間のCM訓練をこの順序で受けた。そして訓練を受けた面接者はすべて模擬面接を行ない，その評価を受けた。この訓練の後で，すべての面接者たちは本物の証人の面接を3個，テープ録音で提出するように求められ，そのうちの一つがランダムに選ばれた。

　面接者による探索質問が，ECI技法を含む16種類のうちの一つとして分類され数えられた。面接から得られた情報は，それぞれの詳細が"7大要素"である，誰が，いつ，どこで，なぜ，どのように，何を対象に，何をして，に従って分類された綿密な方法で符号化され得点化された。このやり方が，面接において，それぞれの探索質問によって引き出された新しい情報の量と質の厳密な分析を可能にする。それにより現実の場面で証人が行なう弁明内容を効果的に分析する方法を見いだすよう試みた（Yuille & Cutshall, 1986）。

　SI群における面接行動は，それぞれの評価時で比較したところ，相対的に静的で変化が少なかった。ところが，ECI面接者たちは，訓練後では面接中の質問の頻度が大幅に減少し（毎分4.69から1.53へ），面接時間も減少し（統計的には有意ではない），間（ま）の使用が13倍に増加した。ECI群の面接者が使った質問の種類にも変化がみられ，オープン質問が増え（10倍），それに対応してクローズ質問と誘導質問が12分の1に減った。ECIの記憶術は使われたが，逆向（RO）と視点変更（CP）の技法については，利用にためらいがあったようである。ECI/CM群に関しては，ECIだけの群の面接者に比べると，面接行動の変化はわずかであった。しかしながら，クローズ質問と要約の使用にはわずかながら減少がみられ，励まし・サポートする探索質問や，回答を待って間をおくことが増加した。この群においては，記憶術の使用はほとんどなく，ROやRE（何でも話す：悉皆報告）はまったく使われておらず，CR（文脈再現）が5回だけ試みられた。イメージする，集中するなどの教示は多く使われたが，ECIだけの群ほどでもなかった。CMだけの群はあまり変化がみられなかった。そこでの主要な質問形式はクローズ質問と，敷衍したり，さらなる説明を求めたりするもので，やりとりの4分の1以上が励ましやサポートであった。CM訓練の効果が表面に現れなかったのは，ECI訓練に比べて相当長

い訓練期間であることを考えれば，驚くべきことである。

　ECI 群の面接者たちは，他群の面接者たちと比べて，一つの質問当たり 3 倍（14.6 個）と，有意に多く情報を引き出していた（George, 1991; Clifford & George, 1996）。少量の情報は，クローズ質問によって引き出されていたが，多くは ECI を含んだ 2 群において，オープン質問によって得られていた。このことは，ECI が効果的であるためには，面接者は適切な質問方略を使わなくてはならないこと（つまり，おもにオープン質問を用いる。Brock, Fisher & Cutler, 1999 も参照のこと）を示している。

　ジョージ（George, 1991）は，面接者の行動と被面接者からの情報で示されたように，ECI がきわめて強力な面接技法であると結論づけた。驚いたことに，ECI/CM 群は ECI 群ほど成績が良くなかった。現在，イングランドとウェールズで用いられている捜査面接パッケージは，ECI と CM の両方を取り入れているから，このことは重要な意味をもつ。ジョージの研究は，そのような訓練方略は，中間に長い時間をおいて，それぞれの面接手続きを訓練することに比べ効果的でないことを示唆する。さらに，CM は面接の成績を実質的に改善しなかったので，この面接技法を妥当なものとするために，さらなる研究が必要である。ECI の記憶術が使用されたときには，おおむね肯定的な効果をもった。しかし，記憶術的な手法のいくつかは，使用が限られており，面接者によっても違いが大きい。

　タートルら（Turtle, Lawrence & Leslie, 1994）は，1 週間の面接訓練コースを受けたカナダの警察官によって，ECI を構成する個々の手法をどのように使用するかを研究した。面接は，"演出された犯罪"を目撃した地域住民のボランティア（と警察官）を対象にして行なわれた。面接者と研究者は 4 件法を用いて，ラポール，会話主導権の委譲，文脈再現（CR），イメージの使用，そして順序変更（CO）と視点変更（CP）技法を一つのカテゴリーとしてまとめたものを含む，31 の面接技法の使用の質について評価した。そして，技法の使用の質と，裁判に使えるような詳細情報の数とに，相関があるかどうかを調べた。面接者によって行なわれた質的評定をみると，CR だけが証人により想起された詳細描写の割合と相関していた。CR と CP + CO だけが，研究者の質的評定で，再生された詳細描写の割合と相関があった。面接者による自身の探

索法（つまり，質問のスタイル）の評定は，引き出された描写的なエラーの数と正の相関があった。このことは，警察官たちは，たくさん質問することがよい面接であると信じがちであるが，実際は，より多くのエラーを引き出すことを示唆している。CR，CP と CO は，描写的な情報の再生をうながすことが見いだされた。しかし，他の ECI 技法である，イメージすることや，会話主導権の委譲は効果がなかった。

フィッシャーら（Fisher, Geiselman & Amodor, 1989）は，適切な訓練なしには，経験が豊富な面接者に ECI が要求するものを守らせることは難しいかもしれないことを認めた。しかしながら，ECI は典型的な警察の面接に比べ，より適切な面接方略であると結論することができる。ジョージ（George, 1991）の研究は，サンプル数が小さかったとしても，現実場面での面接における ECI 技法の使用に関する貴重な理解をもたらし，面接ごとの記憶術的手法の利用程度の違いや限られた利用ということに関する重要な論点を提起している。この問題は，CI 研究の多くにおいて扱われてこなかった（しかし，Memon, Wark, Holley, Bull & Köhnken, 1996 を参照のこと）。現実場面で警察官によって使われる CI 技法の質に関しては，さらなる検討が求められている。

メモンら（Memon, Holley, Milne, Köhnken & Bull, 1994）による研究では，33 人の証人が，演出された，しかしリアルな凶器を持った強盗事件を目撃し，2 時間後に 38 人の警察官のうち 1 人から面接を受けた。警察官たちは，警察部門に入ってから平均 10 年の経験があった。これらの警察官すべてが面接の重要性に関する短い講義と，その後にコミュニケーションの一般的原則に関する討論を行なう，全 4 時間の面接訓練を受けていた。その後で，このグループはランダムに 2 群に分けられた。一方は"捜査的"技法（STI）の訓練を，他方は ECI の訓練を受けたのである。すべての面接者は，役割演技のセッションに参加し，その訓練で扱っている内容に関する情報が記述された配布資料を受け取った。この ECI 訓練は，これらの研究者たちが，他の研究で大学生を対象に用いて大変効果的であったものとよく似たものであった。

面接タイプの違いによって，正確な，不正確な，そして推測的な報告の量に違いはなかった。さらに，面接者によって使われた質問をみると，面接条件に関わりなく，ジョージ（George, 1991）やフィッシャーら（Fisher, Geiselman

& Raymond, 1987）によって報告された典型的な警察の面接（第1章を参照のこと）とよく似ており，結果的には，まずい面接の範疇に入る（つまり，訓練が面接者の質問スタイルに何の影響も与えなかった）ことになった。しかも，ECI条件においても，ECI技法は最低限のものしか使われなかった。警察官のなかには，ECIを実践するのは容易ではないと語った者もいた。「私は，自分の面接がいつもと同じままだったと思う」（Memon et al., 1994, p.653）。この発言はしごく的を射ている。多くの模擬研究において，CIは捜査目的のために有用であることが見いだされてはいるが，この手法について訓練は受けても，注意深く選抜されていない警察官が（George, 1991やGeiselman et al., 1985の研究のように），実際の面接でそれを使うものだろうか？　もし彼らが，この手法が役に立つと思わなかったら，CIはもっと現場中心の手法になるよう改訂されるべきであろう（Kebbell, Milne & Wagstaff, 1999）。また，面接者にとっても被面接者にとっても，動機づけということが重要となる（McMillan, 1997; Memon, Bull & Smith, 1995）。

そもそも，警察官が受ける訓練は，当の手法が適切に用いられるほど十分に質が良いものなのだろうか？　誰がCI技法を訓練者たちに教えているのだろうか。メモンら（Memon et al., 1994）は，4時間程度の限られた技法訓練では，面接の癖が染みついていて，自分たちの面接スタイルを変えようとする動機づけをもたない警察官たちを変えるには，時間的にも質的にも不十分であると報告している。CIは使われず，たとえ使われたとしても適切な使い方でないことがCIが効果的でないことの主要な理由である。この研究では，以前行なわれた現場におけるCI研究に比べて，CI関連の訓練がずっと短い。しかしながら，この研究に参加した警察官は，警察で受ける典型的なCI（Bull & Cherryman, 1996）以上に，多くの訓練を受けたことも確かである。訓練は地域によって違いがあり，例外的なところもないわけではない（たとえば，ウェストヨークシャー警察では7日間にわたるCIコースを行なっている。Croft, 1998, 私信）。リードら（Read, Davies & Köhnken）によって現在，実施されつつある大規模な調査（論文準備中，Readとの私信）の暫定的な結果によると，イギリスの23の警察管区が見習生期間に，CI訓練に平均で8.61時間をかけ，18の警察管区が上級CI訓練に6.9時間をかけているとの報告を受けて

いるという（さらに著者ミルンによって，次なる研究が現在進行中である）。

1992年に配布された捜査面接用の冊子（CPTU, 1992a）は，イングランドとウェールズのすべての警察官に対して，彼らがその技法を有用で職務に関連あると考えようと考えまいと，そして，その使用について彼らが受けるどのような訓練とも独立して，CIが採用されなければならないことを明記している。これは警察官にとって，従うことが難しい命令である。とくにこの最初の冊子にあるCIの記述が理想的なものとは程遠いということもあって，警察官が受けるCI訓練の質に関する問題も残っている。ブーンとヌーン（Boon & Noon, 1994）は，他の技法を好む者もあるが，"何でも話す（悉皆報告：RE）"という教示だけが，現場の警察官に広く採用されている技法であることを指摘している。たとえば，クリフォードとジョージ（Clifford & George, 1996）は，ECIで訓練された警察官が，RE教示をCOやCP教示の9倍も与えていると報告している（Memon et al., 1994やKebbell, Milne & Wagstaff, 1999も参照のこと）。

誰が訓練者になるべきなのだろうか。メモンら（Memon et al., 1994）の研究では，訓練者はCI分野について詳しい学者であった。このようなタイプの訓練者は，"本物の"面接にあまり経験がないようにみられ，結果として，警察官，とくに長い経歴をもつ者は，訓練に真剣に取り組みはしない。このことは，自分が警察官であるジョージ（George, 1991）の場合と比べることができる。しかしながら，たぶん他所でも同じだが，イングランドとウェールズでは，特定のこれといったCI訓練パッケージが存在せず，訓練者たちは，他のすべての警察官たちと同じ1週間のコース（Graham, 1995）に出席しただけで，"捜査面接法"を取り入れ，すぐに訓練することを期待されている。警察官たちが，CIに関するフィッシャーとガイゼルマン（Fisher & Geiselman, 1992）の著作を読んだり使ったりする可能性は高くない。このように，（例外はあるだろうが）警察の訓練者たちは，CIを適切に訓練するための十分な知識をもたないようである。

CIは警察でどのようにみられているのだろうか？　ロングフォード（Longford, 1996）の先行研究では，警察官がCIを有用な道具と見なしていた。6人の警察官が，1週間にわたるPEACE訓練コースを受講した後で，自分が

行なった面接に関する種類と頻度に関して，12週間にわたって日記をつけた。CIを使わなかったことのおもな理由としてあげられたのは，面接状況と準備の問題であった。これらの問題は，面接はまさに事件が発生した時点で行なわれなければならないという，警察の方針と規則から発している。警察官たちは，この方針は，彼らが使える面接の種類を制限するだけでなく，ショックを受けている証人や被害者のことを十分に考慮していないと感じていた。しかしながら，CIは実際に面接の他のタイプ（たとえば，会話管理法）よりも余計に時間がかかるわけではなく，捜査にかかる時間を短くできるかもしれない。「以前のやり方では，さらに陳述をとるために，何度もやり直したが，今のものは1回の陳述で，すべての部分が取り扱え……公訴局も，それ以上の情報を求めることはなかった」(Longford, 1996, p.49)。

　ケッベルら（Kebbell, Milne & Wagstaff, 1999）は161人の警察官を対象に調査を行なった。彼らはすべて学位を取得するための通信教育を受講中であったが，9つのECI技法について（これらの警察官のうち，79％がPEACE訓練を受けていた），現場で適用するだけの効果があるかについてどう考えるかを調べたのである。全体的に，警察官はCIが有用であると感じていた（しかし，これらは感じであり，人々がすると答えたことを実際にするとは限らないことに注意すべきである）。すでに述べたように，技法のうち，いくつかは他のものより効果的と思われ，頻繁に使われている（この2つの測度は相関している）。ラポールは最もよく使われるとして上位にランクされ（頻度），同じく最も有用であるとされた（価値）。"悉皆報告（RE）"というCI技法は，有用さと頻度で，2位にランクされた（上記の，Boon & Noon, 1994も参照のこと）。CR（第4位），CO（第6位）やCP（第9位）など，その他のCI技法は，あまり評価が高くなかった。大多数の警察官たちは，"イメージする""会話主導権の委譲"を使ったことがないと報告している。これらの技法については，捜査面接訓練マニュアルに明示的に書かれておらず，したがって，たぶん教えられていないのだから，驚くべきことではない。

　CIは質的により高い情報を引き出すことができると警察官たちに思われていながら，現場でCIを適用する際の主要な障害は時間であると思われていた。以下は，警察官たちによる，いくつかのコメントであり，この問題を強調する

ものである (Kebbell, Milne & Wagstaff, 1999)。

「質的にずっと高いし，役立つ情報が多い」(p.13)。
「(CI を使うと) 重大な犯罪の被害者と，ずっと良い，長期的関係をもてる」(p.13)。
「CI の考え方は，うまくいくし，うまくいくはずだ。しかし，制服の巡査の大多数にとって，この面接のやり方がうまくいくために不可欠なもの，つまり十二分な時間は与えられていない」(p.13)。
「警察幹部が，警察学校で教えていることを，警察官に使えるようにするときが来ている」(p.13)。
「(CI は) 専門職にふさわしいものだし，警察の誠実さを高めるためにも必要なものである」(p.14)。

　ケッベルと仲間たちによる研究は，すべての警察官が学位をとるためのコースに登録していたのであるから，バイアスがかかっている可能性がある。同様の研究がマクミラン (McMillan, 1997) によって行なわれている。こちらの研究では，66人の警察官が質問紙に答えていて，そのうち88％が CI を使ったことがあり，有用と考えたと答えている。そう答えなかった者たちは，理由として，技法を理解できない，時間がかかりすぎる，面接は自分のやり方でするものと述べている (同様の理由については，Brummer, 1997 も参照のこと)。ここでもまた，RE と CR が最も頻繁に使われ，最も効果的な CI 技法だと思われていた。CO 技法を使わない主たる理由は (Switalski, 1997 も参照のこと)，この技法について混乱しているからであった (CP は，当該の警察管区で教えられていないため，質問紙には含まれていなかった)。さらにまた，時間が主要な障害として提起され，CI は面接者の時間をとりすぎるだけでなく，被面接者の時間もさいてしまう可能性があるとされた。このように，CI を使うかどうかの決断は，事件に対して証人の証言がどのくらい役立つかと，出来事の種類に基づいて行なわれる傾向がある (CI はより重大な犯罪に使われると思われている)。

　ケッベルら (Kebbell, Milne & Wagstaff, 1999) は，警察の方針と規則を変えて，証人と被害者の面接にもっと時間をかけるべきだと指摘している。なぜなら，彼らは捜査における，大変に重要な"資源"だからである。また，CI

にも改善の余地があり，面接にかかる時間を短くすることや，この手続きにおいて見いだされている優位な効果を生み出しているのが，CI 技法のどのような組み合わせや順序であるかをはっきりさせるため（Milne, 1997），ECI 技法の要素的分析が不可欠である。マクミラン（McMillan, 1997）の研究は，誤解や混乱をぬぐいさるため，リフレッシャー（再）訓練が重要であることを強調している。おそらく，PEACE 訓練コースの一部として警察官が受ける CI 訓練は十分ではない。CI 訓練の専門家は，まるまる 2 日間の訓練を強く推奨している（Fisher, 1995; Köhnken, 1995）。実際，マクリーン（McLean, 1992）は，小さなサンプルであるが，16 の証人面接を調べてみても"認知的アプローチ"が使われた証拠を見つけることができなかった。

　CI の創始者たちは，2 日間にわたる訓練コースを強く推薦している（Fisher & Geiselman, 1992）。この本のなかで彼らは，おもな原則をそのまま暗記するだけでは CI は習得できないと指摘している。これらの技法は現実の捜査に，意識的な行為としてではなく，ほとんど自動的に適用できなくてはならないのだから，練習が不可欠であると彼らは主張している。13 の主要な技能を訓練するため，積み上げ式のアプローチを提唱する。それまでの技法がすべて完全に習得された後に，次の技能のセットに進むことを許すのである。彼らは CI 訓練に 6 段階を提案し，それぞれの段階にいくつかの練習セッションが必要だとしている。

　A 段階：①ラポールを確立する
　　　　　②傾聴法
　B 段階：③会話主導権の委譲
　　　　　④オープン質問をする
　　　　　⑤回答の後の小休止，間
　　　　　⑥発言をさえぎらない
　C 段階：⑦何でも話す
　D 段階：⑧集中するように励ます
　　　　　⑨イメージの使用
　　　　　⑩文脈再現

E 段階：⑪共感
　　　　⑫証人に適合した質問
F 段階：⑬ CI の順序

　これらの基本的な技能が習得された後に，より特殊な技法（たとえば，想起のうながし）が追加される。
　おもに CI の研究目的で学生を面接者として訓練することを考慮して，1日に4時間ずつ，2日間の訓練コースが，ブルら（Bull et al., 1993）によって開発された（詳細は，Memon et al., 1996 を参照のこと）。しかしながら，このコースは現在では実践家が使うための2日間コースに発展している（Milne & Akehurst, 1998）。このコースは7段階からなり，面接の構造を反映している。それぞれの段階で，技法に関する理論的な知識，ビデオ録画による技法の例，練習セッションが訓練生に与えられる。

　第1段階：一般的な導入
　　　　　①面接の重要性
　　　　　② CI の価値
　　　　　③促進者としての面接者の役割
　　　　　④非言語的行動
　第2段階：挨拶とラポール
　　　　　⑤ラポールをつける
　　　　　⑥傾聴
　　　　　⑦間をとることの重要性
　　　　　⑧発言をさえぎらないことの重要性
　第3段階：自由な報告の始まり
　　　　　⑨何でも話す教示
　　　　　⑩面接の主導権を証人に渡す
　　　　　⑪文脈再現
　第4段階：質問
　　　　　⑫適切な質問のタイプ

　　　　　⑬証人に適合した質問
　　　　　⑭イメージを活性化し，探る
　　　　　⑮集中の使用
　第5段階：第2の検索の試み
　　　　　⑯順序を変更して思い出す教示の使用
　第6段階：第3の検索の試み
　　　　　⑰視点を変換する技法の使用
　第7段階：⑱終結

　訓練の2日目には，さらに具体例があげられ，訓練生にはCI全体についての練習（および被面接者との役割演技）を行なう機会が与えられる。CIの練習はビデオ録画され，訓練者，面接者自身（自己モニタリング），そして同僚の訓練生少数から，各自にフィードバックが与えられる。それぞれの面接者は，ECIの主要な要素について記述した冊子を受け取る。この面接訓練は，フィッシャーとガイゼルマン（Fisher & Geiselman, 1992）によって提供されたECIに基づいている。

8
会話管理法訓練

　シェパードとカイト（Shepherd & Kite, 1989）は，効果的な面接訓練は，次の4つの一般的な目標を順次達成する必要があることを指摘している。

①面接者と被面接者がお互いに与えあう影響に関連して，会話における関係性と知識について，訓練生の意識をより高める。
②会話における関係性をどのように取り扱うかに関して，訓練生により多くの選択肢がもてるようになる。
③これらの新しい選択肢を試してみることができるように，訓練生に機会を与える。
④どの技法がうまくいくのか，面接者が決めるのを援助する。

フィリップとフレーサー（Phillips & Fraser, 1982）は，対人的技能を教える教育法は3つ，すなわち，"考える" "行なう" "感じる"であることを確認している。"考える"ことは，概念的な学習に関連しており，面接法を教える伝統的な方法であった（たとえば講義。Shepherd & Kite, 1989）。しかしながら，知識は必ずしも実践的能力と同じにはならない。それに対して，"行なう"ことは，学習の実践的な側面を提供してくれる。訓練生たちは新しい技法を試してみることで，仲間の訓練生，訓練者たち，そして自己モニタリングからの建設的なフィードバックを通して，学習し成長する。"感じる"のは，自己，被面接者，そしてこれら2人がそれぞれいかに影響を与えあうかに関する"気づき"を高めることを目的にする。シェパードとカイト（Shepherd & Kite, 1989）によれば，CM面接訓練は，数多くの複雑なミクロ＝マクロの技能能力を効果的に学習し習得する（第4章を参照のこと）ために，これら3つの教育法を統合することが必要だという。

シェパード（Shepherd, 1986）によれば，CMを効果的に訓練するためには，訓練生の数は1クラス8人以上にはできない。なぜならば，訓練者が同時に8人以上の言語的・非言語的行動を，物理的にモニターして学習するのは不可能だからである。これに加えて，8人以上の集団においては，おとなしいメンバーが見物人の役割を演じるようになってしまう傾向があるからである。コースの長さは，訓練生と訓練者が個人的な成長をモニターできる長さにしなければならない。そのためには，コースは少なくとも3回の練習面接を実施することができなければならない。シェパードとカイト（Shepherd & Kite, 1989）は，3週間のコースを提案している。まず最初は知識の獲得の週で，次は練習の週，そして最後は"課題"訓練の週である。これは関係者の努力・協力と資金・資材を多く必要とするが，シェパード（Shepherd, 1986）は，効果的な訓練になるかどうかは，訓練生の数，訓練者の数，訓練法と積極的な関与の量に直接的に比例すると主張する。

残念ながら，CMそのものの有効性を評価した研究はみあたらない（すでに述べた，George, 1991を参照のこと）。

9
捜査面接法の上級訓練コース

　訓練はまず，面接法についての基本的な導入から始まり，フィッシャーとガイゼルマン（Fisher & Geiselman, 1992）によって概説されたように，適切な質問と効果的なコミュニケーション技能の使用に焦点をあてなければならない。その後，面接の自己モニタリングと訓練者からのフィードバックを伴う，より高度な技法（Memon, Bull & Smith, 1995）へとしだいに進んでいく。

　イギリスでは過去5年の間に，上級捜査面接訓練コースが3つ開発され，知られるようになった。そのそれぞれについて，以下に簡単に記述したい。

　1994年に，リバプールのマーシーサイド（Merseyside）警察管区が，2週間の上級面接訓練コースを実施し始めた。このコースは，シェパード（Eric Shepherd）のような心理学者たちの協力を得ていた，以前からのコースを発展させたものである。1994年の上級コースは，心理学を幅広く取り入れており，経験豊富な警察官たちによって運営されていた。マーシーサイド警察は，心理学的なコース内容が正確であることを期して，ブル（Ray Bull）と，彼の当時の同僚であったコーンケン（Günter Köhnken）に対し，訓練者が訓練用の資料を準備する際に読むべきと考える，心理学の本や研究論文について助言を求めることまでした。ブルとコーンケンはまた，訓練者たちが作り上げた資料のうち，いくつかをチェックするよう依頼された。マーシーサイドの訓練者用マニュアルは，すでに述べたPEACE訓練コースをさらに発展させたものである。より高度なレベルのPEACEのトピックを扱うのに加え，このコースは以下の点にも焦点をあてている。

- ステレオタイプ
- 自己現実化する予言
- コミュニケーション・チャンネル
- 知覚
- 意思決定

第9章 訓　練

- 交流分析
- 個人差
- 欺計の検出
- ストレス
- パーソナリティ
- 情報処理
- 記憶
- 質問法
- 子どもの面接
- 認知面接
- 被暗示性
- 知的障害

　1996年にブルはチェシャー（Cheshire）警察管区によって，彼らが計画中の上級面接訓練コースに取り入れたいと考える一連のトピックについて，公刊された文献について広範囲な展望を提供するよう依頼された。これに含まれていたトピックは，以下の通りである。

- 認知面接
- 抵抗の管理
- ボディ・ランゲージ
- ストレスへの対処
- 精神障害と知的障害
- 犯罪者プロファイリング

　次いでこの訓練者たちは，これらの展望で彼らが有用と考えたことを，計画中の訓練コースに取り入れた。
　ケント州（Kent County）警察管区の上級捜査面接コース（Mould & Jones, 1996）で現在使われているような，面接訓練コースのための注意深い選択手続きを支持する考え方もありうる。しかし，このことは現場レベルにおける警察

捜査のあり方に関し重大なる影響をもち，警察の方針・規則の大幅な変更を必要とする。このアプローチは，重大な犯罪の証人と被害者のすべてに対して面接を行なう役割をもつ，専門的面接者集団が存在することを必要条件としている。(全国警察訓練協会によって認定された) ケント州警察管区上級捜査面接コースを開始した主たるねらいは,

> 「……重大な犯罪と重大な犯罪者を扱う可能性が高い，警察分野に精通する，能力の高い面接者チームを作りあげる」(Mould & Jones, 1996, p.1)。

ことであった。

　ケント州コースの目的は，捜査面接過程において課題を遂行することの理解を，可能な限り高いレベルの職業的水準まで発展させることである。これを達成するため，このコースには3つの段階がある。すなわち，①コースのために警察官を選択するためのコース前評価，②評価され認証を受けている3週間の宿泊コース，そして③コース後の評価と (管区内にいる面接コーチによる) 支援の仕組みである。このコースの最大人数は8人であり (すでに CM の節で述べたコメントを参照のこと)，シェパード (Shepherd) 博士がコースのうち2日間を教える。このコースに取り入れられている中核的な技能は以下の通りである (Mould & Jones, 1996)。

- 関連する法律の知識
- 捜査の過程
- 会話管理法
- 情報処理
- 心理学
- 面接の構造
- 質問の技能
- 抵抗の管理
- 評価の技能
- 認知面接法
- 弁護士の応対管理

● 自己主張

10
結　論

　訓練の効果は複雑であり，訓練の長さ，質，面接者の経歴，そして訓練に対する態度など，その他の数多くの要因（Memon & Higham, 1999）によって決まる。現存する数多くの先駆的訓練プログラムは，さらに研究と評価が必要である。しかしながら，そのような訓練コースが，基本コースと上級コースの両方が存在するということ自体，イングランドとウェールズの警察部門が，捜査面接に関して水準を高めるという目標に，いかに真剣に取り組んでいるかをはっきりと示している。世界中の警察は，この経験から恩恵を受けるよう決断すべきであろう。同様に，捜査を行なう他の職業や，法曹・法の専門家は，どのように面接訓練を行なうべきか，徹底的な検討を始めることができよう。

参考文献

Fisher, R. P. & Geiselman, R. E. (1992) *Memory-enhancing techniques for investigative interviewing: The cognitive interview.* Springfield, IL: Charles Thomas.

Morgan, D. & Stephenson, G. (1994) *Suspicion and silence: the right to silence in criminal investigations.* Blackstone Press Ltd.

NCF (1998) *A practical guide to investigative interviewing.* National Crime Facility, Bramshill: National Police Training.

Shepherd, E. & Kite, F. (1988) Training to interview. *Policing,* **4**, 264-280.

第10章

結論と将来の発展に向けて

　複雑な出来事記憶の大部分は本質的に構成的である。内在的要因（たとえば再生過程）も外在的要因（たとえば質問タイプ）も，被面接者の報告に影響する。しかし，今日にいたるまで，現実の生活場面において目撃者や被害者が犯罪を経験するとき，実際に何が起こっているのか（つまり，フィールドワーク）を検討した研究はほとんど行なわれてこなかった。その結果，実務遂行，諸政策，諸勧告の大部分は，もっぱら実験室場面で開発され実施されてきた理論的モデルと学術研究に基づいてきた（とはいえ，はっきりと例外に当たるものもある。たとえば，Christianson & Hubinette, 1993 の研究である）。シミュレーション研究から提起される勧告は，必ずしも根拠がないというわけではないが，実験室と現実場面とでは何らかの違いはあるだろう。

1　生態学的妥当性

　本書で取り上げた研究に対する批判として，生態学的妥当性に関するものがいくつかみられる。たとえば，ほとんどの被面接者は実際に起きた犯罪の目撃者や被害者なのではなく，倫理的にみて妥当な出来事がビデオ上映され，それを単に見ていただけではないかというものである。実際の生活場面においてトラウマとなるような出来事の再生に関しては限られた研究しかないが，それら

によると，記憶変容や記憶欠落を生じる可能性はあるものの，幼い子どもですら中心的事態と人物特性に関して正確で詳細な記憶を，数か月後でも保持していたという（Ornstein, Baker-Ward, Gordon & Merritt, 1993）。どちらかといえば，大部分の実験室研究では被面接者の能力を過小評価しているのかもしれない。

目撃者証言の量と質とに影響する要因は，目撃者の出来事への関与度である。目撃研究のほとんどは，出来事に特段関与をしていない傍観者の記憶を検討している（たとえば，ビデオでの観察のような）。しかし出来事に関与していない傍観者というのは，裁判の文脈においては決して一般的な被面接者ではない（Yuille & Tollestrup, 1992）。実験参加者が出来事に関わりをもつほうが単に傍観者でいるよりも記憶がよいという研究もある（Cohen & Faulkner, 1988; Yuille, Hunter, Joffe & Zaparniuk, 1993）。しかし他方では，目撃者が事件に関わりをもつことは再生に効果がないとする研究もある（Roberts & Blades, 1998; Saywitz, Geiselman & Bornstein, 1992; Wark, Memon, Holley, Bull & Köhnken, 1994）。

メモンら（Memon, Wark, Milne, Bull & Köhnken, 1994）は観察者，積極的参加者と消極的参加者のそれぞれに，認知面接を用いることの相対的有効性について検討した。彼女らは，認知面接を用いると正確な情報は有意に高く報告されたものの，参加水準の効果に関しては有意差がないことを見いだした。しかし観察者は他の2つの群よりも不正確な詳細項目を多く報告していた。3条件における最大の効果は，報告された作話数で生じた。消極的参加者群が最小で，観察者群が最大であった。つまり，消極的参加者群は最も正確度が高く，続いて積極的参加群，そしてこの3群のなかで観察者群の正確度は最低であった。

実験室研究は革新的な面接方法を科学的に吟味する過程として必要な第一歩であり，実際の事件で受ける干渉なしに諸条件を統制するなかで，肯定的効果と否定的効果の両面について検討するというのが一般的考え方である。このアプローチは証拠を複雑にする予測できなかった付加的効果を確認し，実際の事件結果を一般化することに必要なフィールド研究に道を開くものである（Saywitz, Nathanson, Snyder & Lamphear, 1993）（Yuille, 1993 に実験室研究とフィールド研究に関する詳しい解説がある）。通常，実験室研究における被

験者のほとんどが大学生であり，大学生の再生は他の職業群よりも優れているという研究があることも注意しておかなくてはならない（Loftus, Levidow & Duensing, 1992）。学生以外の被験者についてもっと研究が必要であり（たとえば，通常成人），「実際の目撃者についての直接的研究の……必要性は明らかであり，かつ緊急」（Tollestrup, Turtle & Yuille, 1994, p.159）なのである。

　質問を適正に使用すること自体が複雑な技能であり，質問のタイプが異なれば被面接者の応答のタイプも異なる。そのうえ，質問のタイプによっては誤情報をもたらしかねない（誤誘導質問のように）。しかし，質問タイプの効果を検討したほとんどの研究は，1970年代に行なわれたか（Loftus, 1979による萌芽的研究），特殊な実験群（主として子どもと面接に困難をもつ成人）を用いていた。その結果，通常成人の被面接者についてのさまざまな質問タイプの効果に関する（たとえば，適切な質問と不適切な質問）信仰は，これらの成人たちも質問タイプに影響されはするが，その程度は子どもほどではないという仮説にのみ基づいているのである。ほとんどの状況では正しいかもしれないが，しかし通常成人は粗悪な質問に対して子ども以上に暗示を受けやすいかもしれない。今，さまざまに異なる場面で通常成人を用いた研究が必要になっている。

2
面接の記録化

　すべての面接をテープ録音する必要性は，被疑者，目撃者そして被害者を問わず，また被面接者の年齢に関係なく，その重要性はいくら強調しても強調しすぎることはない。第2章でみたように，正確な情報を引き出すことにまつわる困難さには多くの要因がある。これらの要因は次の3カテゴリーに下位分類できる。①被面接者要因（記憶の再構成的特性とスクリプトの効果），②面接過程（質問タイプ），③面接要因（確認バイアス）である。第1カテゴリーは，認知面接のような面接技法の開発によって救済できる。第2カテゴリーについては，適切な面接テクニックを訓練することによって，面接者が被面接者から，質的にも量的にも最大限の情報を獲得することに役立つはずである。第3のカ

テゴリーに関して，ボルドウィンとベドワード（Baldwin & Bedward, 1991）はテープ録音された面接の要約についてその正確度を検討し，これらの要約は事件の基盤となっていたことが多いにもかかわらず，欠落があったり不正確であったと結論づけた。面接者がテープ録音か，もしくはビデオ録画しないとすれば，面接者が要約を作成するとき，被面接者による説明は被面接者自身の記憶過程だけではなく，常に面接者の記憶過程をも経なくてはならないことになる。スクリプトや確認バイアスなどの諸要因の結果として，最終的な要約は（通常は"被面接者の供述"と見なされるが）実際の事件とは似ても似つかないものになるかもしれない。現在，イングランドとウェールズでは被疑者に対するすべての面接はテープ録音されており，この手続きはすべての関係者（つまり，面接者と被面接者）にとって最大限の保証と安全を担保している。しかし，すべての証人と被害者の面接についてもテープ録音することは同じく重要なことである。第2章で取り上げた諸問題に加えて，被面接者が行なう事件の説明について取り調べをしながらメモを取り，"要約"したり調書を作成するような供述作成過程は，イギリスでは（ほとんどの諸外国でも），基本的に証人や被害者の質問記録とは見なされない。こうした手続きは，最終供述の真実性（veracity）に疑問を呈することになるのはまちがいない。面接官は"良い"供述のために努力する結果，証人が説明する内容をしばしば異なる時系列の形で記録し，言葉遣いを専門家の言い回しに変えてしまう。被面接者が報告しなかった情報がそこに含まれてしまうことすらあるだろう。

　後日，法廷において証人や被害者は質問に先立ってその供述を読み上げられる。それは証人の記憶を"リフレッシュ"するかもしれない。しかし，証人の供述はもはや彼らの供述ではなく面接者のものであり，だとすれば"リフレッシュ"の手続きは何の役にも立たないことになる。さらに，対立する弁護人が，この不正確な供述録取システムを利用しようとすれば，それもできる。証人席で，被面接者は通常彼らの"供述"に関して質問を受ける。ここで"供述"と証人が実際に行なった再生との間に存在する不正確さ，不一致，欠落そして変遷が白日のもとにさらされる。その結果，証人の信用性は疑わしいものになるやもしれない。ヒートン-アームストロングとウォルコバー（Heaton-Armstrong & Wolchover, 1999）は，彼らの（経験を積んだ法廷弁護士としての）見解と

して，このことが誤った無罪放免をもたらす主たる原因の一つだと指摘している。この種の問題は，目撃者，被害者そして被疑者すべての面接をテープ録音することで軽減できる（Milne & Shaw, 1998）。面接のテープ録音が提供されようとされまいと，これからの研究では警察官が面接で作成する要約の妥当性をいかに改善するかについて検討する必要性がある。

3
認知面接

　第3章で検討したように，認知面接（CI）は記憶からの情報検索に関わる現在の心理学的理論と研究に基づいた独創的な面接テクニックである。CIは，適切に使用されるのであれば，被面接者から得られる情報を質的にも量的にもより良いものにするはずである。しかし，ここで注意しておくことがある。それは，たとえ面接者がCIの使用について訓練されていたとしても，そしてその結果CIを実行したとしても，面接は依然として質的に不十分なものであるかもしれないということである（たとえば，膨大な量の誘導質問を含むなど）。面接は，それがCIであるか否かに関わりなく，それぞれ個別に真価を問われなくてはならない。

　CIにもそれなりの限界がある。文脈再現の効果がみられないという研究もみられる。とくに，暴力的な出来事を想起しようとするときに，情動的文脈再現の効果がみられない（Scrivner & Safer, 1988）。このことは，情動的文脈再現テクニックを用いることが被面接者に過剰な精神的外傷を引き起こす可能性があり，情動性の高い内容の再生にCIは効果がない可能性があることを示唆している。ところが，第3章と第9章でふれた研究では，CIは精神的外傷をもつ被面接者に対しても有効であるとされた（Longford, 1996）。このことは重要な問題であり，さらに研究を行なうに値する問題である。また，精神病の被面接者に対するCIの効果に関する研究も必要である。

　CIは詳細な事項が比較的豊富な出来事に関してのみ有意な効果があるのかもしれない（Geiselman, Fisher, MacKinnon & Holland, 1985）。CIが効果をもつ出来事のタイプに関する研究が必要である。CI効果は，比較的短期間の

遅延で実行される面接に限定されている（Köhnken, Thürer & Zoberbier, 1994; Memon, Wark, Bull & Köhnken, 1997）。とくに，文脈再現効果については時間経過に伴って減少すると考えられている（私信によれば，フィッシャーらは30年間を越える想起に対するCIの効果を1998年現在検討中とのことである）。

　CIは面接者に対して，高い集中力と柔軟性を要求しており，相当の認知的要請を課している（Memon et al., 1996; Milne, 1997）。加えて，CIでは被面接者が情報を多目に報告する傾向がある。したがって，警察の政策がすべての面接テープの録音化に踏み切るまでは，CIは現場で面接者が用いるにはかなり難しいものだと認識されていたふしがある。CIは，多くの研究において，比較のために用いられた面接に比べてかなり時間がかかるものであるとも考えられている。それゆえ，現在のところ警察実務ではCIはそれなりの重大事件にのみ用いられているのだと思う。警察の政策変更と，"日常"の被面接者に対する面接時間が延長されるまで，これは変わらないであろう。したがって研究者にとっては，CIのテクニックが最も効果的であると主張することが大切なことである。CIの省略版については，特定の状況下ではふさわしいものかもしれない。

　警察官が現場でCIを用いた研究によると，いくつか好ましいテクニックがあり，それらは他のテクニックよりも頻繁に使用されているという。ジョージ（George, 1991）によると，警察官は逆向（RO）再生と視点変更（CP）教示については渋々使っていたという。メモンら（Memon, Holley, Milne, Köhnken & Bull, 1994）は，"特殊な"CI記憶術のすべてが警察の面接において頻繁に使用されているわけではなく，文脈再現（CR）が好まれているとしている。ブーンとヌーン（Boon & Noon, 1994）は，警察官は悉皆報告（RE）だけを広範に用いていると指摘している。ケッベルら（Kebbell, Milne & Wagstaff, 1999）もREが好まれることを見いだした。マクミラン（McMillan, 1997）は，REとCRは同程度に好まれているとしている。

　CI記憶術のそれぞれについて，成人に対してどれほど有効かを実際に検討した研究はない（子どもに対する研究については，Milne & Bull, 1998aを参照のこと）。ガイゼルマンら（Geiselman, Fisher, Mackinnon & Holland, 1986,

第 2 実験) は，RE と CR 教示の有効性について検討した。これら 2 つの教示は統制条件に比べて正再生項目について有意に高く，完全 CI 群は他の 3 条件群に比べて正確な情報の報告が有意に高かった（CI 平均 =27.67，CR 平均 =23.33，RE 平均 =23.69，統制群平均 =17.71）。不正確な事項について有意差はみられなかった。つまり，RE と CR 教示はともに効果的であったものの，完全 CI 条件ほど効果的ではなかったのである。タートルら (Turtle, Lawrence & Leslie, 1994) は，カナダの警察官を用いてやや高度な認知面接の使用について研究した。31 の面接テクニックの使用に関して質的な評価が行なわれた。そのなかには CR が含まれ，CO（順序変更）や CP とともに "一般的課題" と呼ばれる一つのカテゴリーにまとめられていた。使用されたテクニックの質と裁判上関係のある詳細事項の数との間に相関がみられた。第 9 章で述べたように，CR と "一般的課題" の 2 つの技法についてのみ，研究者による質的評価と実際に再生された詳細事項の記述数との間で正の相関がみられた。

　3 つの基本的な CI 記憶術（RO, CR と CP）が，「一生懸命やってください」と教示される統制群と比較して，相対的有効性をもつか否かに関してイギリスで 2 つの研究が行なわれている。第 1 はイーベス (Eaves, 1992) によって行なわれた予備研究であった。CR 教示は「一生懸命やってください」と教示する統制群に比べて，報告された正情報の総量においてのみ優れていた。大がかりな追試研究では (Memon, Cronin, Eaves & Bull, 1996)，CI 記憶術すべてについて有意差はみられなかった。しかしこれらの研究では完全な CI 条件は含まれていなかった。

　ブーンとヌーン (Boon & Noon, 1994) は CI の 4 つの基本的要素について，それらの相対的有効性に関する評価を行なった。93 人の大学生がランダムに 5 群中 1 群に割り振られた。① RE － CO，② RE － CP，③ RE － CR，④ RE －統制条件，⑤統制条件－統制条件。武装強盗のビデオクリップを短時間（1 分間）目撃した 2 日後，統制条件を除いたすべての大学生は悉皆報告 (RE) 教示を受け，彼らが想起しうる限りのことを書かされた（再生 1）。その後，異なる教示条件で書くように教示された（つまり，CO か CP か CR か統制条件。統制条件ではただ再度試みるように言われただけであった）。この再生では新情報だけを書くように教示された（再生 2）。再生 1 では，統制教示を受

けた条件群は，RE教示を受けた4群に比べて正確な情報の再生量は劣っていた。各群内の再生1から再生2にかけての全般的な成績向上について比較してみると，COとCRについてのみ有意差がみられた。第2回目のデータを分析すると，CP群の再生はCR群とRE群の再生より有意に少なかった。RE，CO，CRのCIテクニックはほぼ同程度の優位性があり，CP教示についてはまったく促進効果はみられなかったことがこの実験から示唆された。しかし，この研究ではきわめて短時間の事件を用いていた。また，この効果はCI条件のそれぞれでRE教示を用いたために複雑になっている。つまり，CI記憶術のそれぞれについて相対的有効性がみられたという結果を，RE教示という特別の教示を用いたことの効果から分離して解釈することができないのである。さらに，第2回目では新情報のみを書きなさいと教示したので，結果的に膨大な数の検索手がかりを減少させてしまうことになり，被験者による検索が制限されてしまった可能性がある（この実験では，対象や周辺の詳細事項の再生は得点化されなかった）。

　ミルンとブル（Milne & Bull, 1998b）は，正確な詳細事項，不正確な詳細事項そして作話について，基本的な4つの記憶術テクニックであるCP，CR，ROそしてREの間には差がないことを見いだした。さらに，この4つのテクニックそれぞれについて報告された情報の正確度は，最小でCR教示（76％）で，最大はCP教示（83％）であり，かなり似た数値になった。しかし，結合条件（REとCR）はRE，CPそしてROの単独教示群と統制条件群よりも正確な再生を引き出していた。また，不正確な詳細事項数と作話数の増大はみられなかった。4つのCIテクニックそれぞれには再生量について差がなかったという事実から，各テクニックはそれぞれにCIの優れた効果に寄与しているものと考えることができる。ベケリアンとダネット（Bekerian & Dannett, 1994）も，CIテクニックのRE+CR結合条件で正再生が多いことを見いだした。しかし，このことが他の研究でみられたCIの優位性効果を完全に説明する原因であるかどうかはこれからの研究課題であり，とくにECIテクニック（たとえば，イメージ化）の個々の効果に関してはよりいっそうの研究が必要である。CIはおそらくいかなる個人に対しても等しい効果を発揮しはしないであろう。CIテクニックのなかには，ある特定の個人に対しては役立つテク

ニックではあっても，別の個人に対しては別のテクニックが有効になることがあるかもしれない。CI 研究のなかに個人差（つまり，被験者内計画）を導入した研究がこれから必要とされている。

4
会話の管理

　会話の管理（CM）は抵抗する被面接者（黙秘を貫いたり，「ノーコメント」と反応するだけであったり，非協力的であったり，敵意を抱いていたり，嘘をついたり，はぐらかしをする者など）から，質的にも量的にも最大限情報を引き出す目的で開発された数少ない面接テクニックの一つである。シェパード（Shepherd）によれば，このような抵抗のおもな原因の一つは，面接者の行動にあるという。非面接者が抵抗するような葛藤的場面において，面接者が使えそうなバイアスのない面接手続きを開発するためには，もっと多くの研究を行なう必要がある。CM はこうした手続きの一つかもしれない。しかし，この手続きの有効性を検討した実験的研究はほとんどみられない（例外的には，George, 1991 を参照のこと）。シェパードの SE3R は事件ファイル（たとえば，目撃者の調書）の情報を，面接以前もしくは面接後に，分析し理解するために計画された手続きである。これは難しい作業であり，系統的かつ実践的なシステムが必要である。SE3R はそうしたシステムであろうが，この有効性と影響については検討が必要である。

5
被疑者面接ではどのようなことが実際に起こっているのだろうか

　先に述べたように，実際の捜査面接について公表された研究は今のところほとんど存在しない。公表されたこれまでの研究は，捜査面接がいかに糾問的課題となっているかを証明している。イングランドとウェールズでは，最近まで，不正確な訓練しか受けなかったり，まったく訓練もされていない複雑な課題に

よって人々が告発されてきた。このような大変おぞましい状態は，依然として多くの国でもみられることである。それゆえ，捜査面接は質的に劣悪であるとする研究結果が一般的であることは驚くべきことではない。しかし今日では，遺憾ながら先例に追従するものもいるなかで，わずかではあるが，いくつかの捜査機関（いくつかの警察署）のなかには自らの面接について検討する勇気をもちつつある。そうなってこそ，彼らの面接の長所も短所もわかることになるのである。本書は，これらの機関が自らの捜査面接の改良に乗り出すための十分な情報を提供しているものと考えている。とはいえ，さらに研究が必要なことも十分承知している。

　不法行為の疑いがある者に対する実際の面接では，面接者は罪を自白するよう説き伏せるのが常道だというのは，捜査面接者や一般人のなかでは共通した信念になっているかもしれない。こうした意見に研究は懐疑的である。現在のところ，不法行為を認めた大多数は，面接のごく初期に不法行為を認めている。確かに不法行為によって有罪でありながら，罪を認めない者もいるに違いない。研究者がそうした人を説き伏せ，最終的に罪を認めさせたとの証拠は，公表された研究のなかではまったく発見することができなかった。このことは重大な問題である。罪の自白を迫る倫理的な方法に着目した基本的な研究と方法を開発すべきであるということをわれわれは強く訴えたい。

　被疑者面接は，ほぼすべての警察官が通常警察業務において最も重要な仕事の一つであると考えている。面接室では何が起こっているかに関する研究が開始されている（第5章を参照のこと）。しかし，こうした研究のほとんどは，第4章で指摘したように，面接における言語的行動には着目しているものの，非言語的行動の質的研究に関しても同程度に注目しているとは言いがたい。したがって，将来的には，面接室における非言語的行動のさまざまな効果について，より深く検討する必要がある（Winkel, Koppelaar & Vrij, 1998）。そのためには面接記録が単にテープ録音だけというのでは難しく，ビデオ録画が標準的手続きになる必要性がある。

6 意味のある差異

　タイプが異なる被面接者に対しては，異なるタイプの捜査面接が求められ，面接のスキルや取り組みにも違いがあるはずだが，この点に注目した研究はほとんど存在しない。捜査面接（たとえば，被疑者に対する）の違いに限っても，たとえば，告訴された不法行為の性格や被面接者の性格の違いによって，必要とされるアプローチやスキルに違いがあるはずである。ほとんどの捜査面接においては（とくに，ほとんど訓練を受けていないか，まったく訓練を受けていないものの場合は），面接ごとに必要とされることが異なっていることを無視して，同じようなアプローチをとっており，同じ行動をしてかまわないと考えている。この問題はさらなる研究が必要である。

7 面接に困難のある人の面接

　被面接者はすべからく社会的弱者である。成人でさえまちがいだらけの情報を報告するのであり（第2章，第6章を参照のこと），それは何よりも不適切な質問などの外在的影響に起因している。特定の形式をもつ不適切な質問に対して，とくに困難を感じる人たちがいるかもしれないが，それでもそこから意味のある情報を獲得する責任は面接者にあるというのがわれわれの見解である。事実，大人であれ，子どもであれ，はたまた学習障害者であれ，すべての被面接者はある意味で弱者であり，情報収集の適切な手続きを用いることの責任は面接者の側にある。

　変容され，失われ，付加されるのは大人の細部にわたる記憶ばかりではなく，存在しなかった全体記憶すら記憶に注入されうることは，これまで実証されてきたことである。第6章でみたように，誤りの多い回復された記憶は，社会的圧力によっても生ずる（Ost, Costall & Bull, 投稿中, a）。"誤った"出来事を報告することに関わる社会的ダイナミックスを決定する研究を行なう機は熟して

いる。さらに，セラピストによって用いられている実際の質問テクニックを分析する研究も必要である。彼らはどのような訓練を受けたのか？　現在，イングランドとウェールズの警察官は，面接を適切に実行する方法を教えられている。おそらく，このような訓練は，セラピストを含めた別の捜査専門家にとっても標準的な訓練となるはずである。

　出来事を誤って報告するのは，何もセラピストの前で"いすに腰掛けている"人だけではあるまい。不正行為の嫌疑をかけられた者も，嘘の出来事を報告することは周知のことである（虚偽自白）。何度でも言う。誤った情報を引き出す恐れのあるバイアスのかかった面接テクニックを用いた責任は，面接者の側にあると。イングランドとウェールズにおいては，いくつかの革新的手続きと制度（たとえば，被疑者に対する面接のテープ録音）が実施されている。こうした制度は，人権の尊重という観点から，他の諸国においても採用すべき制度である。

　参照可能な関係研究を概観した本書において，おそらく最大の弱点と言えるのは，被面接者が面接に困難のある人の場合の捜査面接に関してである。この問題についてはほとんどわかっていない。通常の被面接者の面接に必要なスキルと手続きが，被面接者が面接に困難のある人の場合でも大変重要であるということははっきりしているが，それ以上のことは現在の研究から何も言うことはできない。研究にはしばしばつきもののことであるが，最も扱いやすい問題がまずもって取り上げられるのである。われわれは必ずしもこの点を批判するものではないが，面接に困難のある被面接者にとってとくに何が必要とされているかを検討するために，実質的な研究を開始しなくてはならない時期にいたっていることは確かである。

　話すことができない被面接者に話をさせる手立てに関して，何の知識もないことが，彼らに対する虐待を存続させてきた。虐待被害者の場合，通常成人を想定した捜査的かつ法律的手続き（通常成人にとってすら不十分な恐れはあるが）を用いて被害者から得られた証拠基準を適用することで，虐待の事実が見逃され，虐待の被疑者としては，虚偽自白してしまうか，または，有罪の場合であっても，適切な取り扱いを受けるような援助がなされないのである。

　面接に困難のある被面接者に関する本章でも，本書全体でも，取調官の行動

に注目してきた。専門の取調官は捜査面接においてかなり技術を向上させつつあるから,面接において愚かなことをしないようにする必要があるのは,取調官以外に面接に関わる専門家たちである。たとえば,法廷で証人を尋問する者(弁護人)や法廷を統括する者(裁判官)などである。悲しいかな,現在のところわれわれはそうした動きがまるでないことを知っている。

　子どもの捜査面接に関する研究量はここ10年で飛躍的増大を遂げてきた。このことは,子どもの供述証拠の許容性に関して法律の修正を実現するというすばらしい結果をもつことができた。こうした研究は,子どもに対して捜査面接をどのように実施するのかについてのガイドラインに対して情報を提供してきた。しかし,これらの研究のほとんどは出来事の説明をしようと思えばできる普通の子どもに関するものである。話をするのがとくに困難な子ども,過度に恐怖(何らかの脅威によって)を感じたり,トラウマをもっているために話ができない子どもに関してはごくわずかの研究しかない。さらに実際の事件捜査に関する研究はほとんどないのである。こうした研究は困難であるが,避けて通ることはできない。子どもに対する実際の捜査面接研究をしなくてはならない。

　子どもの捜査面接に関する発表された研究のほとんどは,子どもの間に存在する差異を(年齢に関係なく)無視してきている。同一年齢の子どもの間にある心理学的な差は,異なる年齢の子ども間の差ほどは大きくはないにしても,かなり大きい可能性がある。子どものなかの意味のある差異に注目する研究を行なうのは,まさに今なのである。

8
訓　練

　第9章は,イングランドとウェールズにおいて警察官の標準的な面接法を改良しようとして実現してきた多くの発展について概括した。捜査面接訓練パッケージはまさにこのことのために長い道のりを歩んできた。しかし,この捜査面接訓練パッケージについて根本的かつ国家的な評価が必要となっている。この訓練には多方面から膨大な人的かつ物的資源が投じられてきているが(これ

に関する研究は現在著者のミルンにより，首都圏警察署のコリン・クラークと共同で進められている)，そこで問題は訓練者を誰が訓練するかだ？　訓練者自身が訓練の中心となっているスキルを教育するために求められる必要かつ適切な訓練を受けるべきときが来ている。国家的捜査面接訓練者コースの標準化が強く求められている。

　警察官は，その総合的資質として捜査面接を遂行するという仕事に注意を払う必要性がある。訓練を受けた警察官は概して新しいアプローチを意図的にまた強く望むけれども，決まりきった手続き，警察業務そして優先される仕事が面接訓練の成果を事件に用いることを妨げている。時間こそは警察業務における本質的な問題なのである。しかしながら，捜査には時間がかかることもまた確かなことである。面接の質を含めて，捜査の質的側面が，取り扱う事件の量以上に重要であるか否かの決定は警察の役職者に委ねられている。

　"一様な"訓練（つまり，イングランドとウェールズでみられるように，すべて同じ訓練が行なわれること）の有効性を検討する研究は今まさに必要になっている。すべての警察官は同じ標準に基づいて訓練される必要があるのだろうか？　全員に対する訓練の規定は不十分で，有効性のない訓練に終わるのであろうか？　おそらく警察（そしてその他の専門家）の面接訓練について，基本的な面接スキル訓練を新人に受けさせることと同時に，段階的アプローチもまた必要である。その後，より発展したスキル，より複雑な（たとえば，CIのような）テクニックを，それを必要とする者やそれを扱うことができる警察官に対して提供する。PEACEコースに参加した警察官のなかには，その後数か月間面接をしていない者もあることは周知のことである。新たに学習したテクニックを実際場面で使うことが学習過程の一部を成すのである。イングランドとウェールズの警察官は，捜査目的の面接に関して前進の口火を切り，現在は誘導灯の役割を担っている。現行の訓練集を引き締め，実施されている訓練に関する内容と論理を批判的に吟味するときにいたっている。

9
結　論

　社会は捜査面接が稚拙であることを良しとはしない。このことは人々の刑事司法体系の認識に影響を与えている。有罪者が逃げおおせ，無実の者が有罪を宣告され，子どもや面接に困難のある人に対する法律が不十分である。劣悪な面接は誰にとっても意味がない。それは時間の浪費，資源と金の無駄づかいである。そこに勝利者はいない。取調官の面接技術の質に信頼が置けないとしたならば，誰も進んでそれを受けようとはしないだろう。

引用文献

Adler, R.B., & Towne, N. (1987). *Looking out, looking in*. New York: Holt, Reinhart & Winston.
Ainsworth, P.B. (1981). Incident perception by British police officers. *Law and Human Behavior*, **5**, 231–236.
Ainsworth, P.B. (1995). *Psychology and policing in a changing world*. Chichester: Wiley.
Allport, G.W. & Postman, L. (1947). *The psychology of rumour*. New York: Holt.
Anderson, R.C. & Pichert, J.S. (1978). Recall of previously unrecallable information following a shift in perspective. *Journal of Verbal Learning and Verbal Behavior*, **17**, 1–12.
Argyle, M. (1975). *Bodily communication*. London: Methuen.
Asch, S.E. (1956). Studies of independence and conformity: A minority of one against a unanimous majority. *Psychological Monographs*, **70**, No. 416.
Aschermann, E., Mantwill, M. & Köhnken, G. (1991). An independent replication of the effectiveness of the cognitive interview. *Applied Cognitive Psychology*, **5**, 489–495.
Baldwin, J. (1992a). *Video-taping police interviews with suspects – an evaluation*. London: Home Office.
Baldwin, J. (1992b). *Preparing records of taped interviews. The conduct of police investigations: Records of interview, the defence lawyer's role and standards of supervision*. Research Studies Nos. 2, 3 & 4. The Royal Commission on Criminal Justice. London: Home Office.
Baldwin, J. (1993). Police interview techniques. Establishing truth or proof? *British Journal of Criminology*, **33**, 325–352.
Baldwin, J. & Bedward, J. (1991). Summarising tape recordings of police interviews. *The Criminal Law Review*, pp. 671–679.
Baxter, J. (1990). The suggestibility of child witnesses: A review. *Applied Cognitive Psychology*, **4**, 393–407.
Baxter, J. & Rozelle, R. (1975). Non-verbal expression as a function of crowding during a simulated police-citizen encounter. *Journal of Personality and Social Psychology*, **32**, 40–54.
Bedau, H. & Radelet, M. (1989) Miscarriages of justice in potentially capital cases. *Stanford Law Review*, **40**, 21–179.
Bekerian, D. A. & Bowers, J. M. (1983). Eyewitness memory: Were we misled? *Journal of Experimental Psychology: Learning, Memory and Cognition*, **9**, 139–145.
Bekerian, D.A. & Dennett, J.L. (1993). The cognitive interview technique: Reviving the issues. *Applied Cognitive Psychology*, **7**, 275–297.
Bekerian, D.A. & Dennett, J.L. (1994). *The fate of errors produced under the cognitive interview technique*. Paper presented at the Practical Aspects of Memory Conference, Maryland.

Bekerian, D.A. & Goodrich, S.J. (1997). Recovered memories of child sexual abuse. In G. Berrios & J. R. Hedges. (Eds), *Memory disorders in psychiatric practice*. Cambridge, MA: Cambridge University Press.
Belli, R.F. (1989). Influences of misleading post-event information: Misinformation interference and acceptance. *Journal of Experimental Psychology: General*, **118**, 72–85.
Benjamin, A. (1981). *The helping interview*. New York: Houghton-Mifflin.
Bennett, P. (1992). *Interviewing witnesses and victims for the purpose of taking statements*. Unpublished manuscript.
Bennett, P. & Gibling, F. (1989). Can we trust our eyes? *Policing*, **5**, 313–321.
Berliner, L. & Williams, L.M. (1994). Memories of child sexual abuse: A response to Lindsay and Read. *Applied Cognitive Psychology*, **8**, 379–387.
Boat, B. & Everson, M. (1988). Interviewing young children with anatomically correct dolls. *Child Welfare*, **67**, 337–352.
Boat, B. & Everson, M. (1993). The use of anatomical dolls in sexual abuse evaluations: Current research and practice. In G. Goodman & B. Bottoms (Eds), *Child victims, child witnesses: Understanding and improving testimony*. New York: Guilford.
Boon, J.C.W. (1988). *Social and affective influences on memory accuracy*. Unpublished doctoral thesis, University of Aberdeen.
Boon, J.C.W. & Davies, G. (1996). Extra-stimulus influences on eyewitness perception and recall: Hastorf and Cantril revisited. *Legal and Criminological Psychology*, **1**, 155–164.
Boon, J.C.W. & Noon, E. (1994). Changing perspectives in cognitive interviewing. *Psychology, Crime and Law*, **1**, 59–69.
Bower, G.H., Black, J.B. & Turner, T.J. (1979). Scripts in memory for text. *Cognitive Psychology*, **11**, 177–220.
Brainerd, C. & Reyna, V.F. (1990). Gist in the grist: Fuzzy-trace theory and the new intuitions. *Developmental Review*, **10**, 3–47.
Brainerd, C.J., Reyna, V.F., Howe, M.L. & Kingma, J. (1990). The development of forgetting and reminiscence. *Monographs of the Society for Research in Child Development*, **55**, 3–4 Serial No. 222.
Bransford, J.D. & Franks, J.J. (1971). The abstraction of linguistic ideas. *Cognitive Psychology*, **2**, 331–350.
Brennan, M. & Brennan, R. (1994). *Cleartalk: Police responding to intellectual disability*. Wagga Wagga School of Education, Charles Stuart University, Australia.
Brewer, W.F. (1988). Memory for randomly sampled autobiographical events. In U. Neisser & E. Winograd (Eds), *Remembering reconsidered: Ecological and traditional approaches to memory*. Cambridge: Cambridge University Press.
Brewin, C.R., Dalgleish, T. & Joseph, S. (in press). A dual representation theory of post-traumatic stress disorder. *Psychological Review*.
Brock, E. (1993). On becoming a tightrope walker: Communicating effectively with children about abuse. In H. Owen & J. Pritchard (Eds), *Good practice in child protection: A manual for professionals*. London: Jessica Kingsley.
Brock, P., Fisher, R.P. & Cutler, B.L. (1999). Examining the cognitive interview in a double-test paradigm. *Psychology, Crime and Law*, **5**, 29–46.
Brown, C.L. & Geiselman, R.E. (1990). Eyewitness testimony of mentally retarded: Effect of the cognitive interview. *Journal of Police and Criminal Psychology*, **6**, 14–22.
Brown, R. & McNeill, D. (1966). The "tip-of-the-tongue" phenomenon. *Journal of Verbal Learning and Verbal Behavior*, **5**, 325–337.
Bruck, M., Ceci, S.J., Francoeur, E. & Renick. A. (1995). Anatomically detailed dolls do not facilitate preschoolers' reports of a paediatric examination involving genital touching. *Journal of Experimental Psychology: Applied*, **1**, 95–109.

Bruck, M., Ceci, S.J. & Hembrooke, H. (1997). Children's reports of pleasant and unpleasant events. In D. Read & S. Lindsay (Eds), *Recollections of trauma: Scientific research and clinical practice.* New York: Plenum Press.

Bruck, M., Ceci, S.J. & Hembrooke, H. (1998). Reliability and credibility of young children's reports: From research to policy and practice. *American Psychologist,* **53**, 136–151.

Brummer, R. (1997). *The cognitive interview in practice: How effective is the basic training?* Unpublished BSc (Hons) dissertation, University of Leeds.

Bull, R. (1985). Police awareness training. *Policing,* **1**, 109–123.

Bull, R. (1992). Obtaining information expertly. *Expert Evidence,* **1**, 5–12.

Bull, R. (1993). *Memorandum of good practice for video recorded interviews with child witnesses for criminal proceedings.* Paper presented at the *Conference on Responding to Child Maltreatment,* San Diego.

Bull, R. (1995a). Interviewing children in legal contexts. In R. Bull & D. Carson (Eds), *Handbook of psychology in legal contexts.* Chichester: Wiley.

Bull, R. (1995b). Interviewing witnesses with communicative disability. In R. Bull & D. Carson (Eds), *Handbook of psychology in legal contexts.* Chichester: Wiley.

Bull, R. (1996). Good practice for video recorded interviews with child witnesses for use in criminal proceedings. In G. Davies, S. Lloyd-Bostock, M. McMurran & C. Wilson (Eds) *Psychology, law and criminal justice.* Berlin: de Gruyter.

Bull, R., Bustin, R., Evans, P. & Gahagan, D. (1983). *Psychology for police officers.* Chichester: Wiley.

Bull, R. & Cherryman, J. (1995). *Helping to identify skills gaps in specialist investigative interviewing: Literature review.* London: Home Office.

Bull, R. & Cherryman, J. (1996). *Helping to identify skills gaps in specialist Investigative Interviewing: Enhancement of professional skills.* London: Home Office Police Department.

Bull, R. & Cullen, C. (1992). *Witnesses who have mental handicaps.* Document prepared for The Crown Office, Edinburgh.

Bull, R. & Cullen, C. (1993). Interviewing the mentally handicapped. *Policing,* **9**, 88–100.

Bull, R., Holley, A., Köhnken, G., Memon, A., Milne, R. & Wark, L. (1993). *The cognitive interview: A step-by-step introduction.* An unpublished training manual.

Bull, R. & Horncastle, P. (1994). Evaluation of police recruit training involving psychology. *Psychology, Crime and Law,* **1**, 157–163.

Butler, S., Gross, J. & Hayne, H. (1995). The effect of drawing on memory performance in young children. *Developmental Psychology,* **31**, 597–608.

Cahill, D., Grebler, G., Baker, A. & Tully, B. (1988). *Vulnerable testimony: Police interviewing of mentally handicapped and mentally disordered people in connection with serious crime.* Private paper.

Cahill, D. & Mingay, D.J. (1986). Leading questions and the police interview. *Policing, Autumn,* 212–224.

Campos, L. & Alonso-Quecuty, M. (1999). The cognitive interview: much more than simply "try again". *Psychology, Crime and Law,* **5**, 47–60.

Cardone, D. & Dent, H. (1996). Memory and interrogative suggestibility: The effects of modality of information presentation and retrieval conditions upon the suggestibility scores of people with learning disabilities. *Legal and Criminological Psychology,* **1**, 165–177.

Cassell, P.G. (1996). All benefits, no costs: The grand illusion of Miranda's defenders. *Northwestern University Law Review,* **90**, 1084–1124.

Ceci, S.J. & Bruck, M. (1993). Suggestibility of the child witness: A historical review and synthesis. *Psychological Bulletin,* **113**, 403–439.

Ceci, S. & Bruck, M. (1995). *Jeopardy in the courtroom: A scientific analysis of children's testimony.* Washington, DC: American Psychological Association.

Ceci, S.J. & Loftus, E.F. (1994). "Memory work": A royal road to false memories. *Applied Cognitive Psychology*, **8**, 351–364.
Ceci, S. J., Ross, D. & Toglia, M. (1987). Age differences in suggestibility: Psycholegal implications. *Journal of Experimental Psychology: General*, **117**, 38–49.
Ceci, S.J., Toglia, M. & Ross, D. (1988). On remembering more or less. *Journal of Experimental Psychology: General*, **118**, 250–262.
Chandler, C.C. (1989). Specific retroactive interference in modified recognition tests: Evidence for an unknown cause of interference. *Journal of Experimental Psychology: Learning, Memory and Cognition*, **15**, 256–265.
Cherryman, J. & Bull, R. (1996). Investigative interviewing. In F. Leishman, B. Loveday and S. P. Savage (Eds), *Core issues in policing*. London: Longman.
Cherryman, J. & Bull, R. (in submission-a). Police officers' perceptions of specialist investigative interviewing skills.
Cherryman, J. & Bull, R. (in submission-b). Identification of skills gaps in specialist investigative interviewing: Analysis of interviews with suspects.
Christianson, S.A. & Hubinette, B. (1993). Hands up! A study of witness emotional reactions and memories associated with bank robberies. *Applied Cognitive Psychology*, **7**, 365–379.
Christianson, S.A., Karlsson, I. & Persson, I.G.W. (1998). Police personnel as eyewitnesses to a violent crime. *Legal and Criminological Psychology*, **3**, 59–72.
Clare, I.C.H. & Gudjonsson, G. (1993). Interrogative suggestibility, confabulations & acquiescence in people with mild learning disabilities (mental handicap): Implications for reliability during police interrogations. *British Journal of Clinical Psychology*, **32**, 295–301.
Clare, I.C.H. & Gudjonsson, G. (1995). The vulnerability of suspects with intellectual disabilities during police interviews: A review and experimental study of decision-making. *Mental Handicap Research*, **8**, 110–128.
Clifford, B.R. (1976). Police as eyewitnesses. *New Society*, **36**, 176–177.
Clifford, B.R. & Bull, R. (1978). *The psychology of person identification*. London: Routledge.
Clifford, B.R. & George, R. (1996). A field investigation of training in three methods of witness/victim investigative interviewing. *Psychology, Crime and Law*, **2**, 231–248.
Clifford, B.R. & Hollin, C. (1981). Effects of type of incident and the number of perpetrators on eyewitness memory. *Journal of Applied Psychology*, **66**, 364–370.
Clifford, B.R. & Scott, J. (1978). Individual and situational factors in eyewitness memory. *Journal of Applied Psychology*, **63**, 352–359.
Clyde, J. (1992). *The report of the inquiry into the removal of children from Orkney in February, 1991*. HC 195. Edinburgh: HMSO.
Cockram, J. (1996). *Handling with care: Dealing with offenders with an intellectual disability*. Paper presented at the National Conference on Intellectual Disability and the Law, Wollongong.
Cohen, N.J. & Faulkner, D. (1988). Life span changes in autobiographical memory. In M. Gruneberg, P. Morris & R. N. Sykes (Eds), *Practical aspects of memory: Current research and issues*. Chichester: Wiley.
Coles, W. (1990). Sexual abuse of persons with disabilities: A law enforcement perspective. *Developmental Disabilities Bulletin*, **18**, 35–43.
Conway, M.A. (1997). *Recovered memories and false memories*. Oxford: Oxford University Press.
Cook, M. (1970). Experiments on orientation and proxemics. *Human Relations*, **23**, 61–76.
CPTU. (1992a). *A guide to interviewing*. Central Planning and Training Unit. Harrogate: Home Office.

CPTU. (1992b). *The interviewer's rule book*. Central Planning and Training Unit. Harrogate: Home Office.
CPTU. (1994). *Investigative interviewing: Developing interview skills*. Central Planning and Training Unit. Harrogate: Home Office.
Croft, S. (1995). Helping victims to remember. *Police, November*, 13–14.
Crombag, H.F.M., Wagenaar, W.A. & Van Koppen, P.J. (1996). Crashing memories and the problem of source monitoring. *Applied Cognitive Psychology*, **10**, 95–104.
Davidson, E.D., Devitt, M.K., King, M.L. & Letterman, M.R. (1998). *Placebos and false memories: Further evidence for memory malleability*. Paper presented at the American Psychology and Law Association Biennial Conference, Redondo Beach.
Davies, G.M. (1993). Witnessing events. In G. M. Davies & R. H. Logie (Eds), *Memory in everyday life*. Elsevier Science Publishers.
Davies, P.W. (1997). Cognitive interviewing. *New Law Journal*, **147**, 1705–1706.
Davies, G.M., Wilson, C., Mitchell, R. & Milsom, J. (1995). *Videotaping children's evidence: An evaluation*. London: Home Office.
Davison, S.E. & Forshaw, D.M. (1993). Retracted confessions: Through opiate withdrawal to a new conceptual framework. *Medicine, Science and the Law*, **33**, 285–290.
Deffenbacher, K.A. (1983). The influence of arousal on reliability of testimony. In S.M.A. Lloyd-Bostock & B.R. Clifford (Eds), *Evaluating witness evidence*. Chichester: Wiley.
Deffenbacher, K.A. (1991). A maturing of research on the behaviour of eyewitnesses. *Applied Cognitive Psychology*, **5**, 377–402.
DeLoach, J. (1995). The use of dolls in interviewing young children. In M. Zaragoza, J. Graham, G. Hall, R. Hirschman & Y. Ben-Porath (Eds), *Memory and testimony in the child witness*. Thousand Oaks, CA: Sage.
Dent, H. (1986). An experimental study of the effectiveness of different techniques of questioning mentally handicapped child witnesses. *British Journal of Clinical Psychology*, **25**, 13–17.
Eames, P. (1997). *The effects of age and peer pressure on children's eyewitness testimony*. Unpublished bachelor's dissertation, University of Portsmouth.
Easterbrook, J.A. (1959). The effect of emotion on cue utilisation and the organisation of behaviour. *Psychological Review*, **66**, 183–201.
Eaves, R. (1992). *An evaluation of the efficacy of the mnemonic components of the cognitive interview*. Unpublished undergraduate dissertation, Department of Psychology, University of Middlesex.
Ede, R. & Shepherd, E. (1997). *Active defence: A solicitor's guide to police and defence investigation and prosecution and defence disclosure in criminal cases*. London: The Law Society.
Eich, E., Macauley, D. & Ryan, L. (1994). Mood dependent memory for events of the personal past. *Journal of Experimental Psychology: General*, **123**, 201–215.
Endicott, E. (1992). *Technical report: The impact of Bill c-15 on persons with communication disabilities*. Ottawa: Research and Development Directorate, Department of Justice.
Ericson, K., Perlman, N. & Isaacs, B. (1994). Witness competency, communication issues and people with developmental disabilities. *Developmental Disabilities Bulletin*, **22**, 101–109.
Estes, W.K. (1972). An associative basis for coding and organisation in memory. In A. W. Melton & E. Martin (Eds), *Coding processes in human memory*. Washington, DC: Winston.
Evans, J. (1989). *Bias in human reasoning: Causes and consequences*. Hove: Erlbaum.
Evans, R. (1993). *The conduct of police interviews with juveniles*. Royal Commission on Criminal Justice Report. London: Her Majesty's Stationery Office.

引用文献

Evans, G. & Webb, M. (1993). High profile – but not that high profile: Interviewing of young persons. In P. Mathias (Ed.), *Aspects of police interviewing.* Leicester: British Psychological Society.
Everington, C. & Folero, S. (1996). *Competence to confess: Measuring understanding and suggestibility in defendants with mental retardation.* Poster presented at the American Psychology–Law Society Biennial Conference, Hilton Head.
Eysenck, M.W. & Keane, M.T. (1990). *Cognitive psychology: A student's handbook.* Hillsdale: Lawrence Erlbaum.
Farrington, D.P. & Lambert, S. (1993, October). *Predicting violence and burglary offenders from victims, witness and offence data.* Paper presented at the First Netherlands Institute for the Study of Criminality and Law Enforcement Workshop on Criminality and Law Enforcement, The Hague, Netherlands.
Fisher, H. (1977). *Report of an inquiry by the Hon. Sir Henry Fisher into the circumstances leading to the trial of three persons on charges arising out of the death of Maxwell Confait and the Fire at 27, Doggett Road, London, SE6.* London: HMSO.
Fisher, G. (1990). Interviewing mentally retarded children. In P. Barker (Ed.), *Clinical interviews with children and adolescents.* New York: Norton.
Fisher, R.P. (1995). Interviewing victims and witnesses of crime. *Psychology, Public Policy and Law,* **1**, 732–764.
Fisher, R.P., Brennan, K.H. & McCauley, M.R. (in prep). The cognitive interview. Chapter to appear in M. Eisen, G. Goodman & J. Quas. (Eds), *Memory and suggestibility in the forensic interview.* New Jersey: LEA.
Fisher, R.P. & Chandler, C.C. (1984). Dissociations between temporally-cued and theme-cued recall. *Bulletin of the Psychonomic Society,* **22**, 395–397.
Fisher, R.P. & Chandler, C.C. (1991). Independence between recalling interevent relations and specific events. *Journal of Experimental Psychology: Learning, Memory & Cognition,* **17**, 722–733.
Fisher, R.P., Chin, D.M. & McCauley, M.R. (1990). Enhancing eyewitness recollection with the cognitive interview. *National Police Research Unit Review,* **6**, 3–11.
Fisher, R.P. & Geiselman, R.E. (1992). *Memory-enhancing techniques for investigative interviewing: The cognitive interview.* Springfield, IL: Charles Thomas.
Fisher, R.P., Geiselman, R.E. & Amador, M. (1989). Field test of the cognitive interview: Enhancing the recollection of actual victims and witness of crime. *Journal of Applied Psychology,* **74**, 722–727.
Fisher, R.P., Geiselman, R.E. & Raymond, D.S. (1987). Critical analysis of police interviewing techniques. *Journal of Police Science and Administration,* **15**, 177–185.
Fisher, R.P., Geiselman, R.E., Raymond, D.S., Jurkevich, L. & Warhaftig, M.L. (1987). Enhancing eyewitness memory: Refining the cognitive interview. *Journal of Police Science and Administration,* **15**, 291–297.
Fisher, R.P. & McCauley, M. (1995). Improving child eyewitness testimony with the cognitive interview. In M. Zaragoza, J. R. Graham, G. C. N. Hall, R. Hirshman & Y.S. Ben-Porath (Eds), *Memory and testimony in the child witness.* Thousand Oaks, CA: Sage Publications.
Fisher, R.P., McCauley, M.R. & Geiselman, R.E. (1992). Improving eyewitness testimony with the cognitive interview. In D. Ross, J.D. Read & M. Toglia (Eds), *Adult eyewitness testimony: Current trends and developments.* New York: Cambridge University Press.
Fisher, R. P. & Price-Roush, J. (1986). *Question order and eyewitness memory.* Unpublished manuscript.

Fisher, R.P. & Quigley, K.L. (1988). *The effect of question sequence on eyewitness recall*. Unpublished manuscript, Florida International University.
Fisher Holst, V. & Pezdek, K. (1992). Scripts for typical crimes and their effects on memory for eyewitness testimony. *Applied Cognitive Psychology*, 6, 573–587.
Fivush, R. & Hamond, N. (1990). Autobiographical memory across the preschool years. In R. Fivush & J. A. Hudson (Eds), *Knowing and remembering in young children*. New York: Cambridge.
Fivush, R., Pipe, M. E., Murachver, T. & Reese, E. (1997). Events spoken and unspoken: Implications of language and memory development for the recovered memory debate. In M. A. Conway (Ed.), *Recovered memories and false memories*. Oxford: Oxford University Press.
Flanagan, E.J. (1981). Interviewing and interrogation techniques. In E. J. Grau (Ed.), *Criminal and civil investigation handbook*. New York: McGraw-Hill.
Freud, S. (1976). Repression. In I. Strachey (Ed. and transl.), *The complete psychological works: Standard edition*, Vol. 14. (First published, 1917).
Fruzzetti, A.E., Toland, K., Teller, S.A. & Loftus, E.F. (1992). Memory and eyewitness testimony. In M. Gruneberg & P. Morris (Eds), *Aspects of memory*, Vol. 1: *The practical aspects*. New York: Routledge.
Frye v. United States, 293 F. Supp. 1013 (D.C. Cir 1923).
Garven, S., Wood, J.S., Malpass, R.S. & Shaw, J.S. III. (1998). *More than suggestion: Consequences of the interviewing techniques from the McMartin Preschool Case*. Paper presented at the American Psychology and Law Association Biennial Conference, Redondo Beach.
Geiselman, R.E. (1987). The cognitive interview technique for interviewing victims and witnesses of crime. *The National Sheriff*, October–November, 54–56.
Geiselman, R.E. & Callot, R. (1990). Reverse versus forward order recall of script-based texts. *Applied Cognitive Psychology*, 4, 141–144.
Geiselman, R.E. & Fisher, R.P. (1985). Interviewing victims and witnesses of crime. *National Institute of Justice: Research in Brief*, December, 1–4.
Geiselman, R.E. & Fisher, R.P. (1997). Ten years of cognitive interviewing. In D. G. Payne & F. G. Conrad (Eds), *A synthesis of basic and applied approaches to human memory*. New Jersey: Lawrence Erlbaum.
Geiselman, R.E., Fisher, R.P., Cohen, G., Holland, H.L. & Surtes, L. (1986). Eyewitness responses to leading and misleading questions under the cognitive interview. *Journal of Police Science and Administration*, 14, 31–39.
Geiselman, R.E., Fisher, R.P., Firstenberg, I., Hutton, L.A., Sullivan, S.J., Avetissian, I.V. & Prosk, A.L. (1984). Enhancement of eyewitness memory: An empirical evaluation of the cognitive interview. *Journal of Police Science and Administration*, 12, 74–80.
Geiselman, R.E., Fisher, R.P., MacKinnon, D.P. & Holland, H.L. (1985). Eyewitness memory enhancement in the police interview: Cognitive retrieval mnemonics versus hypnosis. *Journal of Applied Psychology*, 70, 401–412.
Geiselman, R.E., Fisher, R.P., MacKinnon, D.P. & Holland, H.L. (1986). Enhancement of eyewitness memory with the cognitive interview. *American Journal of Psychology*, 99, 385–401.
Geiselman, R.E. & Padilla, J. (1988). Cognitive interviewing with child witnesses. *Journal of Police Science and Administration*, 16, 236–242.
Genter, D. & Collins, A. (1981). Studies of inference from lack of knowledge. *Memory and Cognition*, 9, 434–443.
George, R.C. (1991). *A field evaluation of the cognitive interview*. Unpublished Master's thesis, Polytechnic of East London.
George, R.C. & Clifford, B.R. (1992). Making the most of witnesses. *Policing*, 8, 185–198.

Gibbons, S. (1996a). Extracting the best. *Police Review, March*, 18–20.
Gibbons, S. (1996b). Interview training overdue says HMI. *Police Review, August*, 9.
Godden, D.R. & Baddeley, A.D. (1975). Context-dependent memory in two natural environments: On land and under water. *British Journal of Psychology*, **66**, 325–331.
Goodman, G.S., Bottoms, B., Schwartz-Kenney, B.M. & Rudy, L. (1991). Children's testimony about a stressful event: Improving children's reports. *Journal of Narrative and Life History*, **1**, 69–99.
Goodworth, C.T. (1979). *Effective interviewing for employment selection*. London: Business Books.
Graham, V. (1995). Peace progress. *Police Review, October*, 22–23.
Greenstock, J. & Pipe, M. E. (1997). Are two heads better than one? Peer support and children's eyewitness reports. *Applied Cognitive Psychology*, **11**, 461–483.
Grice, H.P. (1975). Logic and conversation. In P. Cole & J.L. Morgan (Eds), *Syntax and semantics*. San Diego, CA: Academic Press.
Gross, J. & Hayne, H. (1996). Eyewitness identification by 5 to 6 year old children. *Law and Human Behavior*, **20**, 359–374.
Gruneberg, M.M. & Monks, J. (1976). The first letter search strategy, I.R.C.S. *Medical Science: Psychology and Psychiatry*, **4**, 307.
Gudjonsson, G. (1983). Suggestibility, intelligence, memory recall and personality: An experimental study. *British Journal of Psychiatry*, **142**, 35–37.
Gudjonsson, G. (1984a). Attribution of blame for criminal acts and its relationship with personality. *Personality and Individual Differences*, **5**, 53–58.
Gudjonsson, G. (1984b). A new scale of interrogative suggestibility. *Personality and Individual Differences*, **5**, 303–314.
Gudjonsson, G. (1986). The relationship between interrogative suggestibility and acquiescence: Empirical findings and theoretical implications. *Personality and Individual Differences*, **7**, 195–199.
Gudjonsson, G. (1987a). A parallel form of the Gudjonsson Suggestibility Scale. *British Journal of Clinical Psychology*, **26**, 215–221.
Gudjonsson, G. (1987b). The relationship between memory and suggestibility. *Social Behaviour*, **2**, 29–33.
Gudjonsson, G. (1988). Interrogative suggestibility: Its relationship with assertiveness, social-evaluative anxiety, state anxiety and method of coping. *British Journal of Clinical Psychology*, **27**, 159–166.
Gudjonsson, G. (1989). Compliance in an interrogative situation: A new scale. *Personality and Individual Differences*, **10**, 535–540.
Gudjonsson, G. (1991a). Suggestibility and compliance among alleged false confessors and resisters in criminal trials. *Medicine, Science and the Law*, **31**, 147–151.
Gudjonsson, G. (1991b). The effects of intelligence and memory on group differences in suggestibility and compliance. *Personality and Individual Differences*, **12**, 503–505.
Gudjonsson, G. (1992). *The psychology of interrogations, confessions and testimony*. Chichester: Wiley.
Gudjonsson, G. (1994). Investigative interviewing: Recent developments and some fundamental issues. *International Review of Psychiatry*, **6**, 237–245.
Gudjonsson, G.H. (1997). False memory syndrome and the retractors: Methodological and theoretical issues. *Psychological Inquiry*, **8**, 296–299.
Gudjonsson, G. (1999). Police interviewing and disputed confessions. In A. Memon & R. Bull (Eds), *Handbook of the psychology of interviewing*. Chichester: Wiley.
Gudjonsson, G. & Clare, I.C.H. (1995). The relationship between confabulation and intellectual ability, memory, interrogative suggestibility and acquiescence. *Personality and Individual Differences*, **19**, 333–338.

Gudjonsson, G., Clare, I., Rutter, S. & Pearse, J. (1993). Persons at risk during interviews in police custody: The identification of vulnerabilities. *Research Study No. 12. The Royal Commission on Criminal Justice.* London: HMSO.

Gudjonsson, G.H & Clark, N.K. (1986). Suggestibility in police interrogation: A social psychological model. *Social Behaviour,* **1,** 83–104.

Gudjonsson, G. & Lister, S. (1984). Interrogative suggestibility and its relationships with perceptions of self-concept and control. *Journal of the Forensic Science Society,* **24,** 99–110.

Gudjonsson, G.H. & MacKeith, J.A.C. (1988). A proven case of false confessions: Psychological aspects of the coerced-compliant type. *Medicine, Science and the Law,* **30,** 329–335.

Gudjonsson, G.H. & Sigurdsson, J.F. (1994). How frequently do false confessions occur? An empirical study among inmates. *Psychology, Crime and Law,* **1,** 21–26.

Gwyer, P. & Clifford, B.R. (1997). The effects of the cognitive interview on recall, identification and the confidence/accuracy relationship. *Applied Cognitive Psychology,* **11,** 121–145.

Hall, E.T. (1966). *The hidden dimension.* New York: Doubleday.

Hall, D.F., Loftus, E.F. & Tousignant, J.P. (1984). Post-event information and changes in recollection for a natural event. In G.L. Wells & E.F. Loftus (Eds), *Eyewitness testimony: Psychological perspectives.* Cambridge: Cambridge University Press.

Hargie, O., Saunders, C. & Dickenson, D. (1987). *Social skills in interpersonal communication.* London: Routledge.

Harris, R.J. (1973). Answering questions containing marked and unmarked adjectives and adverbs. *Journal of Experimental Psychology,* **97,** 399–401.

Hayes, J. (1991). *Interpersonal skills.* London: Harper Collins.

Heaton-Armstrong, A. & Wolchover, D. (1999). The recording of witness statements. In A. Heaton-Armstrong, E. Shepherd & D. Wolchover (Eds), *Analysing witness testimony.* London: Blackstone Press.

Hernandez-Fernaud, E. & Alonso-Quecuty, M. (1995). *The cognitive interview and lie detection: A new magnifying glass for Sherlock Holmes?* Paper presented at the European Psychology and Law Conference, Hungary.

Hershkowitz, I., Lamb, M., Sternberg, K. & Esplin, P. (1997). The relationships among interviewer utterance, CBCA scores and the richness of children's responses. *Legal and Criminological Psychology,* **2,** 169–176.

Hershkowitz, I., Orbach, Y., Lamb, M., Sternberg, K., Horowitz, D. & Hovav, M. (in press). Visiting the scene of the crime: Effects on children's recall of alleged abuse. *Legal and Criminological Psychology.*

Hilgard, E.R. & Loftus, E.F. (1979). Effective interrogation of the eyewitness. *International Journal of Clinical and Experimental Hypnosis,* **27,** 342–357.

Hilgendorf, E.L. & Irving, M. (1981). A decision-making model of confessions. In M. Lloyd-Bostock (Ed.), *Psychology in legal contexts: Applications and limitations.* London: Macmillan.

Hirst, J. (1993). *Royal commission research papers – a policing perspective.* London: Home Office.

Hodges, K. (1995). *An evaluation of non-verbal communication and its implications for effective investigative interviewing by police officers.* Unpublished M.Ed. dissertation, University of Hull.

Holden, C. (1986). Growing focus on criminal careers. *Science,* **26,** 1377–1378.

Hollin, C. (1980). *An investigation of certain social, situational and individual factors in eyewitness memory.* Unpublished doctoral thesis, North East London Polytechnic.

引用文献

Hollin, C. (1989). *Psychology and crime: An introduction to criminological psychology.* London: Routledge.
Holmes, D.S. (1974). Investigations of repression: Differential recall of material experimentally or naturally associated with ego threat. *Psychological Bulletin,* **81,** 632–653.
Home Office. (1993). *Training for investigative interviewing.* Circular 7. London: Home Office.
Home Office. (1995). *Code C of the Codes of Practice regarding the Police and Criminal Evidence Act 1984.* London: Home Office.
Home Office & Department of Health. (1992). *Memorandum of good practice for video recorded interviews with child witnesses for criminal proceedings.* London: HMSO.
Hooper, S.R. & Willis, W.G. (1989). *Learning disability subtyping: Neuropsychological foundations, conceptual models and issues in clinical differentiation.* New York: Springer-Verlag.
Horowitz, A. (1992). *The clinical detective: Techniques in the evaluation of sexual abuse.* New York: Norton.
Horowitz, S., Lamb, M., Esplin, P., Boychuk, T., Krispin, O. & Reiter-Lavery, L. (1997). Reliability of criteria-based content analysis of child witness statements. *Legal and Criminological Psychology,* **2,** 11–21.
Howe, M.L. (1991). Misleading children's story recall: Forgetting and reminiscence of the facts. *Developmental Psychology,* **27,** 746–762.
Howe, M.L., Courage, M.L. & Peterson, C. (1994). How can I remember when I wasn't there: long-term retention of traumatic experiences and convergence of the cognitive self. *Consciousness and Cognition,* **3,** 327–355.
Huff, C.R., Rattner, A. & Saragin, E. (1986). Guilty until proven innocent: Wrongful conviction and public policy. *Crime and Delinquency,* **32,** 518–544.
Hunt, J. S. & Borgida, E. (1998). *Beyond leading questions: Modifications in eyewitness interviews.* Paper presented at the American Psychology and Law Association Biennial Conference, Redondo Beach.
Hutcheson, G.D., Baxter, J.S., Telfer, K. & Warden, D. (1995). Child witness statement quality: Question type and errors of omission. *Law and Human Behavior,* **19,** 631–648.
Hyman, I.E. Jr. & Billings, F.J. (in press). Individual differences in the creation of a false memory. *Memory.*
Hyman, I.E., Husband, T.H. & Billings, J.F. (1995). False memories of childhood experiences. *Applied Cognitive Psychology,* **9,** 181–197.
Hyman, I.E. Jr. & Pentland, J. (1996). The role of mental-imagery in the creation of false childhood memories. *Journal of Memory and Language,* **35,** 101–117.
Inbau, F.E. & Reid, J.E. (1967). *Criminal interrogation and confessions.* Baltimore: Williams & Walkins.
Inbau, F.E., Reid, J.E. & Buckley, J.P. (1986). *Criminal interrogation and confessions.* Baltimore: Williams & Wilkins.
Irving, B. (1980). *Police interrogation. A case study of current practice.* Research Study Number 2. Royal Commission on Criminal Procedure. London: HMSO.
Irving, B. & Hilgendorf, L. (1980). *Police interrogation: The psychological approach.* Research Study No. 1. Royal Commission on Criminal Procedure. London: HMSO.
Irving, B. & McKenzie, I. (1989). *Police interrogation: The effects of the Police and Criminal Evidence Act.* London: Police Foundation.
Irving, B. & McKenzie, I. (1993). *A brief review of relevant police training.* Research Study No. 21. Royal Commission on Criminal Justice. London: HMSO.

Isaacs, B., Schuller, R. & Turtle, J. (1998). *Witnesses with developmental disabilities: The cognitive interview, time delay and suspect identification.* Paper presented at the Biennial Conference of the American Psychology–Law Society, Los Angeles.

Jackson, J.L. & Bekerian, D.A. (1997). *Offender profiling; theory, research and practice.* Chichester: Wiley.

Jenkins, F. & Davies, G. (1985). Contamination of facial memory through exposure to misleading composite pictures. *Journal of Applied Psychology*, **70**, 164–176.

Johnston, W.A., Greenberg, S.N., Fisher, R.P. & Martin, D.W. (1979). Divided attention: A vehicle for monitoring memory processes. *Journal of Experimental Psychology*, **83**, 164–171.

Jones, T., MacLean, B. & Young, J. (1986). *The Islington crime survey: Crime victimisation and policing in inner city London.* London: Gower.

Jones, D.P.H. & McQuiston, M.G. (1988). *Interviewing the sexually abused child.* London: Gaskell.

Kapardis, A. (1997). *Psychology and law: A critical introduction.* Cambridge: Cambridge University Press.

Kassin, S.M. (1997). The psychology of confession evidence. *American Psychologist*, **52**, 221–233.

Kassin, S.M. & Kiechel, K.L. (1996). The social psychology of false confessions: Compliance, internalization, and confabulation. *Psychological Science*, **7**, 125–128.

Kassin, S.M. & McNall, K. (1991). Police interrogation and confessions: Communicating promises and threats by pragmatic implication. *Law and Human Behavior*, **15**, 233–251.

Kassin, S.M. & Wrightsman, L.S. (1985). Confession evidence. In S.M. Kassin & L.S. Wrightsman (Eds), *The psychology of evidence and trial procedure.* Beverly Hills, CA: Sage.

Kebbell, M. & Milne, R. (1998). Police officers' perception of eyewitness factors in forensic investigations. *Journal of Social Psychology*, **138**, 323–330.

Kebbell, M., Milne, R. & Wagstaff, G. (1999). The cognitive interview: A survey of its forensic effectiveness. *Psychology, Crime and Law*, **5**, 101–116.

Kebbell, M.R. & Wagstaff, G.F. (1997). An investigation into the influence of hypnosis on the confidence and accuracy of eyewitness recall. *Contemporary Hypnosis*, **14**, 157–166.

Kebbell, M.R., Wagstaff, G.F. & Covey, J.A. (1996). The influence of item difficulty on the relationship between eyewitness confidence and accuracy. *British Journal of Psychology*, **87**, 653–662.

Kelman, H. (1958). Compliance, identification, and internalization: Three processes of opinion change. *Journal of Conflict Resolution*, **2**, 51–60.

Kendon, A. (1967). Some functions of gaze direction in social interactions. *Acta Psychologica*, **2**, 1–47.

Kennedy, L. (1986). Forward. In N. Fellows (Ed), *Killing time.* Oxford: Lion.

King, M., Devitt, M., Letterman, M., Seaton, M. & Sprowls, D. (1998). *Interviewer-driven versus eyewitness-driven interviews. Implications for legal officials.* Paper presented at the American Psychology and Law Association Biennial Conference, Redondo Beach.

King, M.A. & Yuille, J.C. (1987). Suggestibility and the child witness. In S. J. Ceci, M. Toglia & D. Ross (Eds), *Children's eyewitness memory.* New York: Springer-Verlag.

Köhnken, G. (1995). Interviewing adults. In R. Bull & D. Carson (Eds) *Handbook of psychology in legal contexts.* Chichester: Wiley.

引用文献

Köhnken, G., Finger, M., Nitschke, N., Höfer, E. & Aschermann, E. (1992). *Does a cognitive interview interfere with a subsequent statement validity analysis?* Paper presented at the Biennial Meeting of the American Psychology–Law Society, San Diego.
Köhnken, G., Milne, R., Memon, A. & Bull, R. (1999). The cognitive interview: A meta-analysis. *Psychology, Crime and Law,* **5**, 3–28.
Köhnken, G., Thürer, C. & Zoberbier, D. (1994). The cognitive interview: Are the interviewers' memories enhanced too? *Applied Cognitive Psychology,* **8**, 13–24.
Kosslyn, S. & Koenig, O. (1992). *Wet mind: The new cognitive neuroscience.* New York: Free Press.
Kramer, H.T., Buckhout, R. & Euginio, P. (1990). Weapon focus, arousal and eyewitness memory. *Law and Human Behavior,* **14**, 167–184.
Lamb, M.E., Hershkowitz, I., Sternberg, K.J., Esplin, P.W., Hovav, M., Manor, T. & Yudilevitch, L. (1996). Effects of investigative utterance types on Israeli children's responses. *International Journal of Behavioral Development,* **19**, 627–637.
Latts, M.G. & Geiselman, R.E. (1991). Interviewing survivors of rape. *Journal of Police and Criminal Psychology,* **7**, 8–17.
Leo, R. A. (1992). From coercion to deception: The changing nature of police interrogation in America. *Crime, Law and Social Change,* **18**, 33–59.
Lindsay, D.S. (1994). Memory source monitoring and eyewitness testimony. In D.F. Ross, J.D. Read & M.P. Toglia (Eds), *Adult eyewitness testimony: Current trends and developments.* New York: Cambridge University Press.
Lindsay, D.S. & Briere, J. (1997). The controversy regarding recovered memories of childhood sexual abuse: Pitfalls, bridges & future directions. *Journal of Interpersonal Violence,* **12**, 631–647.
Lindsay, D.S. & Johnson, M.K. (1989). The eyewitness suggestibility effect and memory for source. *Memory and Cognition,* **17**, 349–358.
Lindsay, D.S. & Read, J.D. (1994). Psychotherapy and memories of childhood sexual abuse: a cognitive perspective. *Applied Cognitive Psychology,* **8**, 281–338.
Lindsay, D.S. & Read, J.D. (1995). Memory work and recovered memories of childhood sexual abuse: scientific evidence and public, professional and personal issues. *Psychology, Public Policy and Law,* **1**, 846–908.
Lipton, J.P. (1977). On the psychology of eyewitness testimony. *Journal of Applied Psychology,* **62**, 90–93.
List, J.A. (1986). Age and schematic differences in the reliability of eyewitness testimony. *Developmental Psychology,* **22**, 50–57.
Loftus, E.F. (1975). Leading questions and the eyewitness report. *Cognitive Psychology,* **7**, 560–572.
Loftus, E.F. (1979). *Eyewitness testimony.* Cambridge, Mass: Harvard University Press.
Loftus, E.F. (1984). Eyewitnesses: Essential but unreliable. *Psychology Today,* Feb., 22–26.
Loftus, E.F. (1992). When a lie becomes a memory's truth. *Current Directions in Psychological Science,* **1**, 121–123.
Loftus, E.F. (1993). The reality of repressed memories. *American Psychologist,* **48**, 518–537.
Loftus, E.F. (1997). Creating false memories. *Scientific American,* **227**, 51–55.
Loftus, E.F. & Burns, S. (1982). Mental shock can produce retrograde amnesia. *Memory and Cognition,* **10**, 318–323.
Loftus, E.F. & Ketcham, K. (1991). *Witness for the defence.* New York: St Martins Press.

Loftus, E.F., Levidow, B. & Duensing, S. (1992). Who remembers best? Individual differences in memory for events that occurred in a science museum. *Applied Cognitive Psychology,* **6**, 93–108.

Loftus, E.F., Loftus, G.R. & Messo, J. (1987). Some facts about weapon focus. *Law and Human Behavior,* **11**, 55–62.

Loftus, E. F., Miller, D. G. & Burns, S. (1978). Semantic integration of verbal information into a visual memory. *Journal of Experimental Psychology: Human Learning and Memory,* **4**, 19–31.

Loftus, E.F. & Palmer, J.E. (1974). Reconstruction of automobile destruction: An example of the interaction between language and memory. *Journal of Verbal Learning and Verbal Behavior,* **13**, 585–589.

Loftus, E.F. & Pickrell, J.E. (1995). The formation of false memories. *Psychiatric Annals,* **25**, 720–725.

Loftus, E.F. and Zanni, G. (1975). Eyewitness testimony: The influence of the wording of a question. *Bulletin of Psychonomic Society,* **5**, 86–88.

Longford, G. (1996). *The use of the cognitive interview by police officers trained on the National Investigative Interviewing Course.* Unpublished Masters dissertation, Institute of Police and Criminological Studies, University of Portsmouth.

Lorsbach, T.C. & Ewing, R.H. (1995). Source monitoring in children with learning disabilities. *International Journal of Disability, Development and Education,* **42**, 241–257.

Maass, A. and Köhnken, G. (1989). Eyewitness identification: Simulating the "weapon effect". *Law and Human Behavior,* **13**, 397–408.

MacKinnon, D.P., O'Reilly, K.E. & Geiselman, R.E. (1990). Improving eyewitness recall for licence plates. *Applied Cognitive Psychology,* **4**, 129–140.

Maguire, M., Noaks, L., Hobbs, R. & Brearley, N. (1991). *Assessing investigative performance: A study commissioned by the Home Office Final Report.* Cardiff: School of Social Administrative Studies, University of Wales College, Cardiff.

Malpass, R. (1996). Enhancing eyewitness memory. In S. L. Sporer, R. S. Malpass & G. Köhnken (Eds), *Psychological issues in eyewitness identification.* Mahwah, NF: Erlbaum.

Malpass, R.S. & Devine, P.G. (1981). Realism and eyewitness identification research. *Law and Human Behavior,* **4**, 347–357.

Marchant, R. & Page, M. (1997). The Memorandum and disabled children. In H. Westcott & J. Jones (Eds), *Perspectives on the memorandum: Policy, practice and research in investigative interviewing.* Aldershot: Arena.

Markman, S.J. & Cassell, P.G. (1988). Protecting the innocent: A response to the Bedau-Radelet study. *Stanford Law Review,* **41**, 121–156.

Martin, S. & Thomson, D. (1994). Videotapes and multiple interviews: The effects on the child witness. *Psychiatry, Psychology and Law,* **1**, 119–128.

Matarazzo, J.D. & Wiens, A.N. (1985). *The interview: Research on its anatomy and structure.* Chicago: Aldine.

McCauley, M.R. & Fisher, R.P. (1992). *Improving children's recall of action with the cognitive interview.* Paper presented at the Biennial Meeting of the American Psychology–Law Society, San Diego.

McCauley, M.R. & Fisher, R.P. (1995). Facilitating children's recall with the revised cognitive interview. *Journal of Applied Psychology,* **80**, 510–516.

McCloskey, M. & Zaragoza, M. (1985). Misleading post-event information and memory for events: Arguments and evidence against the memory impairment hypothesis. *Journal of Experimental Psychology,* **114**, 1–16.

McConville, M. & Hodgson, J. (1993). *Custodial legal advice and the right to silence.* London: HMSO.

引用文献

McConville, M., Hodgson, J., Bridges, L. & Pavlovie, A. (1994). *Standing accused: The organisation and practices of criminal defence lawyers in Britain.* Oxford: Clarendon.
McGeoch, J.A. (1932). Forgetting and the law of disuse. *Psychological Review,* **39**, 352–370.
McGurk, B., Carr, J. & McGurk, D. (1993). *Investigative interviewing courses for police officers: An evaluation.* Police Research Series: Paper No. 4. London: Home Office.
McKenzie, I. (1994). Regulating custodial interviews: a comparative study. *International Journal of the Sociology of the Law,* **22**, 239–259.
McKenzie, I. & Milne, R. (1997). *Memory and interviewing skills.* Psychology and Policing Course Unit Three (BSc (Hons) Policing and Police Studies). Institute of Police and Criminological Studies, University of Portsmouth.
McLean, M. (1992). *Identifying patterns in witness interviews.* Unpublished BA (Hons) dissertation, University of Hull.
McLean, M. (1995). Quality investigation? Police interviewing of witnesses. *Medicine, Science and the Law,* **35**, 116–122.
McLeod, M.D & Shepherd, J.W. (1986). Sex differences in eyewitness reports of criminal assaults. *Medicine, Science and the Law,* **26**, 311–318.
McMillan, G. (1997). *The cognitive interview: It's use and effectiveness.* Unpublished BA (Hons) Policing and Police Studies, University of Portsmouth.
Mello, E. & Fisher, R.P. (1996). Enhancing older adult eyewitness memory with the cognitive interview. *Applied Cognitive Psychology,* **10**, 403–417.
Memon, A. & Bull, R. (1991). The cognitive interview: Its origins, empirical support, evaluation and practical implications. *Journal of Community and Applied Social Psychology,* **1**, 291–307.
Memon, A. & Bull, R. (Eds) (1999). *Handbook of the psychology of interviewing.* Chichester: Wiley.
Memon, A., Bull, R. & Smith, M. (1995). Improving the quality of the police interview: Can training in the use of the cognitive techniques help? *Policing and Society,* **5**, 53–68.
Memon, A., Cronin, O., Eaves, R. & Bull, R. (1992). *An empirical evaluation of the "mnemonic components" of the cognitive interview: Can they explain the apparent memory enhancing effects of the cognitive interview?* Paper presented at the Third European Conference of Law and Psychology, Oxford.
Memon, A., Cronin, O., Eaves, R. & Bull, R. (1996). An empirical test of the mnemonic components of the cognitive interview. In G. Davies, S. Lloyd-Bostock, M. McMurran & C. Wilson (Eds), *Psychology, law and criminal justice: International developments and research in practice.* Berlin: De Gruyter.
Memon, A. & Higham, P.A. (1999). A review of the cognitive interview. *Psychology, Crime and Law,* **5**, 177–196.
Memon, A., Holley, A., Milne, R., Köhnken, G. & Bull, R. (1994). Towards understanding the effects of interviewer training in evaluating the cognitive interview. *Applied Cognitive Psychology,* **8**, 641–659.
Memon, A., Holley, A., Wark, L., Bull, R. & Köhnken, G. (1996). Reducing suggestibility in child witness interviews. *Applied Cognitive Psychology,* **10**, 416–432.
Memon, A. & Vartoukin, R. (1996). The effects of repeated questioning on young children's eyewitness testimony. *British Journal of Psychology,* **87**, 403–415.
Memon, A., Vrij, A. & Bull, R. (1998). *Psychology and law: Truthfulness, accuracy and credibility.* Maidenhead: McGraw Hill.
Memon, A., Wark, L., Bull, R. & Köhnken, G. (1997). Isolating the effects of the cognitive interview techniques. *British Journal of Psychology,* **88**, 179–197.

Memon, A., Wark, L., Holley, A., Bull, R. & Köhnken, G. (1996). Interviewer behaviour in investigative interviews. *Psychology, Crime and Law*, **3**, 181–201.
Memon, A., Wark, L., Holley, A., Bull, R. & Köhnken, G. (1997). Context reinstatement in the laboratory: How useful is it? In D. Payne & F. Conrad (Eds), *Intersections in basic and applied memory research*. Mahwah, NJ: Erlbaum.
Memon, A., Wark, L., Milne, R., Bull, R. & Köhnken, G. (1994). *The effects of event presentation on children's recall in a cognitive interview and structured interview*. Paper presented at the Third Practical Aspects of Memory Conference, Maryland.
Meyer, J. & Jesilow, P. (1996). Obedience to authority: Possible effects on children's testimony. *Psychology, Crime and Law*, **3**, 81–95.
Milgram, S. (1974). *Obedience to authority: An experimental view*. New York: Harper & Row.
Millar, R., Crute, V. & Hargie, O. (1992). *Professional interviewing*. London: Routledge.
Milne, R. (1997). *Analysis and application of the cognitive interview*. Unpublished PhD thesis, University of Portsmouth.
Milne, R. (1999). Interviewing children with learning disabilities. In A. Memon & R. Bull (Eds), *Handbook of the psychology of interviewing*. Chichester: Wiley.
Milne, R. & Akehurst, L. (1998). *Interviewing and evidence*. Training course for practitioners, University of Portsmouth.
Milne, R. and Bull, R. (1996). Interviewing children with mild learning disability with the cognitive interview. In N.K. Clark & G.M. Stephenson (Eds), *Investigative and forensic decision making: Issues in Criminological Psychology*, No. 26. Leicester: British Psychological Society.
Milne, R. & Bull, R. (1998a). *Interviewing children with and without a learning disability (mental retardation)*. Paper presented at the Biennial American Psychology–Law Society Conference, Los Angeles.
Milne, R. & Bull, R. (1998b). *A componential analysis of the original four cognitive interview mnemonics with three age groups*. Paper presented at the Eighth European Conference of Law and Psychology, Krakow.
Milne, R., Bull, R., Köhnken, G. & Memon, A. (1994). *The cognitive interview and suggestibility*. Paper presented at the Fourth European Conference of Law and Psychology, Barcelona.
Milne, R., Bull, R., Köhnken, G. & Memon, A. (1995). The cognitive interview and suggestibility. In N.K. Clark & G.M. Stephenson (Eds), *Criminal behaviour: Perceptions, attributions and rationality*. Leicester: British Psychological Society.
Milne, R., Clare, I.C.H. & Bull, R. (1999). Interviewing adults with learning disability with the cognitive interview. *Psychology, Crime and Law*, **5**, 81–100.
Milne, R. & Shaw, G. (1998). *Obtaining witness statements: Best practice and proposals for innovation*. Paper presented at the Annual Seminar of the British Academy of Forensic Sciences, London.
Morgan, D. & Stephenson, G. (1994). *Suspicion and silence: the right to silence in criminal investigations*. London: Blackstone Press.
Mortimer, A. (1992). *Accusatory vs investigatory: Police officers' perceptions of and approaches to interviewing*. Paper presented to the Annual Conference of the British Psychological Society Division of Criminological and Legal Psychology, Harrogate.
Mortimer, A. (1994a). Asking the right questions. *Policing*, **10**, 111–124.
Mortimer, A. (1994b). *Cognitive processes underlying police investigative interviewing behaviour*. Unpublished PhD thesis, University of Portsmouth.

Mortimer, A. & Shepherd, E. (1999). Frames of mind: Schemata guiding cognition and conduct in the interviewing of suspected offenders. In A. Memon & R. Bull. (Eds), *Handbook of the psychology of interviewing*. Chichester: Wiley.
Moston, S. (1987). The suggestibility of children in interview studies. *First Language, 7*, 67–78.
Moston, S. & Engelberg, T. (1992). The effects of social support on children's eyewitness testimony. *Applied Cognitive Psychology, 6*, 61–75.
Moston, S. & Engelberg, T. (1993). Police questioning techniques in tape recorded interviews with criminal suspects. *Policing and Society, 3*, 223–237.
Moston, S. & Stephenson, G. (1993). *The questioning and interviewing of suspects outside the police station*. Research Study No. 22. Royal Commission on Criminal Justice. London: HMSO.
Moston, S., Stephenson, G.M. & Williamson, T. (1992). the effects of case characteristics on suspect behaviour during police questioning. *British Journal of Criminology, 32*, 23–40.
Moston, S., Stephenson, G.M. & Williamson, T. (1993). The incidence, antecedents and consequences of the use of the right to silence during police questioning. *Criminal Behaviour and Mental Health, 3*, 30–47.
Mould, C. & Jones, G. (1996). *The Kent Advanced Investigative Interview course: A description*. Paper presented at the British Psychological Society Division of Legal and Criminological Psychology Annual Conference, York.
Mulder, M.R. & Vrij, A. (1996). Explaining conversation rules to children: An intervention study to facilitate children's accurate responses. *Child Abuse and Neglect, 20*, 623–631.
Navon, D. & Gopher, D. (1979). On the economy of the human information processing system. *Psychological Review, 86*, 214–255.
NCF. (1996). *Investigative interviewing: A practical guide*. Bramshill: National Crime Faculty and National Police Training.
NCF. (1998). *A practical guide to investigative interviewing*. Bramshill: National Crime Faculty and National Police Training.
Neisser, U. (1982). John Dean's memory: A case study. In U. Neisser (Ed.), *Memory observed: Remembering in natural contexts*. San Francisco: Freeman.
Newcombe, P.A. & Siegal, M. (1996). Where to look first for suggestibility in young children. *Cognition, 59*, 337–356.
Noon, E. & Hollin, C. (1987). Lay knowledge of eyewitness behaviour: A British survey. *Applied Cognitive Psychology, 1*, 143–153.
Norfolk, G. (1997a). "Fitness to be interviewed" – a proposed definition and scheme of examination. *Medicine, Science and Law, 37*, 228–234.
Norfolk, G. (1997b). *Fit to be interviewed by the police?* Harrogate: Association of Police Surgeons.
Ofshe, R. (1989). Coerced confessions: The logic of seemingly irrational action. *Cultic Studies Journal, 6*, 1–15.
Ornstein, P., Baker-Ward, L., Gordon, B. & Merritt, K. (1993). *Children's memory for medical procedures*. Paper presentation at the Biennial Meeting of the Society for Research in Child Development, New Orleans.
Ost, J., Costall, A. & Bull, R. (in submission, a). Bartlett's social theory of remembering and the false memory debate.
Ost, J., Costall, A. & Bull, R. (in submission, b). Perfect symmetry? Retractors experiences of recovering and retracting abuse memories.
Ost, J., Fellows, B. & Bull, R. (1997). Individual differences and the suggestibility of human memory. *Contemporary Hypnosis, 14*, 137–142.
Papierno, P., Hembrooke, H. & Ceci, S. J. (1998). *The role of saliency in children's source misattributions for experienced and non-experienced events*. Paper

presented at the American Psychology and Law Association Biennial Conference, Redondo Beach.
Pearse, J. & Gudjonsson, G. H. (1996a). Understanding the problems of the appropriate adult. *Expert Evidence,* **4**, 101–104.
Pearse, J. & Gudjonsson, G. H. (1996b). How appropriate are appropriate adults? *Journal of Forensic Psychology,* **7**, 570–580.
Pearse, J. & Gudjonsson, G. H. (1996c). Police interviewing techniques at two south London police stations. *Psychology, Crime and Law,* **3**, 63–74.
Pearse, J., Gudjonsson, G., Clare, I. C. H. & Rutter, S. (1998). Police interviewing and psychological vulnerabilities: Predicting the likelihood of a confession. *Journal of Community and Applied Social Psychology,* **8**, 1–21.
Pennebaker, J. W. & Hoover, C. W. (1983). *Inhibition and cognition: Toward an understanding of trauma and disease.* Paper presented at the Meeting of the Society for Psychophysiological Research, Pacific Grove.
People *v.* Tuggle (1995) CR-18647 (San Luis Obispo Cty. Super. Ct).
Perfect, T. J., Watson, E. L. & Wagstaff, G. F. (1993). Accuracy of confidence ratings associated with general knowledge and eyewitness memory. *Journal of Applied Psychology,* **78**, 144–147.
Perlman, N. B., Ericson, K. I., Esses, V. M. & Isaacs, B. J. (1994). The developmentally handicapped witness: Competency as a function of question format. *Law and Human Behavior,* **18**, 171–187.
Perske, R. (1994). Johnny Lee Wilson did not kill anybody. *Mental Retardation,* **32**, 985–997.
Pezdek, K. (1995). *What types of false childhood memories are not likely to be suggestively implanted?* Paper presented at the Meeting of the Psychonomic Society, Los Angeles.
Pezdek, K. & Roe, C. (1997). The suggestibility of children's memory for being touched: Planting, erasing and changing memories. *Law and Human Behavior,* **21**, 95–106.
Phillips, E. (1978). *The social skills base of psychopathology.* New York: Grune and Stratton.
Phillips, K. & Fraser, T. (1982). *The management of interpersonal skills training.* Aldershot: Gower.
Pipe, M., Gee, S. & Wilson, C. (1993). Cues, props and context: Do they facilitate children's event reports? In G.S. Goodman & B. Bottoms (Eds), *Understanding and improving children's testimony: Developmental, clinical and legal issues.* New York: Guilford.
Plimmer, J. (1997). Confession rate. *Police Review, 7 February,* 16–18.
Police and Criminal Evidence Act. (1984). *Codes of Practice,* Revised edn, effective 1 April 1991. London: HMSO.
Poole, D. & Lamb, M. (1998). *Investigative interviews of children: A guide for helping professionals.* Washington, DC: American Psychological Association.
Poole, D. & Lindsay, D.S. (1998). Assessing the accuracy of young children's reports: Lessons from the investigation of child sexual abuse. *Applied and Preventative Psychology,* **7**, 1–26.
Poole, D.A., Lindsay, D.S., Memon, A. & Bull, R. (1995). Psychotherapy and the recovery of memories of childhood sexual abuse: US and British practitioners' opinions, practices and experiences. *Journal of Consulting and Clinical Psychology,* **63**, 426–437.
Poole, D. & White, L. (1995). Tell me again and again: Stability and change in repeated testimonies of children and adults. In M. Zaragoza, J. Graham, G. Hall, R. Hirschman & Y. Ben-Porath (Eds), *Memory and testimony in the child witness.* Thousand Oaks, CA: Sage.

Powell, M.B. & Thomson, D.M. (1997). The effect of an intervening interview on children's ability to remember one occurrence of a repeated event. *Legal and Criminological Psychology*, **2**, 247–262.

Price, E. (1997). *Assessing the cognitive interview: How effective is it for use with children with mild learning disabilities?* Unpublished research thesis component of Masters in Criminal Justice Studies, Institute of Police and Criminological Studies, University of Portsmouth.

Price, D. & Goodman, G.S. (1990). Visiting the wizard. Children's memory for a recurring event. *Child Development*, **61**, 664–680.

Py, J., Ginet, M., Desperies, C. & Cathey, C. (1997). Cognitive encoding and cognitive interviewing in eyewitness testimony. *Swiss Journal of Psychology*, **56**, 33–41.

R. *v.* Hill (1995) 1995/1849/51.

R. *v* Turner (1975) Law Reports, Queen's Bench (Court of Appeal), 834–843.

Rand Corporation. (1975). *The criminal investigation process*, Vols 1–3. Rand Corporation Technical Report R-1777–DOJ. Santa Monica.

RCCP (1981) *Report of the Royal Commission on Criminal Procedure*. London: HMSO.

RCCP (1993) *Report of the Royal Commission on Criminal Justice*. London: HMSO.

Read, J.D. & Lindsay, D.S. (1994). Moving toward a middle ground on the "false memory debate": Reply to commentaries on Lindsay and Read. *Applied Cognitive Psychology*, **8**, 407–435.

Read, J.D., Yuille, J.C. & Tollestrup, P. (1992). Recollections of a robbery: Effects of arousal and alcohol upon recall and person identification. *Law and Human Behaviour*, **16**, 425–454.

Reid, J.D. & Bruce, D. (1984). On the generalisability of eyewitness testimony research. *International Review of Applied Psychology*, **33**, 33–49.

Ricci, C., Beal, C. & Dekle, D. (1996). The effect of parent versus unfamiliar interviewers on children's eyewitness memory and identification accuracy. *Law and Human Behavior*, **20**, 483–500.

Ricci, C., Pacifico, J. & Katz, S. (1997). *Effect of interview setting and questioning techniques on children's eyewitness memory and identification accuracy.* Poster presented at the Biennial Meeting of the Society for Research in Child Development, Washington.

Riccio, D.C., Rabinowitz, V.C. & Axelrod, S. (1994). Memory: When less is more. *American Psychologist*, **49** (11), 917–926.

Roberts, K.P. & Blades, M. (1998). The effects of interacting with events on children's memory and source monitoring. *Applied Cognitive Psychology*, **12**, 489–503.

Robinson, J. (1983). *Catching criminals: Some more basic skills*. London: Police Review Publishing Company.

Rogers, C.R. (1942). *Counselling and psychotherapy: Newer concepts in practice*. Boston: Houghton-Mifflin.

Russell, P. (1993). Children with disabilities – a challenge for child protection procedures. In H. Owen & J. Pritchard (Eds), *Good practice in child protection: A manual for professionals*. London: Jessica Kingsley.

Salmon, K., Bidrose, S. & Pipe, M.E. (1995). Providing props to facilitate children's event reports: A comparison of toys and real items. *Journal of Experimental Child Psychology*, **60**, 174–194.

Salmon, K. & Pipe, M.E. (1997). Props and children's event reports: The impact of a 1–year delay. *Journal of Experimental Child Psychology*, **65**, 261–292.

Sanders, G. S. (1986). The usefulness of eyewitness research from the perspective of police investigators. Unpublished manuscript, State University of New York. Cited in R.P. Fisher, R.E. Geiselman, & M, Amador. (1989). Field test of the cognitive interview: Enhancing the recollection of actual victims and witnesses of crime. *Journal of Applied Psychology*, **74**, 722–727.

Sanders, A., Bridges, L., Mulvaney, A. & Crozier, G. (1989). *Advice and assistance at police stations and the 24 hours duty solicitor scheme.* London: Lord Chancellor's Department.
Sanders, A., Creaton, J., Bird, S. & Weber, L. (1997). *Victims with learning disabilities: Negotiating the criminal justice system.* Oxford: Oxford University Centre for Criminological Research.
Saywitz, K.J., Geiselman, R.E. & Bornstein, G.K. (1992). Effects of cognitive interviewing and practice on children's recall performance. *Journal of Applied Psychology,* **77**, 744–756.
Saywitz, K., Nathanson, R., Snyder, L. & Lamphear, V. (1993). *Preparing children for the investigative and judicial process: Improving communication, memory and emotional resiliency.* Final report to the National Center on Child Abuse and Neglect, (Grant 90CA1179). Torrance, CA: UCLA School of Medicine.
Saywitz, K. (1988). Bullying children won't work: Here are interviewing techniques that will. *The Family Advocate,* **10**, 16–20.
Schacter, D.L. (1996). *Searching for memory: the brain, the mind and the past.* New York: Basic Books.
Schacter, D.L. & Curran, T. (1995). The cognitive neuroscience of false memories. *Psychiatric Annals,* **25**, 727–731.
Scrivner, E. & Safer, M.A. (1988). Eyewitness show hypermnesia for details about a violent event. *Journal of Applied Psychology,* **73**, 371–377.
Sear, L. & Stephenson, G.M. (1997). Interviewing skills and individual characteristics of police interrogators. In. G.M. Stephenson and N.K. Clark. (Eds), *Procedures in criminal justice: Contemporary psychological issues.* Leicester: British Psychological Society.
Shanab, M. & Yahya, K. (1977). A behavioural study of obedience in children. *Journal of Personality and Social Psychology,* **35**, 530–536.
Sharrock, R. & Gudjonsson, G. (1993). Intelligence, previous convictions and interrogative suggestibility: A path analysis of alleged false confession cases. *British Journal of Clinical Psychology,* **32**, 169–175.
Shaw, G. (1996). Investigative interviewing: Supervision. *Police Review, February.*
Shaw, G. (1998). Asking the right questions. *International Police Review,* **6**, 58–59.
Shepherd, E. (1984). Values into practice: The implementation and implications of human awareness training. *Police Journal,* **57**, 286–300.
Shepherd, E. (1986). Conversational core of policing. *Policing,* **2**, 294–303.
Shepherd, E. (1988). Developing interview skills. In P. Southgate (Ed.), *New directions in police training.* London: HMSO.
Shepherd, E. (1991). Ethical interviewing. *Policing,* **7**, 42–60.
Shepherd, E. (1993a). Resistance in interviews: The contribution of police perceptions and behaviour. In. E. Shepherd (Ed), *Aspects of police interviewing.* Issues in Criminological and Legal Psychology, No. 18. Leicester: British Psychological Society.
Shepherd, E. (1993b). Ethical interviewing. In E. Shepherd (Ed.), *Aspects of police interviewing.* Issues in Criminological and Legal Psychology, No. 18. Leicester: British Psychological Society.
Shepherd, E. (1994). SE3R: A method for information recording and management. In E. Shepherd (1994), *Becoming skilled: Police station skills for legal advisors.* London: Law Society.
Shepherd, E. (1995). Representing and analysing the interviewee's account. *Medicine, Science and the Law,* **35**, 122–135.
Shepherd, E. (1996). *Becoming skilled.* London: Law Society.
Shepherd, E. (1997). *SE3R.* Unit 9; MSc Child Forensic Studies: Psychology and Law. Distance learning material for the Consortium of the Universities of Leeds and Portsmouth.

Shepherd, E. & Kite, F. (1988). Training to interview. *Policing*, **4**, 264–280.
Shepherd, E. & Kite, F. (1989). Teach 'em to talk. *Policing*, **5**, 33–47.
Shepherd, E. & Milne, R. (1999). Full and faithful: Ensuring quality practice and integrity of outcome in witness interviews. In A. Heaton-Armstrong, D. Wolchover & E. Shepherd (Eds), *Analysing witness testimony*. London: Blackstone Press.
Shepherd, E., Mortimer, A. & Fearns, B. (1989). The best-laid schemas. *Police Review, January*, 18–19.
Shepherd, E., Mortimer, A., Turner, V. & Watson, J. (1999). Spaced cognitive interviewing: facilitating therapeutic and forensic narration of traumatic memories. *Psychology, Crime and Law*, **5**, 117–144.
Sigelman, C. K., Budd, E. C., Spanhel, C.L. & Schoenrock, C.J. (1981). When in doubt say yes: Acquiescence in interviews with mentally retarded persons. *Mental Retardation*, **19**, 53–58.
Sigurdsson, J.F. & Gudjonsson, G.H. (1996a). The psychological characteristics of "false confessors": A study among Icelandic prison inmates and juvenile offenders. *Personality and Individual Differences*, **20**, 321–329.
Sigurdsson, J.F. & Gudjonsson, G.H. (1996b). The relationship between types of claimed false confession made and the reasons why suspects confess to the police according to the Gudjonsson Confession Questionnaire (GCQ). *Legal and Criminological Psychology*, **1**, 259–269.
Singh, K.K. & Gudjonsson, G. (1984). Interrogative suggestibility, delayed memory and self-concept. *Personality and Individual Differences*, **5**, 203–209.
Smith, D. (1983). *Police and people in London, (I): A survey of Londoners*. London: Policy Studies Institute.
Smith, V.L. & Ellsworth, P.C. (1987). The social psychology of eyewitness accuracy: Misleading questions and communicator expertise. *Journal of Applied Psychology*, **72**, 294–300.
Smith, V. L., Kassin, S. M. & Ellsworth, P. C. (1989). Eyewitness accuracy and confidence: Within versus between-subjects correlations. *Journal of Applied Psychology*, **74**, 356–359.
Sobsey, D. & Varnhagen, C. (1991). Sexual abuse and exploitation of disabled individuals. In C. Bogley & R. Thomlinson. (Eds), *Child sexual abuse: Clinical perspectives on prevention, intervention and treatment*. New York: Springer-Verlag.
Sommer, P & Becker, F.D. (1969). Territorial defence and the good neighbour. *Journal of Personality and Social Psychology*, **11**, 85–92.
Spencer, J.R. & Flin, R. (1993). *The evidence of children: The law and the psychology*. London: Blackstone Press.
Spiegal, D. & Cardena, E. (1991). Disintegrated experiences: The dissociative disorders revisited. *Journal of Abnormal Psychology*, **100**, 366–378.
Steblay, N.M. (1992). A meta-analytic review of the weapon focus effect. *Law and Human Behavior*, **16**, 413–424.
Stephenson, G.M., Clarke, N.K. & Kniveton, B.H. (1989). Collaborative testimony by police officers: A psycho-legal issue. In H. Wegener, F. Lösel & J. Haisch (Eds), *Criminal behaviour and the justice system: psychological perspectives*. New York: Springer-Verlag.
Stephenson, G.M. & Moston, S. (1994). Police interrogation. *Psychology, Crime and Law*, **1**, 151–157.
Sternberg, K.J., Lamb, M.E., Hershkowitz, I., Esplin, P.W., Redlich, A. & Sunshine, N. (1996). The relationship between investigative utterance types and the informativeness of child witnesses. *Journal of Applied Developmental Psychology*, **17**, 439–451.

Sternberg, K.J., Lamb, M.E., Hershkowitz, I., Yudilevitch, L., Orbach, Y., Esplin, P.W. & Hovav, M. (1997). Effects of introductory style on children's ability to describe experience of sexual abuse. *Child Abuse and Neglect,* **21**, 1133–1146.
Stewart, J.K. (1985). Cited in Geiselman R. E. Interviewing victims and witnesses of crime, US Department of Justice, National Institute of Justice, *Research in Brief, December,* 1.
Stewart, C.J. & Cash, W.B. (1988). *Interviewing: principles and practices.* Dubuque, Iowa: W. C. Brown.
Stockdale, J. E. (1993). *Management and supervision of police interviews.* Police Research Group Paper No. 5. London: Home Office.
Stone, A.R. & DeLuca, S.M. (1980). *Investigating crimes.* Boston: Houghton Mifflin Co.
Switalski, A. (1997). *Use and knowledge of the cognitive interview following police training.* Unpublished BSc (Hons) dissertation, University of Leeds.
Taylor, S.E. & Crocker, J. (1981). Schematic basis of social information processing. In E.T. Higgins, C.P. Herman & M.P. Zanna (Eds), *Social cognition; The Ontario symposium,* Vol. 1. Hillsdale, NJ: Erlbaum, pp. 89–134.
Templeton, V. & Hunt, V. (1997). *The effects of misleading information and level of authority of interviewer on children's eyewitness memory.* Poster presented at the Biennial Meeting of the Society for Research in Child Development, Washington.
Thompson, W., Clarke-Stewart, K.A. & Lepore, S. (1997). What did the janitor do? Suggestive interviewing and the accuracy of children's accounts. *Law and Human Behavior,* **21**, 405–426.
Thomson, D. (1995a). Eyewitness testimony and identification tests. In N. Brewer & C. Wilson (Eds), *Psychology and policing.* Hillsdale, NJ: Lawrence Erlbaum.
Thomson, D.M. (1995b). Allegations of childhood sexual abuse: Repressed memories or false memories? *Psychiatry, Psychology & Law,* **2**, 97–106.
Tickner, A.H. & Poulton, E.C. (1975). Watching for people and actions. *Ergonomics,* **18**, 35–51.
Tollestrup, P.A., Turtle, J.W. & Yuille, J.C. (1994). Actual victims and witnesses to robbery and fraud: An archival analysis. In D. Ross, J. Read & M. Toglia (Eds), *Adult eyewitness testimony: Current trends and developments.* Cambridge: Cambridge University Press.
Torpy, D. (1994). You must confess. In N. K. Clark & G. M. Stephenson. (Eds), *Rights and risks: the application of forensic psychology.* Leicester: British Psychological Society.
Tousignant, D.D. (1991). Why suspects confess. *FBI Law Enforcement Bulletin,* **60**, 14–18.
Trankell, A. (1982). *Reconstructing the past.* Deventer: Norstedts.
Tully, B. & Cahill, D. (1984). *Police interviewing of the mentally handicapped.* London: Police Foundation.
Turk, V. & Brown, H. (1992). Sexual abuse and adults with learning disabilities: Preliminary communication of survey results. *Mental Handicap,* **20**, 56–58.
Turtle, J., Lawrence, C. & Leslie, V. (1994). *Exercising cognitive interview skills with police: A research/training success story.* Paper presented at the APLS Mid-Year Conference, Sante Fe.
Visher, C.A. (1987). Juror decision making: The importance of evidence. *Law and Human Behavior,* **11**, 1–17.
Vizard, E. (1991). Interviewing children suspected of being sexually abused: A review of theory and practice. In C. R. Hollin & K. Howells (Eds), *Clinical approaches to sex offenders and their victims.* Chichester: Wiley.
Vrij, A. (1995). The psychology of interrogations, confessions & testimony. *Criminal Justice Review,* **20**, 99–101.

Vrij, A. & Winkel, F.W. (1992). Strategieën ter reductie en detectie van het geven van onjuiste antwoorden door kinderen: Een sociaal-psychologische analyse. *Tijdschrift voor Ontwikkelingspsychologie,* **19**, 85–104.

Wagenaar, W.A. & van der Schrier, J. (1994, April). *Face recognition as a function of distance and illumination: A practical test for use in the court-room.* Paper presented at the Fourth European Conference on Law and Psychology, Barcelona.

Wagstaff, G.F. (1984). The enhancement of witness memory by hypnosis: A review and methodological critique of the experimental literature. *British Journal of Experimental and Clinical Hypnosis,* **2**, 3–12.

Wagstaff, G.F. (1993). What expert witnesses can tell courts about hypnosis: A review of the association between hypnosis and the law. *Expert Evidence,* **2**, 60–70.

Walker, N.E. & Hunt, J.S. (1998). Interviewing child victim-witnesses: How you ask is what you get. In C.P. Thompson, D.J. Herrman, J.D. Read, D. Bruce, D.G. Payne & M. Toglia (Eds), *Eyewitness memory: Theoretical and applied perspectives.* Mahwah, NJ: Lawrence Erlbaum Associates.

Walkley, J. (1983). *Police interrogation: A study of the psychology, theory and practice of police interrogations and the implications for police training.* Unpublished MSc thesis, Cranfield Institute of Technology.

Walkley, J. (1987). *Police interrogation.* London: Police Review Publishing.

Wark, L., Memon, A., Holley, A., Bull, R. & Köhnken, G. (1994). *The effects of participation and interview technique on children's memory.* Poster presentation at the British Psychological Society Annual Conference, Brighton.

Warninck, D. & Sanders, G. (1980). Why do witnesses make so many mistakes? *Journal of Applied Social Psychology,* **10**, 362–367.

Warren, A., Hulse-Trotter, K. & Tubbs, E. (1991). Inducing resistance to suggestibility in children. *Law and Human Behavior,* **15**, 273–285.

Warren, A., Woodall, A., Hunt, J. & Perry, N. (1996). "It sounds good in theory, but ...": Do investigative interviewers follow guidelines based on memory research? *Child Maltreatment,* **1**, 231–245.

Weingardt, K.R., Toland, H.K. & Loftus, E.F. (1994). Reports of suggested memories: Do people truly believe them? In D.F. Ross, J.D. Read & M.P. Toglia (Eds), *Adult eyewitness testimony: Current trends and developments.* New York: Cambridge University Press.

Wells, G.L. (1988). *Eyewitness identification: A system handbook.* Toronto: Carswell Legal Publications.

Westcott, H.L. (1992). *The disabled child witness.* Paper presented at the NATO Advanced Studies Institute on The Child Witness in Context. Italy.

Westcott, H. & Cross, M. (1996). *This far and no further: Towards ending the abuse of disabled children.* Birmingham: Venture Press.

Westcott, H. & Davies, G. (1996) Child witness memory: Peer versus adult interviewers. In N. Clark & G. Stephenson (Eds), *Investigative and forensic decision making.* Leicester: British Psychological Society.

Westcott, H. & Jones, J. (1997). *Perspectives on the Memorandum: Police, practice and research in investigative interviewing.* Aldershot: Gower.

Wilhelmy, R. & Bull, R. (1998). *Can the act of drawing assist children to recall an event?* Paper presented at the Eighth European Conference on Psychology and Law, Krakow.

Wilkinson, J. (1988). Context effects in children's memory. In M. M. Gruneberg, P. E. Morris & R.N. Sykes. (Eds), *Practical aspects of memory: Current research and issues,* Vol. 1. Chichester: Wiley.

Wilkinson, J. & Milne, R. (1996). *The incidence and associated variables of the use of the right to silence by criminal suspects during police interviews.* Paper presented at the Sixth Annual British Psychological Society Division of Criminological and Legal Psychology Conference, York.

Williams, D.M. & Hollan, J.D. (1981). The process of retrieval from very long term memory. *Cognitive Science,* **5**, 87–119.

Williamson, T. (1993). From interrogation to investigative interviewing; strategic problems in police questioning. *Journal of Community and Applied Social Psychology,* **3**, 89–99.

Williamson, T. (1994). Reflections on current police practice. In. Morgan, D. & Stephenson, G. (Eds), *Suspicion and silence: The right to silence in criminal investigations.* London: Blackstone Press.

Williamson, T. (1996). Police investigations – separating the false and genuine. *Medicine, Science and the Law,* **36**, 135–140.

Winkel, F.W., Koppelaar, L. & Vrij, A. (1988). Creating suspects in police-citizen encounters: Two studies on personal space and being suspect. *Social Behaviour: An International Journal of Applied Social Psychology,* **3**, 307–318.

Wolchover, D. & Heaton-Armstrong, A. (1996). *Wolchover and Heaton-Armstrong on confession evidence.* London: Sweet and Maxwell.

Wolchover, D. & Heaton-Armstrong, A. (1997). Tape recording witness statements. *New Law Journal, 6 June,* 855–857.

Wright, L. (1994). *Remembering Satan.* New York: Knopf.

Yarmey, A.D. (1986). Verbal, visual & voice identification of a rape suspect under different conditions of illumination. *Journal of Applied Psychology,* **71**, 363–370.

Yuille, J.C. (1984). Research and teaching with police: A Canadian example. *International Review of Applied Psychology,* **33**, 5–24.

Yuille, J. (1988). The systematic assessment of children's testimony. *Canadian Psychology,* **19**, 247–261.

Yuille, J. (1989). *Credibility assessment.* Dordrecht: Kluwer.

Yuille, J. (1993). We must study forensic eyewitnesses to know about them. *American Psychologist,* **48**, 572–573.

Yuille, J.C. & Cutshall, J. (1986). A case study of eyewitness memory for a crime. *Journal of Applied Psychology,* **71**, 291–301.

Yuille, J.C. & Cutshall, J. (1989). Analysis of the statements of victims, witnesses and suspects. In J.C. Yuille (Ed.), *Credibility assessment.* Dordrecht: Kluwer.

Yuille, J.C., Davies, G., Gibling, F., Marxsen, D. & Porter, S. (1994). Eyewitness memory of police trainees for realistic role plays. *Journal of Applied Psychology,* **79**, 931–936.

Yuille, J., Hunter, R., Joffe, R,. & Zaparniuk, J. (1993). Interviewing children in sexual abuse cases. In G. Goodman & B. Bottoms (Eds), *Child victims, child witnesses.* New York: Guilford.

Yuille, J.C. & Tollestrup, P. A. (1990). Some effects of alcohol on memory. *Journal of Applied Psychology,* **75**, 269–273.

Yuille, J.C. & Tollestrup, P.A. (1992). A model of the diverse effects of emotion on eyewitness memory. In S. A. Christianson (Ed), *The handbook of emotion and memory.* Hillsdale, NJ: Lawrence Erlbaum.

Zander, M. (1990). *The Police and Criminal Evidence Act.* London: Sweet & Maxwell.

Zander, M. (1993). How will the right to silence be abolished. *New Law Journal,* **143**, 1716–1718.

Zander, M. (1994). Ethics and crime investigation by the police. *Policing,* **10**, 39–47.

Zaragoza, M.S., Dahlgren, D. & Muench, J. (1992). The role of memory impairment in children's suggestibility. In L. Howe, C. J. Brainerd & V. F. Reyna (Eds), *Development of long term retention*. New York: Springer-Verlag.

Zaragoza, M.S., Graham, J., Hall, G., Hirschman, R. & Ben-Porath, Y. (Eds) (1995). *Memory and testimony in the child witness*. Thousand Oaks: Sage.

Zaragoza, M.S. & Koshmider, J.W. III. (1989). Misled subjects may know more than their performance implies. *Journal of Experimental Psychology: Learning, Memory and Cognition*, **15**, 246–255.

＊引用文献中で邦訳書が確認されているものは、以下の通り。

Allport & Postman（1947）／G.W.オールポート，L.ポストマン（著） 南博（訳）『デマの心理学』岩波書店　1952年

Benjamin（1981）／アルフレッド・ベンジャミン（著） 林義子・上杉明（訳）『カウンセリング入門：支援する心と技術』春秋社　1997年

Evans（1989）／J.St.B.T.エバンズ（著） 中島実（訳）『思考情報処理のバイアス：思考心理学からのアプローチ』信山社出版　1995年

Fisher（1990）／フィリップ・バーカー（著） 大瀧和男（監訳）『子どもの臨床面接』金剛出版　1994年

Gudjonsson（1992）／ギスリー・グッドジョンソン（著） 庭山英雄（他訳）『取調べ・自白・証言の心理学』酒井書店　1994年

Hall（1966）／エドワード・ホール（著） 日高敏隆・佐藤信行（訳）『かくれた次元』みすず書房　1970年

Inbau & Reid（1967）／F.E.インボー，J.E.リード（著） 小中伸幸（訳）『尋問の技術と自白』日本評論社　1966年

Inbau, Reid & Buckley（1986）／F.E.インボー（他著） 小中伸幸・渡部保夫（訳）『自白：真実への尋問テクニック』ぎょうせい　1990年

Jackson & Bekerian（1997）／ジャネット・L.ジャクソン，デブラ・A.ベカリアン（編）田村雅幸（監訳）『犯罪者プロファイリング：犯罪行動が明かす犯人像の断片』北大路書房　2000年

Jones & McQuiston（1988）デイヴィッド・ジョーンズ（著） 作田明・一前春子（訳）『児童性的虐待』世論時報社　2001年（原著第4版の翻訳）

Loftus（1979）／E.F.ロフタス（著） 西本武彦（訳）『目撃者の証言』誠信書房　1987年

Loftus（1993）／E.F.ロフタス（著） 仲真紀子（訳）『偽りの記憶を作る：あなたの思い出は本物か』日経サイエンス　1997, 12, 18-25.

Loftus & Ketcham（1991）／E.F.ロフタス，K.ケッチャム（著） 厳島行雄（訳）『目撃証言』岩波書店　2000年

Malpass（1996）／S.L.Sporer et al.（編） 箱田裕司・伊東裕司（監訳）『目撃者の心理学』ブレーン出版　2003年

Milgram（1974）／S.ミルグラム（著） 岸田秀（訳）『服従の心理：アイヒマン実験』河出書房新社　1995年

Neisser（1982）／U.ナイサー（編） 富田達彦（訳）『観察された記憶：自然文脈での想起』誠信書房　1988-1989年

Rogers（1942）／カール・R.ロジャース（著） 友田不二男（訳）『カウンセリング』岩崎書店　1959年

Wright（1994）／ローレンス・ライト（著） 稲生平太郎・吉永進一（訳）『悪魔を思い出す娘たち：よみがえる性的虐待の「記憶」』柏書房　1999年

事項索引

●あ
挨拶　80
挨拶とラポール　10, 49
ACCESS 捜査モデル　73
暗示的面接技法　119

●い
ECI　212, 213
ECI と CM の両方　212
イメージの使用　214

●え
SI　212
SE3R　10, 73

●お
おうむ返し　83
オープン質問　4, 16, 27, 102, 167, 168, 170, 213

●か
ガイドライン　9
回復された記憶　11, 111, 122, 239
回復された記憶論争　11, 122
会話管理法訓練　222
会話主導権の委譲　214, 218
会話の管理　8, 10, 67, 237
学習障害　138, 139, 149, 152, 178
確証バイアス　10, 36, 70, 71, 124

●き
記憶過程　9
記憶に影響する証人／被害者要因　10
記憶の構成的特徴　10
基準に基づく内容分析（CBCA）　165, 168
逆向（RO）再生　44
強化認知面接　48
凶器注目　18
強制選択質問　31

強制－追従型虚偽自白　11, 131
強制－内面化型虚偽自白　11, 131
虚偽記憶パラダイム　124
虚偽自白　3, 8, 11, 101, 111, 128-130, 240
近接学　80

●く
グッドジョンソン被暗示性尺度　133, 154
クローズ質問　6, 28, 102, 167, 213

●け
計画　200
警察および刑事証拠法　7, 67, 91, 145, 154, 194
警察官の個人差　104
警察文化　105
権威への追従　181
検索　14, 36

●こ
広範な検索　57
誤情報効果　11, 114, 115
国家捜査面接訓練パッケージ　8
小道具　185
子どもの面接　12
誤誘導質問　11, 32, 113, 184
"これか－あれか"型の質問　147
痕跡理論　116

●さ
再構成過程　11, 112

●し
CI　219
GEMAC　11, 79
CM　212
悉皆報告　42, 54
実務規範　95, 143
質問　55

269

質問のスタイル　26
質問方略　10
質問を繰り返す　170
視点変更（CP）　45, 214
自白　105, 153
自発型虚偽自白　11, 130
社会的優位　118
終結　58, 87, 206
自由再生　16, 27
自由ナラティブ　167
自由報告　54, 175
主張　85
順序変更（CO）　214
準備　200
上級訓練コース　224
焦点化検索　53
情動的要因　23
情報源の誤った帰属　115
所属意識　22
心的イメージ　55
心的な文脈再現　180
尋問被暗示性モデル　132

●す
推論　10
スキーマ　69
スクリプト　22, 23, 67, 69
ステレオタイプ　10, 21
ストレス水準　17

●せ
生態学的妥当性　229
積極的聴取　82
説明　83, 202
選択的注意　20
専門家による捜査面接　106

●そ
想起すべき（TBR）出来事　5, 16, 27, 112
相互的活動　84
捜査面接訓練パッケージ　ii, 241
捜査面接における原則　198
捜査面接への実践的ガイド　67
ソース・モニタリング　125, 150

●た
多重質問　31
短答式質問　4

●ち
注意　19
貯蔵　14, 36

●て
抵抗への対処　86
テープ録音　6, 193
出来事の凶暴性　18, 24
出来事の中心的側面　18
適切な成人　68

●と
問いただし　83
トラウマ　18, 24, 62

●に
認知面接　8, 10, 41, 152, 171, 233
認知面接法の訓練　210

●の
喉まで出かかっている現象　15

●は
はい－いいえ型の質問　147, 208
発達障害者　138
早まった終結　70
パラ言語　82

●ひ
被暗示性　11, 111, 112, 129, 149, 153
PEACE　12, 199
PEACE 訓練パッケージ　197
引き込み　202
非言語的な補助　12
ビデオ録画　7
非難　98
描画　187

評価　206

●ふ
符号化　14
負のフィールドバック　133
文脈効果　10
文脈再現（CR）　214
文脈の再構成　54
文脈の心的再現　42, 44

●へ
弁明　203

●ほ
防衛的な回避　71
傍観者の記憶　19
忘却　15

●め
面接ガイド　162, 199
面接訓練　12
面接者の記憶過程　10

面接制御の委譲　54
面接に困難のある人　9, 11, 239
面接のねらい　53

●も
目撃者に適合した質問　56
目撃者の関与　19
黙秘権　97, 204
モニタリング　85

●ゆ
誘導質問　6, 8, 11, 32, 113, 167, 208, 213

●よ
要約　57, 82
良き実践のための意見書　12, 156, 162
抑圧　24
抑制　123

●ら
ライブのビデオ回路　162
ラポール　10, 49, 107, 167, 175

人名索引

●あ
アーガイル, M.（Argyle, M.） 80
アービング, B.（Irving, B.） 91, 92, 99, 194
アーロンソークエクティ, M.(Alonso-Quecuty,M.) 64
アインズワース, P.B.（Ainsworth, P.B.） 36
アッシュ, S.E.（Asch, S.E.） 131
アンダーソン, R.C.（Anderson, R.C.） 46

●い
イーベス, R.（Eaves, R.） 235
イザックス, B.（Isaacs, B.） 152
インボー, F.E.（Inbau, F.E.） 3, 91, 93, 128

●う
ヴィザード, E.（Vizard, E.） 164-166
ウイリアムス, D.M.（Williams, D.M.） 26
ウィリアムス, L.M.（Williams, L.M.） 127
ウィリアムソン, T.（Williamson, T.） 8, 63, 90, 94, 99, 104, 105, 110, 195, 208, 209
ウィルキンソン, J.（Wilkinson, J.） 179
ウィルヘルミー, R.（Wilhelmy, R.） 187
ウィンケル, F.W.（Winkel, F.W.） 183
ウエストコット, H.（Westcott, H.） 167, 183
ウォーカー, N.E.（Walker, N.E.） 120
ウォークレイ, J.（Walkley, J.） 90
ウォーレン, A.（Warren, A.） 168
ウォルコバー, D.（Wolchover, D.） 38, 92, 232
ウンドゥイッチ, U.（Undeutsch, U.） 165

●え
エイムズ, P.（Eames, P.） 185
エウィング, R.H.（Ewing, R.H.） 150
エバーソン, M.（Everson, M.） 164
エバンス, R.（Evans, R.） 94-97, 109
エリクソン, K.（Ericson, K.） 138, 148
エンゲルバーグ, T.（Engelberg, T.） 185
エンディコット, E.（Endicott, E.） 144, 145

●お
オーニック, D.（Warninck, D.） 183
オフシェ, R.（Ofshe, R.） 132

●か
ガーヴェン, S.（Garven, S.） 119, 120
カーヒル, D.（Cahill, D.） 146
ガイゼルマン, R.E.（Geiselman, R.E.） 42, 46, 49, 58, 59, 63-65, 171, 173, 210, 211, 217, 222, 224, 234
カイト, F.（Kite, F.） 68, 84, 222, 223
カッシン, S.M.（Kassin, S.M.） 128, 130, 132
カットシャル, J.（Cutshall, J.） 17, 18, 212
カルドーン, D.（Cardone, D.） 133, 134, 149, 150
カレン, C.（Cullen, C.） 137, 138

●き
キッセル, K.L.（Kiechel, K.L.） 132
キャッシュ, W.B.（Cash, W.B.） 28
キング, M.A.（King, M.A.） 118

●く
クック, M.（Cook, M.） 81
グッドジョンソン, G.H.（Gudjonsson, G.H.） 8, 99, 100, 109, 129, 130, 132-135, 153, 154, 208, 209,
クラーク, C.（Clarke, C.） 209, 242
クラーク, N.K.（Clark, N.K.） 132
クリスチャンソン, S.A.（Christianson, S.A.） 17, 36
クリフォード, B.R.（Clifford, B.R.） 19, 103, 217
クレア, I.C.H.（Clare, I.C.H.） 133, 153, 154
クロフト, S.（Croft, S.） 62
クロムバッグ, H.F.M.（Crombag, H.F.M.） 126

●け
ケッペル, M.（Kebbell, M.） 62, 218, 219, 234

人名索引

ケネディ, L.（Kennedy, L.）　129

●こ
コーンケン, G.（Köhnken, G.）　35, 60, 63, 165, 174, 201, 224
コシミダー, J.W.（Koshmider, J.W.）　115
ゴッデン, D.R.（Godden, D.R.）　25
ゴッドマン, G.S.（Goodman, G.S.）　180
コリンズ, A.（Collins, A.）　117

●さ
ザラゴザ, M.S.（Zaragoza, M.S）　115
サルモン, K.（Salmon, K.）　186
サンダース, G.S.（Sanders, G.S.）　1, 183, 191
ザンニ, G.（Zanni, G.）　33

●し
シアー, L.（Sear, L.）　105, 110
シーゲルマン, C.K.（Sigelman, C.K.）　147
ジェシロウ, P.（Jesilow, P.）　181
シェパード, J.W.（Shepherd, J.W.）　19
シェパード, E.（Shepherd, E.）　24, 67, 68, 73, 76, 77, 84, 86, 87, 130, 192, 222-224, 226, 237
ジェンター, D.（Genter, D.）　117
シガードソン, J.F.（Sigurdsson, J.F.）　129, 133, 134
シシ, S.J.（Ceci, S.J.）　149, 153, 182, 188, 189
シャナブ, M.（Shanab, M.）　181
ショー, G.（Shaw, G.）　196
ジョージ, R.C.（George, R.C.）　3, 6, 103, 191, 212, 214, 215, 217, 234
ジョーンズ, D.P.H.（Jones, D.P.H.）　164-166
ジョーンズ, J.（Jones, J.）　167
ジョンソン, M.K.（Johnson, M.K.）　115

●す
スコット, J.（Scott, J.）　19
スタンバーグ, K.J.（Sternberg, K.J.）　168, 169
ステファンソン, G.M.（Stephenson, G.M.）　36, 94, 105, 110, 205
ステブレイ, N.M.（Steblay, N.M.）　18
ステュワート, C.J.（Stewart, C.J.）　28
ステラー, M.（Stller, M.）　166
ストックデール, J.E.（Stockdale, J.E.）　197, 206

●せ
セイウィッツ, K.（Saywitz, K）　113, 164, 172

●そ
ソブシィ, D.（Sobsey, D.）　138
ソマー, P.（Sommer, P.）　81

●た
タートル, J.（Turtle, J.）　214, 235
ダネット, J.L.（Dannett, J.L.）　236

●ち
チェリーマン, J.（Cherryman, J.）　106, 109, 110, 169, 206, 208, 209

●て
デービス, G.M.（Davies, G.M.）　22, 168, 183
デント, H.（Dent, H.）　133, 134, 149, 150
テンプルトン, V.（Templeton, V.）　182

●と
トムソン, D.M.（Thomson, D.M.）　123, 124
トランケル, A.（Trankell, A.）　165
トレストラプ, P.A.（Tollestrup, P.A.）　16

●ぬ
ヌーン, E.（Noon, E.）　217, 234, 235

●は
ハーシュコビッツ, I.（Hershkowitz, I.）　168, 180
ハースト, J.（Hirst, J.）　207
バーチ, D.（Birch, D.）　163
パーマー, J.E.（Palmer, J.E.）　21, 112
パールマン, N.B.（Perlman, N.B.）　150-152
バーンヘーゲン, C.（Varnhagen, C.）　138
パイプ, M.（Pipe, M.）　179, 180, 186
ハイマン, I.E.（Hyman, I.E.）　125, 127
バウアー, G.H.（Bower, G.H.）　23
バクスター, J.（Baxter, J.）　118
ハッチソン, G.D.（Hutcheson, G.D.）　169, 170
ハドソン, J.（Hodgson, J.）　7, 97, 109

273

バトラー, S.（Butler, S.）　187, 188
バドリー, A.D.（Baddeley, A.D.）　25
ハフ, C.R.（Huff, C.R.）　2
ハリス, R.J.（Harris, R.J.）　33
ハント, J.S.（Hunt, J.S.）　120
ハント, V.（Hunt, V.）　182

● ひ

ヒートン-アームストロング, A.（Heaton-Armstrong, A.）　38, 92, 232
ピックレル, J.E.（Pickrell, J.E.）　124-126
ピッチャート, J.S.（Pichert, J.S.）　46
ヒュービネット, B.（Hubinette, B.）　17
ヒルゲンドルフ, L.（Hilgendorf, L.）　194

● ふ

フィッシャー, R.P.（Fisher, R.P.）　3, 4, 42, 46, 48, 49, 60, 65, 102, 103, 173, 210-212, 215, 217, 222, 224, 234
フィッシャー-ホルスト, V.（Fisher Holst, V.）　23
フィリップ, K.（Phillips, K.）　223
ブーン, J.C.W.（Boon, J.C.W.）　22, 217, 234, 235
プライス, D.（Price, D.）　180
フラゼッティ, A.E.（Fruzzetti, A.E.）　20
ブリ, A.（Vrij, A.）　183, 184
プリマー, J.（Plimmer, J.）　94
ブル, R.（Bull, R.）　65, 106, 109, 110, 137, 138, 152, 163-167, 169, 187, 206, 208, 209, 221, 224, 225, 236
ブルック, M.（Bruck, M.）　149, 153, 188
フレーサー, T.（Fraser, T.）　223
ブレナン, M.（Brennan, M.）　139-143
ブレナン, R.（Brennan, R.）　139-143
フロイト, S.（Freud, S.）　24, 123

● へ

ペアス, J.（Pearse, J.）　8, 99, 100, 109, 155, 208, 209
ペイジ, M.（Page, M.）　156, 157
ベケリアン, D.A.（Bekerian, D.A.）　236
ベッカー, F.D.（Becker, F.D.）　81
ペディラ, J.（Padilla, J.）　171
ペデク, K.（Pezdek, K.）　23, 117
ベドワード, J.（Bedward, J.）　206, 232

ベネット, P.（Bennett, P.）　77
ヘルナンデス-ヘルナウド, E.（Hernandez-Fernaud, E.）　64
ベルリーナー, L.（Berliner, L.）　127
ベンジャミン, A.（Benjamin, A.）　27
ベントヴィム, A.（Bentovim, A.）　164
ペントランド, J.（Pentland, J.）　127

● ほ

ホウ, M.L.（Howe, M.L.）　18, 116
ボート, B.（Boat, B.）　164
ホール, D.F.（Hall, D.F.）　116
ホール, E.F.（Hall, E.F.）　80
ホラン, J.D.（Hollan, J.D.）　26
ホリン, C.（Hollin, C.）　19, 22
ボルギダ, E.（Borgida, E.）　121
ボルドウィン, J.（Baldwin, J.）　7, 92-94, 100, 104, 107, 109, 201, 204, 206, 232

● ま

マーチャント, R.（Marchant, R.）　156, 157
マガーク, B.（McGurk, B.）　2, 203, 207, 209
マギュ, J.A.（McGeoch, J.A.）　112
マクニール, K.（McNall, K.）　128
マクミラン, G.（McMillan, G.）　219, 220, 234
マクリーン, M.（McLean, M.）　37, 204, 208, 220
マクロード, M.D.（McLeod, M.D.）　19
マグワイア, M.（Maguire, M.）　92
マックイストン, M.G.（McQuiston, M.G.）　165, 166
マックロスキー, M.（McClosky, M.）　115
マッケイ, J.A.C.（MacKeith, J.A.C.）　130
マッケンジー, I.（McKenzie, I.）　91
マッコリー, M.R.（McCauley, M.R.）　173
マッコンヴィル, M.（McConville, M.）　7, 97, 109
マルダー, M.R.（Mulder, M.R.）　183, 184

● み

ミルグラム, S.（Milgram, S.）　131, 181
ミルン, R.（Milne, R.）　65, 117, 133, 152, 174, 209, 236, 242

● め

メイヤー, J.（Meyer, J.） 181
メモン, A.（Memon, A.） 64, 174, 184, 215, 216, 230, 234

● も

モーガン, D.（Morgan, D.） 98, 205
モーティマー, A.（Mortimer, A.） 70, 71
モストン, S.（Moston, S.） 8, 94, 95, 99, 100, 109, 183, 185

● や

ヤーメイ, A.D.（Yarmey, A.D.） 16
ヤーヤ, K.（Yahya, K.） 181

● ゆ

ユーイ, J.C.（Yuille, J.C.） 16-18, 36, 64, 118, 165, 166, 212

● ら

ライツマン, L.S.（Wrightsman, L.S.） 130
ラスキン, D.（Raskin, D.） 166

ラッセル, P.（Russell, P.） 152, 159
ラッツ, M.G.（Latts, M.G.） 63
ラム, M.E.（Lamb, M.E.） 168

● り

リード, J.D.（Read, J.D.） 16, 216
リード, J.E.（Reid, J.E.） 91
リスター, S.（Lister, S.） 153
リスト, J.A.（List, J.A.） 23
リッチ, C.（Ricci, C.） 182
リプトン, J.P.（Lipton, J.P.） 27
リンゼイ, D.S（Lindsay, D.S.） 115

● れ

レオ, R.A.（Leo, R.A.） 8, 101, 102

● ろ

ロールスバック, T.C.（Lorsbach, T.C.） 150
ロフタス, E.F.（Loftus, E.F.） 21, 33, 112, 114, 123-127
ロングフォード, G.（Longford, G.） 61, 62, 217

編訳者あとがき

　本書はレベッカ・ミルンとレイ・ブル両氏による"Investigative Interviewing: Psychology and Practice"(John Wiley & Sons, 1999)の翻訳です。二人は，イギリスのポーツマス大学の心理学科で教鞭をとっており，心理学と法（Psychology and Law）を専門としています。とくに，本書の中でも繰り返し記載されているように，単に実験室的な研究にとどまることなく，警察の捜査面接に関して警察実務の現場に直結する，きわめて実践的領域で仕事をしている研究者です。

　本書のタイトルをそのまま直訳すれば「捜査面接」となりますが，この言葉は日本ではまったく馴染みがなく，ほとんど理解されないと考え『取調べの心理学』というタイトルにしました。「取調べ」や「尋問」ではなく，「面接」と表現しているところに，イギリスがこの領域でいかに先進的な制度と実務をもっているかがよく表れています。「取調べ」や「尋問」という言葉は，取調べる側の視点が色濃く反映されており，犯罪を事実として体験したはずの目撃者や被害者，あるいは被疑者の視点が希薄です。そうした言葉ではなく，「面接」という言葉を使うことによって，取調べる側と語るものの対等性がはっきり打ち出されています。いや，対等性どころか，本文でも触れられていたように面接をコントロールするのは「取調官ではなく，被面接者」だとすれば，まさに体験者の視点にたって「できる限り体験の内容を語ってもらう」こと，これこそが「捜査面接」というものだということがよくわかります。そして，このような「捜査面接」の実現に当たって，心理学的研究が十分生かされていること，心理学者が法的世界に深く入り込み，制度作成や実務訓練に法曹家や警察官と共同してその任に当たっているのです。こうした活動の成果が，「PACE」や「PEACE」なのでしょう。そうした意味では，まさに心理学が現実の社会に対して研究責任をしっかりと果たしている領域が「捜査面接」だということになります。イギリスのこうした事情は，日本における状況と見比べてみれば，まさに異次元世界のごとき感じがします。わが国においてはまさに司法改革が行われようとしていますが，その議論の過程で心理学がどのような役割を果たしているのか心もとない限りです。その理由は，必ずしも改革の主体となっている政府や法律家の側の問題なのではなく，心理学の側の問題なのかもしれません。心理学が，現実社会の諸問題を解決に導くだけの洞察力に満ちた研究を展開する必要性を強く感じさせられます。

　1999年7月に，本書の訳者でもある仲真紀子，厳島行雄氏ともどもポーツマス大学を訪問する機会に恵まれ，ブルさんとミルンさんにお会いし，イギリスの研究状況についてお話を聞くことができました。ミルンさんは，認知面接の話をされましたが，

新進気鋭の若き女性研究者でした。一方ブルさんは，PACE 導入後のまさに「捜査面接」の実態や，面接訓練プログラム開発について講演してくれました。温厚で，慎み深く，いつも笑みを絶やさないイギリス紳士でした。このブルさんの薫陶を受けて，ミルンさんは研究者としてひとり立ちしたようで，献辞にもそうした感謝の言葉がつづられています。

　この本の翻訳に携わったのは，Forensic Psychology 研究会，通称 FP 研に参加していたメンバーです。先に触れたように，イギリスを訪問した際に，本書に出会い，帰国後 FP 研の合宿などで各人が1章ずつ分担して読書会を行った，その成果がこの翻訳書です。私が編訳者となっていますが，それは単に少し歳をとっていたとか，暇そうにしていたというような理由からでした。しかし，10名もの人間が使う言葉は実に変化に富んでいます。それを何とか1冊の本として仕上げることは，正直かなりしんどい作業になりました。ともあれ，誤訳や日本語らしからぬ言い回しなどがあれば，それはひとえに編訳者である私の責任であることは間違いありません。読者の皆さんからご教示願えれば幸いです。

　校正作業の終盤に差し掛かったころ，おりしも，第2回の心理学と法国際学会がエディンバラ大学で開催されました。出発前までに何とか終わらせる予定でしたが，結局一部の原稿をエディンバラまで持っていくことになり，学会をしばし抜け出し，エディンバラ大学のキャンパスで校正作業をしました。遠いスコットランドの地で，当地では珍しいほどの好天に恵まれるなか，ガウンをまとったエディンバラ大学の卒業生や家族の笑顔や笑い声に囲まれ，何度も写真撮影に借り出されて作業が中断させられましたが，今となってはそれも楽しい思い出です。また，おいしいビールとスコッチは，翻訳校正のよき友でした。

　本翻訳書の出版に当たって，原著者のブルさんから日本語版へのあいさつ文をいただきました。ブルさんと直接の労をとってくれた仲真紀子さんに感謝します。また，何よりも北大路書房の関一明さんにお礼を申し上げます。関さんの励ましがなければ，この翻訳書は完成することがなかったでしょう。

　本書が日本における法と心理学研究の発展に何かしら貢献できることを願っております。

　　　2003年7月

　　　　　　　　　　　　　　　　　　　　　　　　　　　　　　　　編訳者記

訳者紹介 (執筆順)

編訳者	原　　　聰	（駿河台大学現代文化学部教授）	……………第1章, 第10章
訳　者	厳島　行雄	（日本大学文理学部教授）	………………第2章
	伊東　裕司	（慶應義塾大学文学部教授）	………………第3章
	後安　美紀	（元・駿河台大学現代文化学部講師）	…………第4章
	仲　真紀子	（東京都立大学人文学部助教授）	…………第5章, 第8章
	丹藤　克也	（北海道大学大学院文学研究科）	…………第5章
	石井　幸子	（東京都立大学大学院人文科学研究科）	…………第5章
	大橋　靖史	（淑徳大学社会学部心理学科助教授）	…………第6章
	高木光太郎	（東京学芸大学助教授）	………………第7章
	黒沢　　香	（千葉大学文学部助教授）	………………第9章

法は言うまでもなく人間の現象である。そして心理学は人間の現象にかかわる科学である。それゆえ法学と心理学はおのずと深く関わりあうはずの領域である。ところがこの二つがたがいに真の意味で近づき，交わりはじめたのはごく最近のことにすぎない。法学は規範学であり，一方で心理学は事実学であるという，学としての性格の違いが両者の交流を妨げていたのかもしれない。しかし規範が生まれ，人々のあいだで共有され，それが種々の人間関係にあてはめられていく過程は，まさに心理学が対象としなければならない重要な領域のひとつであり，その心理学によって見出された事実は，ふたたび法の本体である規範に組みこまれ，その規範の解釈や適用に生かされるものでなければならない。

　「法と心理学会」はこうした問題意識のもとに，2000年の秋に立ち上げられた。時あたかも20世紀から21世紀へと移る過渡であった。法の世界も心理学の世界もいま大きく変わりつつあり，そこに問題は山積している。二つの世界にともにかかわってくる諸問題を学際的に共有することで，現実世界に深く関与できる学を構築する。そのために裁判官，検察官，弁護士をはじめとする法の実務家を含め，法学と心理学それぞれの研究者が双方から議論を交わし合う。そうした場としてこの学会は出発した。この学会はその性格上，けっして学問の世界で閉じない。つねに現実に開かれて，現実の問題を取りこみ，現実の世界に食いこむことではじめてその意味をまっとうする。

　以上の趣旨を実現する一環として，私たちはここに「法と心理学会叢書」を刊行する。これは私たちの学会を内実化するためのツールであると同時に，学会が外の現実世界に向かって開いた窓である。私たちはこの窓から，法の世界をよりよき方向に導き，心理学の世界をより豊かにできる方向が開かれてくることを期待している。

2003年5月1日

法と心理学会
http://www.law.psych.chs.nihon-u.ac.jp/

[法と心理学会叢書]

取調べの心理学
―事実聴取のための捜査面接法―

2003年8月10日 初版第1刷印刷	定価はカバーに表示
2003年8月20日 初版第1刷発行	してあります。

原 著 者　R．ブル
　　　　　　R．ミルン
編 訳 者　原　　聰
発 行 者　小森　公明
発 行 所　㈱北大路書房

〒603-8303　京都市北区紫野十二坊町 12-8
　　　　　電　話　(075) 4 3 1 - 0 3 6 1 ㈹
　　　　　F A X　(075) 4 3 1 - 9 3 9 3
　　　　　振　替　01050-4-2083

Ⓒ 2003　　制作／T.M.H.　　印刷・製本／亜細亜印刷㈱
検印省略　落丁・乱丁本はお取り替えいたします。

ISBN4-7628-2326-0　　Printed in Japan